국가 권력에
관한
담대한 질문

일러두기

* 단행본은 『 』, 단편·논문·강연문은 「 」, 일간지·잡지는 《 》, 노래·영화·연극 등은 〈 〉로 구분했다.
* 각 장의 도입부에 있는 짧은 책 소개는 독자의 이해를 돕기 위해 편집자가 추가한 것이다.

국가 권력에 관한 담대한 질문

CONFRONTING LEVIATHAN:
A HISTORY OF IDEAS

홉스부터 후쿠야마까지 12인의 시선으로
오늘날의 정치·권력·국가를 다시 묻다

강주헌 옮김

데이비드 런시먼 지음

아르로그

Confronting Leviathan: A History of Ideas

Copyright © David Runciman, 2021
All rights reserved
Korean translation copyright © 2025 by Geuldam Publishing Co.
Korean translation rights arranged with Andrew Nurnberg Associates Ltd.
through EYA (Eric Yang Agency)

• 이 책의 한국어판 저작권은 EYA(Eric Yang Agency)를 통해
Andrew Nurnberg Associates Ltd.와 독점계약한 글담출판사에 있습니다.
• 저작권법에 따라 한국 내에서 보호받는 저작물이므로 무단전재 및 복제를 금합니다.

머리말

　이 책의 내용은 2020년 봄과 초여름에 걸쳐 진행한 강연 내용을 토대로 한다. 전 세계 대부분 지역이 그러했듯 영국도 엄격하게 봉쇄되어 있던 시기였다. 학교와 대학은 문을 닫았고 많은 사람들이 집에 갇혔으며, 나를 포함해 수많은 이들에게 긴 자유 시간이 주어졌다. 강연은 내가 진행하고 있는 팟캐스트인 〈정치를 말하다 Talking Politics〉의 한 프로그램이었다. 이 강연에서 이야기하려 한 것은 두 가지였다. 첫째, 정치학을 전공하는 학생들을 비롯해 정상적인 학습의 장에서 배제된 사람들에게 정치학을 신선하게 바라볼 수 있는 시각을 조금이나마 제공하는 것. 둘째, 코로나19 팬데믹을 통해 부상한 거대한 정치 담론들과 사상의 역사를 연결해보려는 것.
　봉쇄된 상태로 살아간다는 것은 이례적인 정치적 경험이다. 우리는 자신의 안전을 위해 격리를 강요받았다. 생명을 살리기 위해 자유를 포기하라고 요구받은 것이다. 이 같은 상황을 단 한 번도 겪어보지 못했던 대부분의 사람들에게 이러한 선택지들의 엄혹함은 새로운 경험이었다. 하지만 동시에 나에게는 지난 4세기 동안 발표된 정치학에 관한 주요 저작들이 보여준 시선에 비추어 매우 친숙한 상황들로 느껴지기도 했다. 이 책에서 나는 그중 열두 편을 선택해서 이러한 저작들이 당시에 어떤 의미였는지, 지금의 우리에게는 어떤 의미가 될 수 있을지 설명하고자 한다.

이 책의 핵심 주제는 현대 국가에 대한 사상이다. 제1장에서는 내가 이해하는 이 사상의 개념과 유래를 살펴보고, 그 기원이 어떻게 오늘날 우리가 당면한 수많은 딜레마와 연결되는지를 설명한다. 이어지는 장들은 각각 독립된 설명으로 이해할 수도 있다. 하지만 전체가 모여서 하나의 이야기, 즉 17세기 중반부터 20세기 말에 이르기까지 현대 국가에 대한 사상이 어떻게 전개되었는지를 진단하는 하나의 이야기를 구성한다. 이 이야기에는 전쟁과 혁명, 제국의 성쇠, 민주주의의 확산과 공산주의의 실패, 페미니스트와 탈식민지 비평이 포함된다.

지난 400년 동안 정치학의 거의 모든 요소가 원형을 찾아볼 수 없을 만큼 변했지만, 권력, 리더십, 자유 같은 핵심 조각들은 그대로 남아 있다. 21세기 초반 현대 국가의 국민으로 살아간다는 것은 특별한 혜택을 누림과 동시에 유례없는 도전과제들에 직면한다는 뜻이다. 동시에 현대 정치학의 핵심적인 역설, 즉 '우리의 안전을 지키기 위해 건설한 국가가 구원자가 될 것인가, 파괴자가 될 것인가'라는 문제에 대면한다는 뜻이기도 하다. 또는 우리의 구원자이면서 동시에 파괴자가 될 수도 있을 것인가?

나는 이 책에서 원래 강연의 대화체를 유지하고자 최대한 노력했다. 학술적인 논쟁의 늪에 빠지고 싶지 않았고 전문 용어를 사용하지 않으려고 했다. 이 책은 열두 편의 고전들에 대한 개인적인 감상이며 대부분의 내용은 내가 이해하는 대로 바꿔서 표현했다. 강연 때는 할 수 없었지만(강연 때는 최대한 노트를 보지 않고 이야기하려고 했다), 이 책에서는 원저자의 표현을 그대로 접할 수 있도록 인용문을 추가하기도 했다. 각 장의 시작 부분에 사상가의 간략한 이력을 담았으며 더 읽을거리, 들을 거리, 볼거리를 추가 자료로 실었다.

이 책에서 다루고 있는 사상가와 사상에 대한 수많은 훌륭한 자료들이 이미 세상에 나와 있다. 나는 이 책에서 그 주제들을 완벽히 설명하려는 것이 아니다. 현대 정치학의 주요 사상들은 우리 모두가 살아가는 방식을 구성하는 데 지속적으로 영향을 미치고 있다. 그러므로 이 책이 그 사상들에 관심이 있는 사람들에게 이 시대의 현안에 대해 생각해보는 좋은 출발점이 되기를 다만 바랄뿐이다.

케임브리지에서
데이비드 런시먼

차례

머리말 | • 5

제1장 | 홉스와 국가관
_『리바이어던』, 1651

사회의 혼란과 무질서를 막고 평화를 유지하려면
무엇이 필요한가?

왜 홉스의 『리바이어던』으로 시작하는가? • 16 | 현대 국가란 무엇인가 • 18 | 우리는 군주국에 살고 있는가, 공화국에 살고 있는가 • 22 | 영국과 미국의 사례 • 24 | 『리바이어던』은 어떻게 탄생했을까? • 26 | 홉스의 삶과 회의론 • 29 | 비탈길에서 내달리는 삶의 경주 • 32 | 단 하나의 원칙, 평화를 추구하고 그것에 따를 것 • 35 | 주권자가 '존재하는 것 자체'가 더 중요하다 • 38 | 홉스는 인간에 대해 냉소적인 사람이었나 • 41 | 사회계약론과 홉스의 '합의' • 44 | 전체주의와 절대주의 • 48 | 주권자의 이중성 • 53 | 홉스의 정치사상이 지닌 역설 • 56

제2장 | 울스턴크래프트와 성정치학
_『여성의 권리 옹호』, 1792

왜 여성은 이성적 존재임에도
시민으로 동등하게 대우받지 못하는가?

프랑스혁명과 홉스, 울스턴크래프트 • 62 | 울스턴크래프트의 삶과 사

상 · 65 | 이성과 열정이 공존하는 삶이라는 여정 · 68 | 부패한 국가와 새로운 정치 · 69 | 남성의 이성, 여성의 감정 · 72 | 절대적 권력은 모두를 타락시킨다 · 75 | 여성 교육과 교육 개혁 · 79 | 이상적 결혼의 조건 · 83

제3장 | 콩스탕과 자유
_「고대인의 자유와 현대인의 자유 비교」, 1819

개인의 자유를 지키면서 공동체에도
책임을 다하며 살 수 있을까?

콩스탕의 낭만과 자유 · 90 | 콩스탕의 자유주의와 국가 · 93 | 프랑스혁명이 남긴 교훈 · 96 | 고대의 자유와 현대의 자유 · 99 | 현대의 자유란 무엇인가 · 101 | 자유의 위험성 · 104 | 소극적 자유와 적극적 자유 · 108 | 무책임한 자유는 얼마나 파괴적인가 · 112 | 사적 공간과 공적 세계 · 117

제4장 | 토크빌과 민주주의
_『미국의 민주주의』, 1835·1840

우리는 권리를 지키기 위해 얼마나 적극적으로
정치에 참여하는가?

고대의 민주주의와 현대의 민주주의 · 122 | 대의제 민주주의와 미국의 실험 · 125 | 미국에서 새로운 정치 실험이 가능했던 이유 · 128 | 미국의 믿음과 역설 · 133 | 민주주의의 두 얼굴, 포퓰리즘과 순응주의 · 137 | 양극화 시대를 내다본 토크빌 · 143 | 민주주의의 운명은 어떻게 흘러갈까? · 146

제5장 | 마르크스, 엥겔스와 혁명
_『공산당선언』, 1848

자본이 지배하는 세상에서 어떻게 인간다운 삶을 지켜낼 수 있을까?

정치가 우선인가, 경제가 우선인가 · 152 | 폭발적 혁명의 시기에 탄생한 『공산당선언』의 역사 · 156 | 현대 국가는 거짓말쟁이다 · 159 | 자본주의 사회의 악순환 · 163 | 마르크스와 엥겔스가 말하는 혁명이란? · 166 | 마르크스사상과 국제주의 · 170 | 새로운 계급의 등장 · 173 | 현대 자본주의의 위기를 어떻게 극복할 것인가 · 176

제6장 | 간디와 자치
_『힌두 스와라지』, 1909

나의 삶과 공동체를 정부와 제도에만 맡겨도 될 것인가?

『힌두 스와라지』와 간디의 사상 · 182 | 우버와 딜리버루의 세계를 예측한 간디 · 185 | 개인의 고통으로 권리를 쟁취하라 · 191 | 현대 역사에서 가장 효과적인 정치운동 · 193 | 간디의 투쟁과 그 유산 · 196 | 소극적 저항과 시민불복종 운동 · 199 | 소극적 저항의 목표와 한계 · 203 | 간디의 사상이 21세기에도 답을 줄 수 있을까? · 205

제7장 | 베버와 리더십
_「직업으로서의 정치」, 1919

국가의 지도자는 어떤 자질을 갖춰야 하는가?

불확실성과 베버의 정치사상 · 210 | 제1차 세계대전의 전개와 결말 · 212 | 전후 독일의 체제와 베버의 정치, 국가 · 216 | 어떤 사람이 주권자가 되어야 하는가 · 219 | 기계적 정당정치와 그 위에 선 지도자 · 222 | 정치는 머리와 심장으로 해야 한다 · 226 | 정치는 위험한 동시에 사악한 일 · 230 | 베버가 생각한 가장 이상적인 지도자 · 232

제8장 | 하이에크와 시장
_『노예의 길』, 1944

국가 권력은 자유를 얼마나 쉽게 위협할 수 있는가?

경제학자들이 미래를 예측할 수 있는가 · 240 | 정부의 통제는 모든 정보를 잃게 만든다 · 243 | 정부가 기술을 통제 도구로 사용한다면? · 246 | 미끄러운 경사길에 들어서면 멈출 수 없다 · 251 | 민주주의 정부 권력에 헌법적 제한이 필요한 이유 · 254 | 위기는 한 번으로 끝나지 않는다 · 257 | 하이에크 대 케인스 · 259 | 국가의 개입이 해결책이 될 가능성은 없는가 · 262

제9장 | 아렌트와 행동
_『인간의 조건』, 1958

노동과 작업 외에 정치적 행위를 해야 하는 이유는 무엇인가?

사람들이 아렌트에 특별히 관심을 갖는 이유 · 270 | 기계 기술 시대를 예견한 『인간의 조건』 · 276 | 인간 활동의 세 가지 유형-노동, 작업, 행위 · 278 | 작업과 노동, 인공과 자연 · 282 | 거대해지는 기술과 파편화되는 인간들 · 285 | 기계를 닮은 인간, 인간을 닮은 기계 · 290

제10장 | 파농과 폭력
_『대지의 저주받은 사람들』, 1961

억압받는 자는 어떻게 자기 삶에서 주체가 될 수 있는가?

국제질서에는 질서가 없다 · 298 | 제국주의와 식민지 · 301 | 파농이 말하는 두 가지 식민지 경험 · 305 | 제국주의 경찰 오웰과 현대 정치의 이중성 · 310 | 식민지 사회에서 폭력의 정당화 · 316 | 현대 국가를 넘어선 새로운 국가에 대한 열망 · 319

제11장 | 맥키넌과 성적 억압
_『페미니스트 국가이론을 향하여』, 1989

여성이 겪는 억압은 개인적 불행인가, 구조적 불평등과 제도적 묵인의 결과인가?

울스턴크래프트가 남긴 과제 · 326 | 일상의 불의를 어떻게 바로잡을 것인가 · 329 | 자유주의 페미니즘에 대해 · 332 | 마르크스주의 페미니즘에 대해 · 336 | 공정은 공정하지 않고 평등 또한 평등하지 않다 · 339 | 포르노는 자유의 문제가 아니다 · 345

제12장 | 후쿠야마와 역사
_『역사의 종말』, 1992

민주주의가 '역사의 종착지'라면 이제 어디를 향해 가야 하는가?

'역사의 종말'에 대한 오해 · 354 | 역사와 자유민주주의적 현대 정치 · 357 | '최후의 인간'과 민주주의의 미래 · 359 | 후쿠야마가 상상한 미래의 민주주의 모델 · 362 | 번영과 평화, 존중과 존엄 · 366 | 자유민주주의가 직면한 과제들 · 369 | 머물 것인가, 나아갈 것인가 · 374 | 우리는 정말 역사의 종말을 맞이했을까? · 378

추가 자료 | · 383

제1장

홉스와 국가관

토머스 홉스, 『리바이어던』, 1651

사회의 혼란과 무질서를 막고 평화를 유지하려면 무엇이 필요한가?

토머스 홉스 Thomas Hobbes(1588~1679)

윌트셔주 맘스베리에서 가난한 성직자의 아들로 태어났다. 삼촌이 등록금을 대준 덕분에 옥스퍼드대학교 학부 과정에 입학했지만, 수학을 전공하지 못한 것이 불만이었다. 대신 고전학을 전공한 홉스는 자신이 이 학문을 싫어한다는 사실만 재확인했다. 후에 더비셔주의 부유한 캐번디시 가문에서 가정교사로 일했으며, 여생의 대부분을 캐번디시 가문과 함께했다.

영국 내전 English Civil War의 격동기에 대표적인 정치철학 저서 세 권을 발표했다. 바로 1640년에 발표한 『법의 기초 Elements of Law』(소책자 형태로 발간해 개인적으로 유통), 1642년에 발표한 『시민론 De Cive』, 1651년에 발표한 『리바이어던 Leviathan』이다. 이 세 권의 저술에서 그의 핵심 정치사상은 전체적으로 일관되지만, 변화하는 정치 상황에 따라 그 함의는 달라진다. 『법의 기초』에서 강력하게 드러낸 왕정주의자의 시각은 『시민론』과 『리바이어던』에서 다소 약화되었다. 왕정복고 이후에는 『베헤모스 Behemoth』라는 제목으로 분쟁의 역사에 대해 썼다.

또한 홉스는 수학, 광학, 물리학, 법에 관해 다양한 저작을 남겼으며 호메로스 Homeros의 『오디세이 Odyssey』와 『일리아드 Illiad』를 영어로 번역해 출간하기도 했다. 홉스는 '진전성 마비'(아마도 파킨슨병) 증세가 있었음에도 말년까지 다작을 했다. 그는 뇌졸중으로 쓰러지고 나서 일주일 후 사망했다.

　『리바이어던』은 왕당파와 의회파 간에 벌어진 영국 내전(1642~1651)의 혼란 속에서 토머스 홉스가 질서와 안정을 유지하기 위해 강력한 국가 권력이 필요하다고 주장하며 1651년에 세상에 내놓은 정치철학서다. 그는 인간 본성이 이기적이고 경쟁적이기 때문에 자연 상태에서는 끝없는 갈등과 불안이 지속된다고 보았다. 바로 '만인의 만인에 대한 투쟁'이다. 그래서 이러한 무질서를 피하기 위해 사람들은 사회계약을 맺고 각자의 권리를 절대 권력을 지닌 주권자에게 양도한다. 홉스는 이 주권자를 성경 속 괴물 '리바이어던'에 비유하며 법과 질서를 수립하고 유지하는 유일한 권위로 제시한다.

　홉스는 절대 군주제를 옹호했지만 신이 아닌 인간의 계약에 주권의 근원이 있다고 봄으로써 현대 정치사상의 전환점을 마련했다. 이 책은 현대 국가와 주권 개념을 이론적으로 정립하며 계몽사상과 사회계약론에 큰 영향을 끼쳤다. 그러나 주권자의 절대 권력을 정당화하면서 시민의 저항권을 인정하지 않아 독재를 정당화할 위험이 있다는 한계가 있었다. 이러한 한계는 이후 정치철학자들의 핵심 문제가 되었다.

***

왜 홉스의 『리바이어던』으로 시작하는가?

왜 토머스 홉스로 시작하는가? 왜 『리바이어던』인가? 왜 1651년에서 시작하는가? 사상의 역사는 그보다 훨씬 전으로 거슬러 올라감에도 말이다. 우리의 정치적 삶의 뿌리가 되는 개념의 상당수는 플라톤Platon, 아리스토텔레스Aristoteles 같은 고대 철학자들과 민주주의, 정의, 법 같은 사상에서 기원한다. 그러므로 여기에서부터 시작할 수도 있을 것이다. 하지만 나는 그보다 한참 이후인 홉스와 『리바이어던』에서부터 이야기를 시작하려 한다. 그 이유는 두 가지다.

첫째, 『리바이어던』은 그 자체로 위대한 작품이기 때문이다. 정말이지 이에 견줄 만한 책은 다시 없을 것이다. 이 책이야말로 정치학에 관한 가장 이성적인 책이라는 주장도 있지만, 한편으로는 약간의 광기가 서려 있어 전율이 느껴질 정도다. 어쩌면 이 책을 쓸 당시 홉스는 실제로 약간 광기 상태였을 수도 있다. 당시의 기준으로 볼 때 그가 이 책을 출간한 것은 노년에 이르러서였다(63세). 게다가 이 책을 쓰기 직전 생사의 기로를 오갈 정도로 심각하게 앓았다. 집필 당시에는 어쩌면 뇌염이라 불리던 질환의 후유증으로 고통을 겪고 있었을지도 모르겠다.

『리바이어던』은 분명 약간의 흥분 상태에 있던 사람이 쓴 글로 느껴진다. 무엇보다도 홉스는 수학자였기에 정치학을 수학적 또는 기하학적으로 이해하고자 한 것이 드러난다. 그리고 이 책은 동시에 예술 작품이기도 하다. 문체가 비범하며 은유적이고 우의적이며 비유적이다. 제목인 '리바이어던'은 성경에 나오는 바다 괴물을 가리킨다. 이 작품은 유클리드기하학과 성서적 상상력의 영감을 동시에 담고 있다. 앞에서도 이야기했지만, 정말이지 이 책과 견줄 만한 작품은 없다.

내가 이 작품과 홉스로 이야기를 시작하는 두 번째 이유는, 이 작품이 정치사상의 역사에서 특별한 서사가 시작됨을 알려주기 때문이다. 바로 우리의 서사라고도 할 수 있을 것이다. 고대 그리스와 그 이전으로 거슬러 올라가는 아주 오래된 서사를 말하는 것이 아니다. 현대 국가를 살아가는 현대인으로서 우리의 서사를 뜻한다. 그리고 이 현대 국가에 대한 사상은 지금도 우리의 정치와 세계를 조직하는 원리이자 제도다. 나는 이 사상을 이 책을 관통하는 주제들을 구조화하는 데 접목하려 한다.

지금 이 책을 쓰고 있는 순간, 즉 코로나바이러스와 기후변화, 페이스북과 머신러닝의 시대에도 현대 국가의 사상이 지배하는 시기가 종식될 것인가라는 문제는 중요하다. 어쩌면 이제 막 그 위대한 문제를 해결하기 위한 실마리가 보이기 시작한 것일 수도 있다. 아직은 누구도 그 답을 알지 못한다. 이 문제에 대해서는 나중에 다시 다룰 것이다. 지금은 그 시작점으로 돌아가보자.

호모사피엔스가 출현한 시기로 알려진 10만 년 전 인류의 최초 출발점을 이야기하는 것이 아니다. 유목 생활을 하던 인류가 처음으로 특정한 지역에 정착한 약 1만 년 전에 정치의 서사가 시작된 시점, 약 5,000년 전 인류가 최초의 도시를 건설하기 시작했던 시점, 그리스인이 처음으로 정교한 정치사상을 집필하기 시작했던 약 2,500년 전을 이야기하는 것도 아니다. 내가 이 책에서 말하는 출발점은 매우 독특한 형태의 정치조직이 형성되기 시작한 몇백 년 전까지만 거슬러 올라가면 된다. '현대 국가'는 인류 역사의 장대한 흐름에서 상대적으로 최근에 발전한 개념이다. 이 훨씬 짧은 서사의 중요한 부분이 바로 홉스의 『리바이어던』에서 기원한다.

현대 국가란 무엇인가

홉스가 어떤 사람이었는지, 무슨 생각을 했는지, 그의 사상이 어디에서 유래하는지를 살펴보기 전에 먼저 내가 생각하는 현대 국가란 무엇인지에 대해 이야기하려 한다. 최대한 간단하게 설명하도록 노력해보겠다. 진짜 이야기는 이보다 훨씬 복잡하지만 그건 별로 중요하지 않다. 국가라는 사상을 중심으로 조직된 현대적인 정치 개념을 그 이전의 개념, 즉 내가 전현대 사상이라고 부르는 고대 세계의 정치로 대표되는 개념을 개괄적으로 대조해서 설명할 것이다.

어디에서 어떤 형태로 존재하든 모든 정치 공동체에는 기본적으로 두 가지 유형의 사람이 있다. 물론 정치 공동체의 구성원들은 수없이 다양한 방식으로 분류할 수 있으므로 다른 유형도 많다. 하지만 핵심은 그가 어떤 역할을 하는지를 중심으로 구분하는 것이다. 정치 공동체에 속한 사람들은 두 집단으로 나눌 수 있다. 일정한 규정을 만들고 그 규정을 지키라고 강제할 수 있는 의사결정권을 갖고 있는 소수의 사람들이 한 집단이다. 그리고 다른 하나는 이러한 규정을 지키고 살면서 그 결정들의 결과를 받아들여야만 하는 더 큰 규모의 집단이다. 더 다수인 이 집단이 국가의 몸체를 구성한다면, 이와 대조적으로 더 소규모의 집단은 국가 내에서 특별한 권력을 갖는다.

이 같은 두 유형의 사람들은 다양한 용어로 설명할 수 있다. 다수 대 소수, 대중 대 엘리트, 피지배층 대 지배층 등으로 말이다. 현대 사회에서는 이 두 집단을 보통 '시민'과 '정부'라고 부른다. 이렇게 다양한 용어들을 사상의 역사 전체에 일관되게 적용할 수 있는 것은 아니다. 하지만 거의 모든 정치 공동체에서 '지배권을 가지고 있는 개인'과 '지배를 받는 집단을 구성하는 사람들'은 공통적으로 찾을 수 있다.

정치학의 근본적인 질문은 대부분 이러한 구분에서 제기된다. 이 두 집단의 사람들, 즉 지배자와 피지배자, 정부와 국민은 어떤 관계인가? 전현대적 관점에서 이 질문은 대체로 선택의 문제가 표현됐다. 어느 한쪽을 선택하도록, 최소한 자신의 국가나 정치 공동체를 말할 때 그 우두머리나 소수집단과 자신을 동일시하는지, 그 구성원 전체나 다수집단과 동일시하는지를 밝혀야 했다. 때로는 자신의 국가를 부유층과 동일시하는지, 빈곤층과 동일시하는지에 대한 질문이기도 했다. 부자는 언제나 소

토머스 홉스, 『리바이어던』, 1651

수이며 빈자는 언제나 다수라는 것을 전제로 했기 때문이다. 이러한 구분은 다양한 방식으로 드러날 수 있지만, 그 근본에는 언제나 선택이 있었다. 홉스는 바로 이러한 선택에서 벗어나려 했다. 그는 어느 한쪽을 선택할 필요성 자체를 제거한 정치 형태를 구상하고자 했다.

현대 국가의 사상과 함께 정치학은 특히 다수와 소수 가운데 한쪽을 선택하는 방식으로 정치를 이해하지 않도록 설계되었다. 정부와 국민은 어느 한쪽을 선택하라고 강요하거나, 고대의 정치 개념에서 나타나는 것처럼 두 집단 사이에서 정교한 균형을 잡도록 강제하는 대립 관계가 아니다. 고대 세계에서는 다른 다양한 파벌을 서로 비교함으로써 정치적 분쟁을 피할 수도 있었다. 말 그대로 서로 다른 세력을 저울에 올려놓고 정치가 어느 한쪽으로 지나치게 기울지 않도록 조절할 수 있었다. 자신의 정치 공동체를 만들어 부자든 빈자든 상대방을 분열시킬 수 있는 수단을 보유하지 못하도록 양쪽 모두에게 일정한 권력을 부여할 수도 있었다. 어쨌든 이론상으로는 그랬다.

그러나 모든 균형이 그렇듯 약간만 어긋나도 저울은 뒤집어질 수 있다. 홉스주의적, 현대의 정치 개념에서 국가는 선택권이 없도록 구성된다. 정부와 국민은 여전히 분리되어 있다. 이 둘이 같지 않다는 사실은 쉽게 이해할 수 있다. 정부는 지명받은 개인들, 즉 상대적으로 적은 수의 개인들로 이루어져 있으며 한 명씩 특정할 수 있다. 하지만 국민의 구성원들은 하나하나 열거할 수 없다. 그러기에는 그 수가 너무나 많다.

우리는 국민의 일원이다. 그리고 정부의 일부가 아니라는 사실도 잘 알고 있다. 우리는 정부에서 내리는 결정에 관여할 수 없다. 정부와 국민은 여전히 명확하게 구분된다. 하지만 한편으로 이 둘은 기계적 결합으로 서로 연결되어 있다. 시스템이 작동할 수 있도록 서로에게 기대고 있다. 국민은 정부에 권력을 위임하고 정부는 국민을 위해 작동한다. 이 두 집단은 여전히 구분되어 있지만, 현대 국가에서 둘을 완벽히 떼어 놓기는 극도로 어렵다. 구분되지만 갈라놓을 수 없는 관계다.

이 사상이 이상한 점은, 고대의 사상보다 오히려 더 혼란스럽다는 것이다. 고대의 사상은 상당히 이해하기 쉽다. 정치는 종종 국민의 편에 설 것인가, 아니면 정부의 편에 설 것인가를 선택하는 문제처럼 느껴진다. 국가는 다수의 국민을 위한 국가인가, 아니면 엘리트를 위한 국가인가? 소수의 상류층, 적절한 인맥을 갖춘 소수의 운 좋은 이들에게만 속한 국가인가? 또는 다수가 진정으로 자기 목소리를 낼 수 있는 국가인가? 다수가 자신의 운명을 결정할 수 있는 국가인가?

이러한 선택지는 여전히 의미가 있으며, 그 선택에서 벗어나려 할수록 오히려 답답하고 불편하게 느껴지기도 한다. 그러나 현대 국가의 사상은 가장 강력하고 성공적으로 이러한 선택의 문제를 없애버렸다. 정치 사상의 역사에서 사실상 가장 무서운 정치 사상이다. 이 사상은 지금까지 우리를 지배해왔고, 그리고 어쩌면 앞으로도 오랫동안 우리의 세계를 지배할 것이다.

토머스 홉스, 『리바이어던』, 1651

우리는 군주국에 살고 있는가, 공화국에 살고 있는가

이 사상의 기묘함과 힘을 동시에 보여주는 몇 가지 사례를 들어보자. 전현대 정치 관점의 한 예로, 현대 정치사상의 대안적 역사에서 출발점이 될 수도 있었을 한 권의 책이 있다. 이 책은 정치에 관한 첫 번째 현대적 저술로 평가받기도 한다. 바로 니콜로 마키아벨리Niccolò Machiavelli의 『군주론The Prince』이다. 『리바이어던』보다 약 150년 전에 쓰였지만, 더 현대적으로 느껴지는 점이 많다. 여전히 많은 현대 정치인이 읽고 있는 책이라는 것은 분명하다. 영국 총리를 지낸 토니 블레어Tony Blair의 공보수석 알래스테어 캠벨Alastair Campbell이 다우닝가의 블레어 총리실에서 근무하는 사람은 누구나 언제든 펼쳐볼 수 있도록 책상에 『군주론』을 올려두었다는 이야기는 유명하다.

이 책은 그 시각이 매우 냉소적이라는 점 때문에 현대적으로 느껴진다. 우리는 지금도 냉소적인 정치인들을 '마키아벨리주의자'라고 부른다. 군주론은 권력의 이용과 남용에 관한 책이다. 이 책은 특히 마키아벨리가 이해하는 기독교의 규칙을 포함해 일반적 규정을 따르지 않는 특별하고 무자비한 존재로서 정치를 자신만의 언어로 제시한다. 정치는 신성한 무언가가 아니라 왕좌의 게임이다.

이 책에 담긴 교훈은 마치 어제 쓴 것처럼 오늘날의 정치인에게도 호소력이 있다. 마키아벨리의 명언 가운데 "사랑받는 것보다 두려움의 대상이 되는 편이 낫다"라는 말은 16세기 초만큼이나 21세기 초에도 중요한 계율로 들린다. 하지만 나는 이 책이 현대 정치사상의 역사에서 출발점이 될 수 있다고는 생각하지 않는다. 현대적인 책이 아니기 때문이다.

그 증거는 바로 첫 줄에서부터 찾을 수 있다. 많은 사람들이 더 재미있는 뒷부분의 내용으로 바로 넘어가느라 간과하는 부분이다. 이 책의 앞부분은 재미가 없다. 권력의 심장부에서 어떤 일이 벌어지는지에 대해 묘사도 하지 않는다. 하지만 『군주론』의 첫 문장은 이어지는 모든 내용을 정리해준다. 바로 이렇게 쓰여 있다. "인간을 지배해온 국가는 모두 공화국이거나 군주국이다." 이것 또는 저것을 선택하라는 생각은 전현대적 정치 개념이다. 이는 정치를 공화국인 시민국가와 군주국인 왕권국가로 구분한다. 또한 국가를 국민의 몸체와 동일시하느냐, 그 지배자와 동일시하느냐로 구분한다.

전현대 세계에서 시민국가에는 실제로 대다수 민중이 포함되지 않았다. 여기서 말하는 '다수'는 '전체'와 비슷한 개념조차 아니었다. 노예, 여성, 아동 등은 국가의 법과 규칙이 적용되는 세계에 포함되지 않았기 때문에 피지배자로조차 간주되지 않았다. 그들은 단지 다른 누군가의 사유재산으로 여겨졌다. 대부분의 사람들에게 고대 세계는 흥미롭지도, 의미 있는 곳도 아니었다.

마키아벨리의 세계도 나을 것이 없었다. 하지만 그 때문에 전현대적이라고 평가하는 것이 아니다. 근본적인 차원에서 이것 아니면 저것이라는 이분법으로 정치를 제시하기 때문에 전현대적이다. 마키아벨리는 정치에 관한 몇 가지 이행 원칙들이 이러한 구분에 영향을 미칠 수 있다고 생각했지만 대부분은 그렇지 않았다. 마키아벨리는 국가가 공화국인지,

토머스 홉스, 『리바이어던』, 1651

군주국인지가 아주 중요한 문제라고 생각했기에 자신의 가장 유명한 저서를 이 문장으로 시작한 것이다.

영국과 미국의 사례

정치는 선택의 문제이며, 우리가 근본적으로 우두머리가 통치하는 국가인 군주국에 살고 있는지, 민중의 국가를 의미하는 공화국에 살고 있는지 밝혀야 한다고 하면, 오늘날의 국가에 대해 같은 질문을 한다면 어떨까? 답할 수 있을까? 그렇지 않을 것이다. 왜 답할 수 없을까? 우리는 현대인이고 우리의 국가는 이분화할 수 없는 현대의 국가이기 때문이다.

현시대의 예로 미국과 영국을 들 수 있다. 우리는 정말로 마키아벨리의 질문에 답할 수 없을까? 어쨌든 미국은 스스로를 공화국이라고 인식하고 있으며, 명백하게 스스로를 공화국이라 부른다. 마키아벨리식으로 그리고 마키아벨리를 아주 주의 깊게 읽었던 미국 공화국 건국의 아버지 관점에서는, 최소한 이론적으로 미국은 분명 군주가 없는 국가다.

이와 대조적으로 영국은 공화국이 아니다. 영국은 군주제다. 영국에는 수많은 군주들이 있다. 어쩌면 너무 많다. 차기 왕인 찰스 왕세자(이 책이 출간된 후인 2022년 9월에 찰스 3세Charles III로 즉위했다.—옮긴이 주)뿐만 아니라 현재 왕실을 떠나 미국인 아내와 함께 미국 공화국에서 살기로 선택한 사람(찰스 3세의 차남 해리 왕자Prince Harry—옮긴이 주) 등 다른 모든 사람이 포함된다. 하지만 그들은 실제로는 마키아벨리가 말한 군주들은 아니다. 심지어 국가수반인 여왕(2022년 타계한 엘리자베스 2세 Elizabeth II—옮긴이 주)도 진짜 우리의 군주는 아니다. 내가 이 글을 쓰고 있는 현재 우리의 군주는 보리스 존슨 Boris Johnson이다. 그리고 물론 미국에도 군주가 있다. 도널드 트럼프 Donald Trump와 그 뒤를 이을 사람이다. 이들은 각각 전제와 공포의 왕가를 지배하고 있다.

영국 총리는 미국 대통령과 마찬가지로 마키아벨리가 공화국 또는 민중 국가에 부여할 수 있는 수준을 뛰어넘는 권력을 갖고 있다. 그러나 이들도 마키아벨리가 말하는 의미의 군주는 아니다. 마키아벨리의 군주는 자기 국가를 자신의 사유지, 사유물 또는 사유재산으로 생각하기 때문이다. 존슨과 트럼프는 아무리 원해도 자신이 국가를 소유하지 못한다. 그들은 오로지 국민 덕분에, 국민 때문에, 국민이 묵인해줌으로써 그 권력을 가질 수 있다. 그들은 국민들에게 의존한다.

그러나 이와 동시에 국민들은 그들이 우리를 어떻게 통치하는지에 대해, 그 통치자들의 결정에 직접 의견을 제시하는 것이 거의 불가능하다. 이 때문에 그들은 진정한 마키아벨리주의 공화국에서 용인될 만한 수준을 넘어서는 권력을 갖는다. 일단 그들을 권좌에 앉히고 나면 그들이 우리를 통치할 수 있는 진짜 권력을 갖는 것이다. 우리가 살아가는 국가는 공화국도 군주국도 아니다. 그 두 가지 체제 모두에 해당하며, 이는 사실상 두 체제에 모두 해당하지 않는다는 뜻이기도 하다.

『리바이어던』은 어떻게 탄생했을까?

정부가 국민 덕분에 권력과 권위를 갖게 되었고, 그 결과 국민이 정부의 권력과 권위의 지배를 받는다는 정치 관념은 의심할 여지 없이 현대적 개념이다. 이는 상호 의존적인 관계다. 정치가 여전히 오래된 선택의 문제라고 생각해도, 현대 정치의 양면을 떼어놓는 것은 매우 어렵다. 이 사상의 기원 가운데 일부는 토머스 홉스의 『리바이어던』에 있다. 내 목표는 이 사상이 매우 기묘함에도 익숙하게 느껴지도록 만드는 것이다. 또한 상당히 익숙함에도 기묘하다고 생각하도록 만드는 것이다.

나는 우리의 정치사상을 익숙한 동시에 낯설게 만들려고 한다. 홉스는 그에 딱 맞는 인물이다. 그는 매우 기이한 사상가였지만, 그의 글은 우리 세계를 이해하는 데 필수적이다. 물론 1651년은 아주 오래전이고 우리가 삶을 구성하는 방식은 그때와 거의 모든 면에서 달라졌다. 그럼에도 홉스가 묘사한 세계 속에서 여전히 우리 자신의 모습을 어느 정도는 알아볼 수 있을 것이다.

토머스 홉스는 누구인가? 그의 삶에서 필수적인 사실은 날짜들, 즉 그가 태어난 해와 사망한 해를 살펴봄으로써 알 수 있다. 그는 엘리자베스 1세 때 스페인 함대가 잉글랜드를 침공한 1588년에 태어났다. 그리고 91년 뒤인 1679년, 찰스 2세 통치 기간 말년에 사망했다. 지금 시대로 봐도 장수했으니, 17세기에는 엄청나게 오래 살았던 것이다.

더 놀라운 것은 홉스가 역사상 정치적 격동기 중에서 한 시대를 살았다는 사실이다. 그가 개인적으로 안정된 삶이 보장된 환경에서 살았기 때문에 장수한 것이 아니다. 실제로는 그와 반대다. 그의 삶에서 정점, 그 한가운데에는 심각한 정치적 격동과 위험이 있었다. 홉스의 삶에서 본질은 정치의 붕괴, 바로 홉스와 비슷한 사람들의 삶을 곧바로 위협하는 붕괴로 정의할 수 있다. 바로 이러한 정치의 몰락이 그에게 『리바이어던』을 쓸 수 있는 영감을 주었다.

당시 엄청난 정치적 재앙 가운데 하나는 1618년부터 1648년까지 이어진 30년 전쟁(홉스가 30세 때 시작된 이 전쟁은 60세에 이르러 끝났다)이다. 이 전쟁은 정말로 끔찍한 유럽의 트라우마였다. 30년 전쟁은 모두가 모두와 싸우는, 모든 사람에게 최악인 전쟁이었다. 유럽 대륙 전체에서 종교, 민족, 왕조, 경제, 계층, 심지어 가문을 기준으로 사람들을 갈라놓은 극도로 폭력적이었으며 거의 종족 학살에 가까운 분쟁이었다. 끔찍하고 잔혹하며 끝없이 지속되는, 상상조차 하기 어려운 최악의 정치였다. 홉스는 직접 경험하지는 않았지만 이 전쟁과 관련된 모든 소식을 들었다.

그런가 하면 홉스의 삶에서 영국 왕실의 신하로서 그의 장년기에 가장 크게 작용한 트라우마는 영국 내전 또는 영국 혁명으로 더 잘 알려진 사건이었다. 이 전쟁은 대략 1640년부터 1660년까지 이어졌다(홉스가 52세 때 시작해서 72세 때 끝났다). 그 정점인 1649년에 국왕이 처형되었고 새로운 공화국을 건설하려는 시도가 이어졌다. 이 시도는 결국 실패했고 혁명은 왕정복고로 끝났다. 홉스의 걸작인 『리바이어던』은 1651년에 등장했다. 그리고 전투가 시작된 1642년부터 국왕이 복귀한 1660년까지 영국 내전이 이어진 것으로 본다면, 이 트라우마의 정점에 출간된 셈이다. 그리고 이 트라우마의 본질이 이 책에 영감을 주었다.

홉스는 스페인 함대가 영국 해협을 올라오고 있다는 소식을 듣고 자신의 어머니가 너무나 충격을 받아 진통을 시작했으며 자신이 태어났다는 농담을 자주 했다. 그런 점에서 그 자신의 표현에 따르면 '공포와 쌍둥이'로 태어났고, 그가 출생한 당시의 상황 때문에 그는 극도로 예민하고 두려움에 가득 찬 사람으로 평생을 살았다.

홉스는 현대식으로 표현하면 피해망상 환자였다. 세상의 모든 사람들이 자신을 해치려 한다고 생각했다. 그럴 만한 이유가 있었다. 당시는 살아 남는 것도 위험한 시기였고, 정치적 실수든 지적 실수든 종교적 실수든 작은 실수 한 번으로도 목숨을 잃을 수 있었다. 피해망상에 시달린다는 것이 실제로 나를 해치려는 사람이 없다는 뜻은 아니다.

홉스는 정치적 붕괴를 두려워했고 어떻게든 그런 상황을 피하려 했다. 영국 내전 당시 그는 실제로 몸을 피했다. 『리바이어던』과 관련해서 결정적인 또 하나의 사실은 홉스가 이 책을 잉글랜드에서 쓰지 않았다는 것이다. 파리에서 이 책을 썼다. 개인적으로 전쟁의 위험을 피하는 것이 그가 파리에 간 이유 중 하나였다. 그곳은 안전한 피난처였고, 이 책에 영감을 준 사건들로부터 한 걸음 떨어진 곳이었다. 어쩌면 그 덕분에 이 책이 세상에 나올 수 있었는지도 모른다.

만약 홉스가 스스로를 겁 많은 사람이라 주장해도 『리바이어던』을 읽는 사람은 이를 결코 알 수 없다는 점은 역설적이다. 『리바이어던』은 지적으로, 또 정치적으로 두려움이 없기 때문이다. 이것이야말로 이 책이 그토록 우리에게 충격적으로 다가오는 이유다. 마치 그 무엇도 그를 막을 수 없었던 것처럼 보인다.

1660년에 스튜어트왕조가 복권된 이후 실제로 홉스는 생명이 위태로운 상황에 처했다. 분쟁의 절정에서 이 책을 썼기 때문이다. 또한 이 책이 어느 한쪽을 선택해야 하는 상황을 회피하려 했다는 바로 그 이유로, 그가 누구의 편인가에 대해 상당한 논란이 벌어졌기 때문이다. 왕이 권좌에 돌아왔을 때 이 책은 왕실에 불충한 것으로 생각됐고, 왕에게 불충한 사람은 언제나 위험했다. 더 나아가 종교적 분파를 더 포괄적인 정치의 관점으로 포함하려 시도한다는 점에서 종교뿐만 아니라 신에게도 반대한다는 인상을 주었다. 하지만 결과적으로 홉스는 무신론자였다. 그렇지만 17세기에는 무신론자라는 사실 역시 죽임을 당하는 이유가 될 수 있었다. 이 때문에 그는 두려움에 떨어야 하는 동시에 절대적으로 두려움을 느껴서도 안 됐다. 『리바이어던』을 쓴 것은 바로 이 두려움을 모르는 홉스, 뇌염을 앓았던 홉스 그리고 위대한 거장 홉스였다.

홉스의 삶과 회의론

책을 쓰는 것 외에 홉스는 일생 동안 어떤 일을 했을까? 요즘 식으로 말하자면 뭘 해서 먹고살았을까? 여러 가지 일들을 했지만, 굳이 한마디로 표현한다면 그는 심복이었다. 상대적으로 비천한 환경에서 태어난 그는 재치와 지적 능력을 키웠고 공직에 나왔으며, 이후에는 귀족 집안인 캐번디시 가문(백작, 후에 데본셔 공작이 되었다)의 후견을 받아 생활했다. 그는 캐번디시 가문을 위해 다양한 일을 했다. 그는 이 가문의 두뇌였으며, 그들이 후견하는 유명 사상가이자 애완 수학자였다. 가문 자녀들의 가정교사이기도 해서 아이들을 데리고 유럽 대장정을 떠나기도 했다. 그런 점에서 여행 가이드이기도 했다. 또한 그는 당시 다른 많은 저명한 지식인들과 서신을 주고받는 통신원이었다. 캐번디시 가문의 사업 일부를 관리하기도 했다.

캐번디시 가문은 내전으로 인해 저명한 가문과 교류하는 것이 너무 위험해지면서 더는 지원을 할 수 없을 때까지 이런 모든 일에 대한 대가로 그를 안전하게 보호했다. 그 후에도 자신들이 할 수 있는 최선을 다해 그를 보호했다. 홉스가 파리로 갔던 이유 중 하나도 캐번디시 가문과의 관계가 깨졌기 때문이었다.

홉스는 무엇을 믿었을까? 이는 홉스만이 아니라 누구든 답하기 어려운 질문이다. 하지만 홉스를 설명하는 단어가 또 하나 있다. 바로 회의론자다. 회의론은 '의심'을 철학적 입장으로 삼는 이론이다. 가장 유명한 회의론자로는 홉스의 프랑스인 친구였던 르네 데카르트RenéDescartes가 있다. 회의론자의 대명사가 된 바로 그 저명한 철학자다. 사상의 역사를 함 께 헤쳐나가는 과정에서 내가 앞으로 거론하게 될 사람들은 대부분 그들과 관련된 유행어가 있음을 알게 될 것이다. 홉스의 별명에 대해서도 곧 이야기할 것이다.

데카르트의 유행어는 "코기토 에르고 숨Cogito, ergo, sum", 즉 "나는 생각한다. 그러므로 존재한다"였다. 이 말은 "우리가 확실히 알 수 있는 것이 존재하기는 할까?"라는 질문에 대한 회의론적 답변이다. 모든 것을 의심하지만 절대적으로 확신할 수 있는 무언가를 원한다면, 진정으로 확신할 수 있는 단 한 가지가 바로 의심이다. 최소한 이 우주에는 의심하는 사람이 있어야만 한다. 회의론적 사고를 할 수 있는 누군가 또는 무언가가 없다면 회의론을 가질 수 없다. 그런 이유로 이 문구를 "나는 의심한다. 그러므로 나는 존재한다"로 바꿔 말할 수도 있다.

회의론은 영구적인 마음의 상태라기보다는 사고방식에 가깝다. 회의론자는 확신의 기반을 찾고 있으며, 그 기반 위에 모든 것을 구축하려 한다. 데카르트는 자신의 기반에서 신의 존재를 증명하는 것까지 모든 것을 구축했다. '의심에서 지식이 나올 수 있다'는 것에서 '의심은 반드시 존재해야 한다'는 지식이 나왔다. 데카르트가 종교와 과학을 재구성하기에는 이것으로 충분했다. 홉스의 회의론은 그 정도로 깊이가 있지는 않았으며, 회의론을 토대로 재건하려는 내용도 그 정도로 정교하지 않았다.

홉스의 회의론은 사회적, 정치적 삶의 근본적인 질문들에 답하려는 시도였다. 정치가 제시하는 너의 왕이냐 아니면 나의 의회냐, 너의 교황이냐 아니면 나의 교회냐, 너의 가족이냐 아니면 나의 가족이냐, 너의 부족이냐 아니면 나의 부족이냐 같은 선택 때문에 분쟁이 일어나고 사람들이 목숨을 잃었다.

　의심할 여지없이, 심지어 다른 모든 것에 대해 동의하지 않는 사람들에게조차 이 모든 갈등을 관통하는 무언가가 있을까? 합리적 인간이라면 누구나 동의할 수 있어야만 하는 것을 단 하나라도 찾을 수 있을까? 홉스는 가능하다고 생각했다. 그 해답은 새로운 정치사상을 세울 수 있는 확실성의 기반, 그 속에 흐르고 있는 무언가에 닻을 내리고 있다. 그러므로 인간이 분열하며 압박해도 무너지지 않을 무언가를 찾을 때까지 끝없이 의심하면서 정치에 대해 새롭게 생각해야 했다.

비탈길에서 내달리는 삶의 경주

　그렇다면 홉스는 모두가 동의할 수 있는 것은 무엇이라고 생각했을까? 그 답은 우리가 모두 살아 있음을 깨닫는 것으로 시작할 수 있다. 데카르트와 의심처럼, 홉스는 이러한 분열이 이어지려면 우리가 그 속에서 살고 있어야만 한다고 생각했다. 그렇다면 살아 있다는 것은 어떤 의미일까? 당시는 자연의 세계가 끊임없이 움직이게 하는 동력이 무엇인지를 사람들이 체계적으로 살펴보기 시작하던 과학혁명의 여명기였다. 살아 있기 위해서는 움직여야만 한다. 살아 있는 것의 반대는 무생물 상태이기에 생명은 생물 상태. 무생물 상태는 죽은 것이다. 살아 있는 것에는 영혼을 불어넣는 존재animator가 있다. '아니마anima'는 영혼을 의미한다. 그러나 홉스에게는 움직임motor과 더 가까운 개념이었다. 그는 "어떤 것이 움직이지 않는 상태라면, 다른 무언가가 흔들지 않는 한 그것은 영원히 움직이지 않을 것이라는 점은 아무도 의심하지 않는 진실"이라고 썼다.

우리는 계속 움직이려고 한다. 그것이 살아 있다는 뜻이다. 당시는 심장이 몸 전체로 피를 보내는 모터 역할을 하는 방식을 과학적으로 처음으로 밝혀낸 시기였다. 사람들은 빛이 어떻게 움직이는지에 대해 생각하기 시작했다. 그리고 홉스는 이에 대해 생각하는 데 많은 시간을 쏟았다.

세계는 움직임으로부터 만들어지며 우리는 움직이는 창조물이다. 홉스는 움직이는 창조물로 존재한다는 것은 곧 살아 있다는 것이라고 정의했다. 이는 어떤 지배적인 철학이나 신학을 바탕으로 하지 않는다. 그저 단순히 사람들을 관찰함으로써 알 수 있다. 그리고 살아 있다는 것은 계속해서 살아 있기를 원한다는 뜻이다. 움직이기를 멈추면 죽는 것이므로 움직이는 창조물은 계속 움직이려 한다. 물론 살기를 원하지 않는 사람들도 있다. 홉스도 우울증에 대해 이해하고 있었다. 그러나 홉스의 시각에서 그것은 합리적인 마음 상태가 아니었다. 생각하는 이성적인 사람이라면 계속 움직이기를 원할 것이기 때문이다.

이러한 움직임이 사람들을 서로 갈등하게 만든다. 이는 주변을 돌아보기만 해도 쉽게 알 수 있으므로, 홉스는 이것을 모두가 동의할 수 있어야 하는 하나의 사실이라고 생각했다. 홉스는 삶을 경주로 묘사했다. 사람들은 모두 움직이고 있기 때문에 달리고 있는 것이다. 무엇을 향해 달리는지는 아무도 모르겠지만, 죽음을 피해 달리고 있다는 점은 확실하다. 영원히 달릴 수는 없지만 가능한 한 오랫동안 달리기 위해 노력할 것이다. 이는 모든 선수가 자기 레인을 지키고 결승선을 처음으로 통과한 사람이 상을 받는 공정한 경기장에서 벌어지는 400미터 경주가 아니다.

홉스가 생각한 이미지는 아니지만, 그의 주장을 읽으며 나는 다음과 같은 이미지를 떠올렸다. 매년 글로스터셔의 한 마을에서는 참가자들이 언덕 아래로 굴러가는 거대한 치즈를 잡기 위한 광란의 경주를 벌인다. 이것이야말로 우리 삶과 비슷해 보인다. 잠시 후면 치즈는 더 이상 눈에 보이지도 않을 정도로 멀리 굴러가버리지만, 사람들은 계속해서 서로 마구 부딪치면서 비탈길을 질주한다. 지켜야 할 경주로 같은 것은 없기 때문에 계속 달리는 사람도 있고 중간에 멈춰 서는 사람도 있다.

사실상 목표가 무엇인지는 별로 생각하지 않으면서도 모두 같은 목표를 쫓고 있다. 우리가 바로 이런 일을 하고 있다. 사실 어떤 길이 옳은 길인지 잘못된 길인지 알지 못한다. 그저 좌충우돌 뛰어다닌다. 사람들이 서로 부딪친다. 서로 튕기고 넘어뜨린다. 쓰러져서 다시 일어나지 못하면 움직임을 멈춘 것이고, 홉스에 따르면 삶의 경주에서 움직임을 멈추는 것은 죽음이다.

삶이라는 경주에서 충돌이 그토록 위험한 이유, 즉 비탈길에서 거대한 치즈를 쫓아 내달리는 것보다 더 위험한 이유는 개개인에게 이 경주가 서로 다른 모습으로 보이기 때문이다. 내가 너를 향해 달려가고 네가 나를 향해 달려온다면, 너에게는 내가 위협이지만 나에게는 네가 위협이다. 이 때문에 우리는 위험을 동일한 방식으로 인지하지 않는다. 다만, 서로가 각각의 충돌을 해결하는 방식에 대해 동의하지는 못해도 가능하다면 충돌을 피하는 것이 대부분 더 낫다는 생각에는 동의할 것이다.

우리가 서로와 덜 부딪친다면, 눈에 보이는 경주로가 없어도 어떤 식으로든 우리의 선을 지킬 수 있다면 삶을 더 잘 살 수 있을 것이다. 이 게임에 규칙이 있다면, 가장 파괴적인 충돌을 피해 방향을 조정할 지도원칙이 있다면, 네가 나에게 위협이 되기 때문에 조금이라도 더 가까이 다가오기 전에 이 경주에서 너를 쫓아내야 한다고 느끼는 상황은 피할 수 있을지도 모른다.

단 하나의 원칙, 평화를 추구하고 그것에 따를 것

홉스는 사람들이 이러한 규칙들에 동의할 것이라고 생각했다. 그는 이를 자연법이라고 불렀다. '자연'인 이유는 이 법칙들이 살아 있는 이성적 존재인 우리에게 적용되기 때문이다. 이 같은 법칙들은 꽤 많은데 『리바이어던』에서 홉스는 열아홉 가지 자연법을 찾아냈다. 이 법칙들은 간단한 원칙 하나로 요약할 수 있다. 모든 사람이 '평화를 추구하고 그것에 따르기' 위해 노력해야 한다는 것이다. 우리가 추구하는 것은 전쟁이나 충돌, 갈등이 아니라 평화. 나머지들은 살아가면서 우연히 만들어지는 부산물일 뿐이다. 모두가 평화를 추구하기 위해 노력한다면 더 잘 살 수 있을 것이다.

이 원칙이야말로 자연법의 기본 원칙이며, 사람들은 이 법칙에 따라 살아야 한다. 그것이 우리를 이끌어주는 기준이 되어야 한다. 하지만 자연법은 동시에 하나의 권리이기도 하다. 즉, 자기 자신을 보존하기 위해 필요하다고 생각하는 모든 일을 할 수 있는 자연적 권리 말이다(결과적으로 이것이 새로운 형태의 정치가 필요하게 되는 이유이기도 하다). 평화는 우리가 계속 존재하기 위한 전제다. 평화를 유지할 수 없다면 그 어떤 법칙도 의미를 가질 수 없다.

따라서 이는 근본적인 문제가 된다. 우리의 자연적 본능, 즉 계속해서 살아 있으려는 동기는 자연법에 대한 제약과 자연의 권리 승인을 동시에 만들어낸다. 우리에게는 자연적 존재를 보호하기 위해 갈등 상황에서 자연법을 해석할 권리가 있다. 갈등은 종교, 사랑, 돈, 세금, 전쟁, 미학 등 온갖 문제가 원인이 되어 발생할 수 있다. 그저 나를 바라보는 시선이 마음에 들지 않는다는 이유로 상대방을 두려워할 수도 있다. 사소한 일들이지만, 그것이 동시에 치명적인 일이 될 수도 있다. 인간은 어떤 일로도 싸울 수 있는 존재다.

"평화를 추구하라"라는 자연법을 "스스로를 보호하기 위해 필요한 일을 하라"라는 자연의 권리로 바꿔 말하면, 자신의 위치에 따라 갈등은 다른 모습으로 나타나므로 계속 갈등을 겪을 것이라는 뜻이다. 홉스는 평화를 추구해야만 하며, 무엇이 평화인가를 판단할 권리가 모두에게 있다는 사실을 합리적인 인간이라면 누구나 알고 있다고 분명히 말했다. 결과적으로 합리적 인간은 서로에게 위협이 될 수 있는 원인들을 미리 없애려고 할 것이다.

멀리 떨어져 있는 위협, 어렴풋하게 인지되는 위협, 언젠가 위협이 될 수도 있는 무언가를 보면, 사람들은 그 위협이 자신들을 압도하기 전에 미리 제거해버리려 할 것이다. 그렇게 해서 모든 사람이 평화를 추구한다는 처방전이 바로 홉스가 남긴 유명한 냉소적 표현인 "만인의 만인에 대한 투쟁"이다. 이는 여러 가지 측면에서 17세기 전반 유럽이 경험한 악몽으로 실현된다.

아직 한 단계를 더 가야 한다. 여전히 모두가 동의해야 하는 것이 하나 더 있다. 우선 문제의 본질, 즉 무엇이 평화인가에 대한 생각이 모두 다를 수밖에 없기에 평화를 추구하는 것 자체가 전쟁의 원인이 된다는 점을 이해해야 한다. 그 다음, 다른 모든 사람을 대신해 정해진 한 사람이 평화가 무엇인지를 대신 결정할 수 있게 한다는 데 동의해야 한다. 결정할 수 있는 우리의 권리를 그에게 넘겨주는 것이다. 이성적으로, 자발적으로 이렇게 행동해야 한다. 그러면 모든 것이 달라진다. 이것이 합의의 마법이다. 이 과정은 기계적이지만 연금술적이기도 하다.

이는 사실상 무에서 유를 창조해낸다. 모든 사람이 이렇게 전환하는 방식에 동의한다면, 이제 무엇이 평화인지 결정할 권리를 부여받은 사람은 다른 모든 이들에게 자기의 결정을 따르도록 강제할 권력을 갖는다. 지금도 그런 사람은 자연 상태에 존재한다. 그에게는 특별한 자연적 권력이 없다. 하지만 그 사람의 결정이 모든 사람의 의견을 대변하기 때문

토머스 홉스, 『리바이어던』, 1651

에 모두의 힘을 배후에 갖게 된다.

주권자가 '존재하는 것 자체'가 더 중요하다

홉스는 순진하지 않았다. 그는 다른 누군가에게 결정권을 넘겨주고 나서 후회할 수도 있음을 알고 있었다. 우리를 대신해 내린 결정이 마음에 들지 않을 수도 있다. 심지어 위협이 된다고 생각할 수도 있다. 무엇보다도, 만약 의사결정자가 평화를 위협하는 존재를 우리라고 결정한다면 어떻게 될까? 왜 우리를 심각하게 불안하게 만들 수도 있는 누군가에게 개인적 안전에 관한 판단을 맡기겠는가? 이 질문에 대해 홉스는 그런 상황이 온다면 합의를 취소하고 싶은 것이 당연하다고 답했다.

하지만 합의가 유효하다면 그럴 수 없다. 만약 우리를 위협이라고 생각한다면, 다른 모든 사람들은 의사결정자가 말하는 대로 따를 만한 좋은 명분을 갖게 된다. 이것이 홉스가 말하는 가장 소름끼치는 국가의 측면이다. 우리는 도망칠 수 있다. 홉스는 우리에게 도망칠 권리가 있다고 분명하게 말한다. 하지만 숨을 수는 없다.

이러한 합의를 설명하기 위해 홉스가 사용한 두 가지 핵심 용어는 오늘날에도 여전히 정치 속에 스며들어 있는 단어들이다. 권력을 부여받은 사람은 '주권자Sovereign', 권력을 획득하는 과정은 '대표Representation'라 한다. 주권자는 평화와 관련된 사항을 대신 결정함으로써 우리를 대표한다. 홉스는 이것이 평화를 실현하기 위한 유일한 방법이라고 생각했다.

하지만 홉스가 생각한 이 두 단어의 의미는 지금 우리가 생각하는 의미와 같지 않다. 더 협소하고 기술적이며 더 범위가 좁고 살짝 더 냉정한 의미였다. 홉스에게 '주권자'는 중립적인 용어다. 이는 단순히 결정자, 의사 결정자를 의미한다.

홉스는 '누가' 혹은 '무엇이' 주권자인가는 중요하지 않으며, 주권자가 '존재하는 것 자체'가 더 중요하다고 단호하게 주장했다. 물론 그는 개인적인 선호가 있었다. 정치가 가장 잘 작동하는 방식은 한 명의 인간, 즉 왕이나 여왕이 결정을 내리는 것이라고 생각했다. 홉스가 태어나고 인생의 초창기를 보냈던 시기의 주권자가 엘리자베스 여왕이었으며, 다양한 측면에서 여왕이 그가 알았던 최고의 주권자였다는 것을 기억해야 한다. 그는 왕정을 선호했다. 하지만 1651년에는 군주가 없었다. 왕은 2년 전에 참수당했다. 그렇기 때문에 홉스로서는 그게 문제가 되지 않는다고 말하는 것이 중요했다. 참수된 군주의 아들인 찰스 2세가 권좌에 복귀했을 때 그는 이 말 때문에 심각한 어려움에 처했다. 하지만 1651년 홉스가 『리바이어던』에서 펼친 주장과 그 논리에 따르면 그는 의회가 주권자가 될 수도 있다고 말해야만 했다. 실제로 1651년 잉글랜드에서는 의회가 주권자였다. 누구든 또는 어떤 것이든 주권자가 될 수 있었다. 주권자는 거대한 집단, 소규모 집단 또는 한 명의 개인일 수도 있었다. 주권자가 의회라면 다수결에 따라 결정해야 할 것이다. 결정한다는 사실과, 그 결정이 모든 사람을 위한 결정으로 받아들여진다는 점이 중요하다.

토머스 홉스, 『리바이어던』, 1651

의회가 그렇게 결정한다면, 심지어 홉스 같은 왕정주의자들도 그 결정을 받아들여야만 한다. 그는 『리바이어던』 최종 원고의 특별 부록에서도 많은 이야기를 했다. 두려움을 모르는 지적 정직함을 드러낸 이야기였으며, 그로 인해 마음의 평안을 잃었고 거의 죽을 뻔하기도 했다.

이 주장을 받아들일 수 있다면 평화에 이를 수 있다. 받아들일 수 없다면 평화로 가는 길은 없다고 홉스는 생각했다. 정치는 붕괴될 것이다. 자신이 빈틈없이 지켜낸 정치적 선택을 직접 할 수 있는 권리가 우리를 파괴할 것이다. 홉스는 사람들이 진정한 정치적 선택이라고 생각하는 질문, 즉 공화국인가 군주제인가, 개신교인가 가톨릭인가, 나인가 너인가, 우리인가 그들인가 등은 진짜 선택이 아니라는 점을 무엇보다 강조하려 했다.

우리의 정치를 이런 식으로 요약하는 것은 뭔가 잘못되었다. 진짜 유일한 정치적 선택은 질서인가 혼돈인가다. 단단하고 기계적이며 서로 맞물린 대표 관계를 이룬 국가가 있으며, 국민이 승인하지 않은 주권자는 있을 수 없다. 하지만 주권자가 결정자이기 때문에 국민은 주권자에게 반대할 권리가 있는가 없는가라는 문제가 정치적 선택이다. 이 문제에 합의하거나 아무것도 갖지 못하거나 둘 중 하나다. 이런 정치 형태의 대안은 더 나은 정치나 더 나쁜 정치가 아니다. 이는 아예 정치가 아니다. 홉스에게는 그 문제가 진짜 선택이었다.

홉스는 인간에 대해 냉소적인 사람이었나

이처럼 급진적이며 충격적이고 약간은 정신 나간 것처럼 놀랄 만큼 강력한 주장에 숨어 있는 의미는 무엇일까? 그 의미는 잘못 해석되기 쉽다. 홉스에 관해서는 다양한 오해가 있다. 그중 하나는 홉스가 극도로 비관적인 정치사상가라는 평가다. 국가가 형성된 이후의 세계에 대한 홉스의 설명보다 『리바이어던』의 앞부분에서 묘사한 그 이전의 세계에 관한 설명이 더 잘 알려져 있기 때문이다. 그는 이 분야에 대해 설명한 다른 많은 저자들이 그러했듯 이러한 세계를 '자연 상태'라 부른다. 이는 인간이 인간을 구원할 평화를 만들기 위한 인위적인 의사결정 체계를 창조하기 전, 즉 리바이어던을 건설하기 전의 자연적 환경에서 존재하는 인간의 상태다.

홉스가 바라본 인간의 자연 상태에 대한 설명은 암울하고 비참한 것으로 유명하다. 그는 "험악하고 거칠며 짧다"라는 문구로 표현했다. 이는 자연 상태에서 모두의 모두에 대한 전쟁이 벌어지고 있으며 국가가 부재한 상황에 처한 인간의 삶을 묘사한다. 이로 인해 사람들은 홉스가 분명히 인간이란 무엇인가에 대해 정말로 부정적이거나 심지어 냉소적이며 암울한 시각을 갖고 있었으며, 홉스는 인간의 좋은 면에 대해 생각하지 않았다고 받아들이게 된다.

홉스가 인간이 갖고 있는 최악의 측면을 생각했으며, 우리는 원래 그런 존재라는 이유만으로 국가가 없는 상황에서 서로가 서로를 마구 죽여 버릴 것이라 생각했다고 전제하는 것이다. 이러한 자연 상태에서 우리는 살인기계로 나타난다. 하지만 이러한 평가는 사실 홉스의 주장을 전혀 이해하지 못한 것이다. 무엇보다도 '회의적'은 '냉소적'과 결코 같은 뜻이 아니다. 냉소주의자는 항상 인간 행동 이면에 숨겨진 추악한 동기를 찾는다. 회의론자는 그런 점에서 최악의 인간이나 최선의 인간을 생각하지 않는다. 회의론은 그저 우리가 확실하게 안다고 말할 수 있는 것이 실제로 존재하는지 궁금해할 뿐이다. 홉스는 그런 사람이었다.

그가 쓴 글들 중 일부, 특히 뇌염을 앓고 난 뒤 오랫동안 후유증을 겪으면서 『리바이어던』에 쓴 글 중 일부는 실제로 다소 냉소적이다. 인간이라는 존재와 인간이 할 수 있는 일에 대해 특별히 장밋빛으로 그리지는 않았다. 이는 역시 상당히 재미있다. 홉스는 자만심vanity이 아닌 허영심vainglory, 모두가 치즈를 쫓아 비탈길을 질주하면서 다른 사람들의 우호적인 시선을 갈구하는 망상적 욕구인 허영이라는 인간 존재의 특징에 대해 많은 글을 썼다. 그는 "허영심이 강한 사람은 자신에 대한 진짜 지식을 토대로 한 희망의 확실한 근거도 없으면서 듣기 좋은 다른 사람의 말로 자기만족을 계산한다"고 썼다.

우리는 비탈길에서 치열하게 목표를 추격하는 순간에도 여전히 다른 사람에게 내 모습이 어떻게 보이는가에 신경을 쓴다. 우아하게 추락하고 싶어한다. 비탈길을 내달리는 내 옆의 사람보다 내가 더 나아 보인다고 스스로를 설득하기 위해 온갖 정교한 기만을 만들어낸다. 홉스는 그런 기만이 우리를 다소 우스꽝스럽게 만든다고 보았다. 그런 점에서 어쩌면 약간 냉소적이라 평가할 수 있다.

하지만 홉스는 인간이 험악하다고 생각하지는 않았다. '험악하고 거칠고 짧다'는 표현은 인간의 동기를 묘사하는 것이 아니다. 이는 자연 상태에서 우리의 삶을 설명한다. 불쾌하고 잔인하며 동물이 기대할 수 있는 삶보다 더 나을 것이 없고, 우리가 할 수 있는 것보다 너무 일찍 움직임을 멈추기 때문에 짧다는 것이다. 그러나 이는 험악하기 때문은 아니다. 다소 우스꽝스럽기는 해도 말이다. 우리가 아무리 노력해도 서로를 신뢰할 수 없기 때문이다.

홉스가 자연 상태의 문제를 설명하기 위해 사용하는 단어에는 서로에 대한 '불신deffidence'이 있다. 이는 수줍음, 신뢰의 결여를 뜻한다. 다른 사람들이 무엇을 할지 모른다는 경계심 때문에 우리는 선제적으로 행동하게 된다. "서로에 대한 불신에서 벗어나는 데 있어 선제 공격anticipation만큼 자기 자신을 지키는 더 합리적인 방법은 없다. 즉 힘이나 술책을 써서 가능한 한 모든 사람을 제압하는 것이다."

우리는 타고난 괴물도 짐승도 아니다. 그저 순진하고 걱정이 많은 자연의 일부일 뿐이다. 우리는 어떤 문제에 직면해 있는지 절대로 확실히 알 수 없다. 우리는 소심하고 의심이 많다. 삶은 고독하지만, 홉스가 인간을 본래 고독한 존재라고 생각했기 때문은 아니다. 우리는 항상 동맹을 만들기 위해, 항상 더 큰 공동체로 발전할 수 있는 작은 공동체들을 이루기 위해 노력한다. 우리는 평화를 추구하고 원한다. 우리는 간절하게 평화를 원한다. 우리는 평화가 없다면 어떤 대가를 치러야 하는지 알고 있다.

토머스 홉스, 『리바이어던』, 1651

하지만 우리는 평화를 얻지 못한다. 우리가 서로를 좋아하지 않기 때문이 아니라, 서로를 믿지 못하기 때문이다. 홉스의 『리바이어던』에서 설명하는 자연 상태는 서로 해를 입힐 기회를 찾아 주위를 두리번거리는, 고립되고 성격 고약한 개인들의 세상이 아니다. 안정을 이루고 세대에 걸쳐 무언가를 전달하려고 노력하면서 가문이나 종교, 번영이나 교역을 중심으로 공동체를 형성하려 했지만 실패한 비극적 시도들의 세계다.

우리는 그러한 세계가 계속 파괴되고 실패하는 것을 보고 있다. 무엇보다도 정치 공동체의 연약함이야말로 고대 세계가 우리에게 가르쳐준 것이다. 그 교훈에 따르면, 우리가 이것 아니면 저것의 이분법에 따라 정치를 한다면 가장 놀라운 정치 구조를 건설할 수 있지만, 그 구조가 그리 오래 지속되지는 않을 것이다. 자연적인 모든 것은 쉽게 부서진다. 균형은 쉽게 무너진다. 전현대 정치에서 선택은 언제나 위태롭다. 선택에서 벗어날 수 있다면 처음에는 험악할 것이다. 분명 매우 인위적인 모습일 것이다. 하지만 잘 만들어진 기계의 인위성이야말로 오래 지속된다. 이는 정치에 관한 냉소적이 아니라 회의적인 설명이다.

사회계약론과 홉스의 '합의'

홉스에 대한 또 하나의 오해는 그를 '사회계약론' 전통에 속한다고 보는 것이다. 그가 합의를 통해 국가를 구성한다고 보았기 때문이다. 사회계약론은 홉스보다 훨씬 이전에 형성되었지만 홉스 이후로도 오랫동안 유지된 전통이다. 홉스가 이 전통의 기원이 아닌 것은 분명하다. 그리고 이 사상의 계보에 속하지도 않는다.

홉스의 주장은 사회계약론과 다르다. 중대하고 독특한 측면에서 차이가 있으며, 『리바이어던』에서 그 차이가 드러난다. 전형적인 사회계약론에 따르면, 자연 상태에서 하나의 국가를 만들기 위해서는 두 단계의 절차를 거쳐야 한다. 한꺼번에 전부 만들 수는 없다. 먼저 자연적 존재로서 살아가는 개인이 스스로 하나의 사회에 들어와야 한다. 사회계약은 그 사회 내에서 권력을 보유할 정치집단과 사회가 계약을 맺어야 하므로 사회를 먼저 구성해야 한다. 정부와 개인이 맺은 계약은 '사회' 계약이 아니기에 정부와 개인이 계약을 할 수는 없다고 생각했다. 그렇게 이루어진 것은 그저 수천 건의 개별 계약일 뿐이다. 따라서 먼저 개인이 스스로를 민중, 즉 공동체나 사회, 그 밖의 집단 단위로 구성하는 계약을 맺은 다음, 그 민중과 정부가 계약을 맺을 수 있다. 하나의 계약이 아니라 두 개의 계약인 것이다.

홉스 이전의 사회계약 전통에는 분명 전현대 정치 선택 사상의 메아리가 남아 있었다. 이러한 계약들은 선택을 계약의 형태로 바꿈으로써 그 선택의 문제로부터 벗어나려 했다. 하지만 이 두 가지 계약은 민중과 정부라는 정치의 양면을 구성한다. 어느 계약을 더 선호하는지 선택하라고 요구받을 가능성은 여전히 사라지지 않고 남아 있다.

홉스는 그 자신의 지적 목적 때문에라도 그러한 사상에서 벗어나야

했다. 그 선택이라는 가능성, 끈질기게 남아 있는 오점을 제거해야만 했다. 그는 이 이중계약을 한 가지 합의로 허물어야 했다. 홉스는 이를 '(강제력이 있는) 약속covenant'으로 표현했다. '약속'은 미래에 관한 합의를 뜻한다. "당신이 이렇게 하겠다고 하면 나는 이렇게 할 것이다. 그리고 당신이 이렇게 하면 나는 그렇게 하겠다"라고 말하는 것이다.

하지만 이 합의는 한번에 이루어져야 했다. 먼저 사회가 있고 그다음에 정부 또는 주권이 있는 것이 아니다. 홉스가 '군중multitude'이라고 부른, 단순한 개인들의 무리로 구성된 인간 존재의 자연 상태는 정부와 사회를 모두 한번에 창조해야 했다. 이것이 홉스가 『리바이어던』에서 펼친 주장이다. 그는 책 전체를 통틀어 가장 중요한 구절 중에서 다음과 같이 말한다.

인간의 군중은 한 명이든 아니면 한 명이 대표하든 '한' 사람으로 이루어진다. 따라서 그 군중의 한 사람 한 사람이 개인적으로 동의해야만 한다. 이는 피대표자의 '통합'이 아니라 대표자의 '통합'이기에 그 사람을 '하나'로 만든다. 그리고 그 사람을 이루는 것은 한 사람이 아니고 대표자이며 '통합'은 군중에서 다르게 이해할 수 없다.

이 말은 모든 사람이 단 하나의 대표자를 갖기 전까지, 다시 말해 주권자를 갖기 전까지 사회를 창조할 수 없다는 뜻이다. 군중 속에서는 대표를 통하지 않으면 통합할 수 없기 때문에 사회와 정부 사이에서 결코 선택할 수 없다. 둘 다 갖거나 둘 다 갖지 못한다. 이중계약은 어느 한쪽을 선택해야 하는 가능성을 다시 열어놓으므로 위험하다. 사회가 정부와 계약한다면, 아마도 정부가 계약 조건을 어긴 것으로 간주할 것이다. 그러면 개인들은 정부에 반대해 자신들의 사회 편을 선택할 수도 있다. 홉스의 표현에 따르면, 그 결과는 내전으로 이어진다.

결정적으로 홉스의 합의에는 주권자와 맺는 계약이 없다. 유일한 계약, 유일한 약속은 군중의 구성원 개개인 사이에서 이루어진 것이다. 누군가 대신 결정할 수 있도록 정하는 데 우리 스스로 동의한다. 우리가 "너는 우리를 위해 결정할 수 있지만, 네가 이렇게 하거나 저렇게 하기로 동의할 때만 그렇게 할 수 있다(네가 우리를 보호하기로 합의한 경우에만 우리는 너에게 복종할 것이다)"라고 말한다면 합의에 이르지 못한다.

우리는 서로에게 "네가 이것에 동의하면 나도 동의할 것이다. 그러니 내가 이것에 동의하면 너도 동의할 것인가?"라고 말한다. 주권자는 이렇게 약속할 때 어떠한 의무도 지지 않는다. 주권자는 여전히 자연 상태에 있다. 그러한 상태에 있는 유일한 사람이 주권자다. 한때 모두가 가졌던 자연권, 무엇이 평화인지를 결정할 권리는 이제 주권자에게 있다. 그렇기 때문에 평화와 관련해서는 단 하나의 정의만 남는다. 바로 주권자의 정의다. 계약 조건에 따라 그렇게 하라고 주권자에게 지시했기 때문이 아니다. 우리가 주권자에게 그렇게 할 수 있는 권리를 넘겨 주었고, 그 권리가 이제 권력이 되었으며, 우리 모두가 서로에 대한 우리의 약속을 지키기로 합의했기 때문이다. 그렇게 작동하는 것이다.

한순간에 극적으로 모든 것이 이루어져야 하므로 이 생각은 낯설고 난해하다. 처음에는 아무것도 없었는데 갑자기 주권이 탄생하며 사회와 국가가 등장한다. 이 모든 구성원은 함께 이루어져야 한다. 다시 말해 꾸러미 전체를 갖지 못하면 꾸러미의 어느 한 부분도 가질 수 없다. 선택지는 없다. 정부가 없으면 사회도 없다. 자기 정부가 마음에 들지 않는다면 자기 사회도 가질 수 없다. 어떤 형태의 정치도 존재할 수 없다는 것이다.

전체주의와 절대주의

홉스가 전체주의의 선구자라고도 자주 이야기한다. 주권자가 우리에 대해 아무런 의무도 없다는 것이 사실이라면, 주권자에게 책임을 물을 방법이 없다고 말했기 때문이다. 우리에게는 극단적 권력 남용에 저항할 권리도 불평할 근거도 없다.

홉스는 이에 대해 매우 분명하게 자신의 견해를 밝힌다. 주권자는 절대적 권력을 갖는다. 우리의 '대표자'는 우리에게 응답하지 않는다. 주권자가 결정했다면 그 결과를 받아들이고 살아야만 한다. 우리가 주권자에게 결정할 권한을 부여했기 때문이다. 그렇기 때문에 이 합의가 마음에 들지 않는다고 해서 누군가 이 집단에서 벗어난다면, 남은 사람들이 그 이탈자들을 다시 데려올 것이다.

이러한 정치 형태는 진정으로 저급한 것으로 보인다. 심지어 홉스의 시대에도 그의 비판자들 상당수가 이런 상황이야말로 도둑을 피하려다 강도를 만나는 격이라고 말했다. 도대체 누가 이러한 정치를 위해 자신들의 천부적 권리를 희생하려 하겠는가? 이는 여전히 너무나도 현실적인 질문이다. 하지만 이런 발상이 전체주의와는 다르다. 닮은 구석이 하나도 없다.

절대주의는 전체주의가 아니다. 그 차이를 구별할 수 있는 한 가지 방법은 다음과 같다. 예를 들어 스탈린주의 같은 전체주의 체제에서 주권자는 모든 것을 자신이 결정하려 한다. 정치가 삶의 모든 분야에 스며 있다. 국가의 수반이, 그 사람 주위의 소규모 특권 집단이 꼭대기에서 결정한 사항들이 전체를 관할한다. 탈출구는 없다. 정치는 총체이기 때문에 사람들이 정치적 삶에서 벗어나는 것을 허락하지 않는다. 이와 반대로 절대주의 체제에서는 주권자가 모든 것을 결정하지 않는다. 그건 불가능하다. 하지만 주권자는 여전히 어떤 것이든 결정할 수 있다. 이 점이 전체주의와 다르다. 즉 전체주의는 '모든 것이 정치'인 반면, 절대주의는 '어떤 것이든 정치'가 될 수 있다.

『리바이어던』에서 홉스는 왕이든 의회든 모든 주권자는 국가 구성원의 삶에서 모든 분야를 포괄하는 법을 제정하거나, 칙령이나 명령을 내릴 수 있다고 생각하는 것은 불합리하다는 점을 꽤 명확하게 설명한다. 당시는 17세기 중반이었다.

왕이나 의회로서, 화이트홀Whitehall(영국 정부)이나 웨스트민스터Westminster(의회)에서 권좌에 있다면, 겨우 10킬로미터 밖의 거리에서 무슨 일이 벌어지고 있는지 거의 아무것도 알지 못한다. 의사소통은 전혀 이뤄지지 않는다. 교통 상황은 최악이다. 정보는 대부분 어림짐작한 내용일 뿐이다. 이미 시대에 뒤떨어져버린 채 전해진 소식에만 의존한다. 10킬로미터 떨어진 곳의 민중들은 당신의 통제를 받지 않는다. 100킬로미터 떨어진 곳의 민중들은 심지어 거의 존재하지조차 않는다. 500킬로미터 떨어진 곳의 사람들에 대한 이야기는 그저 소문일 뿐이다. 이러한 상황에서 전체주의는 터무니없는 발상이다.

홉스는 이 생각이 끔찍하다고 말한다. 이러한 자연권을 갖고 있는 어느 주권자가 모든 것에 대한 법을 제정하는 일이 자신의 역할이라고 생각하겠는가? 무엇보다도 이러한 과정이 평화로 이어질 가능성은 희박하다. 법이 너무 많고 충분히 명확하지 않다면 평화의 정의는 이해할 수 없을 것이다. 신을 제외하면 어느 주권자도 이런 역할을 감당할 수 없다.

홉스가 신이 존재한다고 생각했는지는 명확하지 않지만, 민중의 삶을 더 나은 방향으로 만드는 주권자의 역할에 대한 생각은 그대로 남아 있다. 이를 모든 상황에 적용하려는 시도는 터무니없는 일이다. 또한 실현할 수도 없을 것이다. 그가 썼듯, "인간의 모든 말과 행동을 규제할 수 있는 규정들이 충분히 제정되어 있는 연방Commonwealth은 전 세계 어디에도 없다(불가능한 일이기 때문이다)."

법이 없으며 삶의 분야 대부분이 법의 통제를 받지 않는 곳에서 민중은 "자기 자신의 이성에 따라 스스로에게 가장 이득이 되는 방향으로 필요한 것"을 자유롭게 할 수 있어야 한다고 홉스는 주장했다. '이득이 되는profitable'이라는 단어 때문에, 이 책에서 다룰 다른 저자들을 비롯해 많은 비평가들은 홉스가 자본주의자의 원형이었으며 이는 이윤 창출의 권리를 옹호하는 표현이라고 생각했다.

'이득이 되는'이라는 말에 담긴 진짜 의미는 단순히 움직이는 창조물로서 최선이라고 생각되면 어떤 행동이든 한다는 것이었다. 우리는 끌리는 것을 추구하고 배척하는 것과는 거리를 두기 때문이다. 삶이란 원래 그런 것이다. 우리는 모두 그렇게 살아간다. 우리는 모두 어떤 식으로든 이윤을 추구한다. 좁은 의미에서 경제적 이윤이 아니라 우리가 어제보다는 더 나아지기를 추구하는 것이다. 그리고 자유롭게 이를 추구할 수 있어야만 한다. 우리 삶의 대부분은 법의 통제를 받지 않기 때문에 이는 이러한 정치적 합의의 필연적 결과다. 그러나 결정적으로, 홉스식 합의에서 주권자는 어떤 부분들을 법으로 통제할지를 결정할 수 있다.

여기에 문제가 있다. 지금까지 우리의 개인적 관심사라고 생각했던 무언가를 어느날 갑자기 주권자가 국가에 위협이 된다고 결정하지 않을 것이라고 절대 확신할 수 없다. 우리는 법이 아주 최소 한도로 존재하는 홉스주의적 국가에 살 수도 있다. 글자 그대로 전쟁과 평화에 관한 문제를 포함해 거의 확실하게 주권자가 결정해야 하는 문제들이 있다. 국가가 언제 전쟁을 할지는 주권자가 결정한다. 그 비용을 어떻게 부담할지도 주권자가 결정한다. 주권자는 세금을 어떻게 부과할지 결정할 것이다.

홉스는 모든 국가에서 주권자가 돈의 공급을 관리해야 한다고 주장했다. 또한 주권자가 가장 가난한 이들이 최소한의 복지를 누릴 수 있도록 보장해야 한다고 말했다. 어느 국가에서든 사람들이 혼자 살아갈 수 있는 힘이 없음에도 그대로 내버려둔다면 평화에 위협이 될 것이다. 하지만 17세기에 가장 큰 분쟁의 원인이었던 종교 문제와 관련해서 홉스는 개인의 믿음을 공개적으로 표현하는 것을 주권자가 강력하게 규제해야 하는지, 부분적으로 규제해야 하는지, 사실상 용인해야 하는지에 대해 상대적으로 불가지론자였다.

평화에 위협이 되지 않는다면 민중은 자기들이 믿고 싶은 것을 믿을 수 있어야 한다. 더 나아가 가능하다면 그들이 원하는 방식으로 예배할 수 있도록 해야 한다. 어떤 사람이 진심으로 무엇을 믿고 있는지 다른 사람은 진짜로 알 수 없으므로 믿음을 규제한다는 것 역시 불가능한 일이다.

따라서 『리바이어던』은 그 평판과는 달리 포용적인 주권자와 대체로 자유주의적인 국가에 대한 사상을 허용할 뿐만 아니라 실제로도 선호하는 것처럼 보인다. 홉스는 결코 주권자가 헛된 통제 체제를 추구하기를 원하지 않는다. 그러나 홉스의 관점에 따르면 우리는 결코 확신할 수 없다. 어느 날 우리의 개인적 관습, 종교, 성생활 등 정치와 전혀 관련이 없다고 생각되는 삶의 분야에 대해, 우리가 생활하는 곳, 침실, 심지어 머릿속에서 벌어지는 일들에 대해, 주권자가 국가의 안보에 위협이 되거나 공공질서를 어지럽힐 수도 있는 사항이라고 결정할 수도 있다. 가능성은 언제나 있다. 그리고 실제로 그런 일이 벌어질 경우 그런 결정을 막을 방법은 없다. 이 때문에 우리는 홉스의 '리바이어던'을 두려워한다. 삶의 모든 분야가 통제되기 때문이 아니라, 오늘이 지나고 내일이 되면 주권자가 어떤 분야를 통제할지를 전혀 예측할 수 없기 때문이다.

주권자의 이중성

이와 같은 주권자의 자의성arbitrariness이 홉스의 정치사상에 고유한 성격을 부여한다. 자의성은 홉스가 원했던 것이 아니다. 그는 걱정이 많은 사람이었고 불확실성을 좋아하지 않았다. 그는 탄탄한 기반을 원했던 회의론자였다. 그러나 그는 안보의 최종 대가는 궁극적으로 주권자에게 무엇이 위협인가를 결정하도록 허락해야 한다는 것, 다시 말해 언제나 자의성의 위험이 있다는 의미임을 아는 것이라고 생각했다. 이는 모든 현대 국가, 심지어 이를 방지하기 위한 다면적이고 다각적인 안전장치를 갖춘 국가에도 존재하는 위험이다. 현대 국가에는 국가 권력을 가진 주권자가 그 위협이 바로 당신이라고 결정할 위험이 언제나 존재한다.

이러한 정치사상에는 심오한 두 가지 의미가 내포되어 있다. 전현대적 선택이 중립화되기는 했지만 완전히 사라지지는 않았기 때문에 그 두 가지 의미는 서로 연결되어 있다. 한때 근본적이었던 선택은 정치의 본체로, 이 국가에서 살아가는 민중의 삶 속으로, 상부와 하부 모두에서 내면화되어 모든 사람이 이러한 선택을 할 필요가 없도록 이중생활을 하게 된다. 이 정치사상 전체에 이중성이 있으며 우리의 정치에 대한 관점에도 전체적으로 이중성이 있다. 이 때문에 홉스의 정치세계와 그토록 멀리 떨어져 있음에도 우리가 여전히 홉스의 정치세계에 살고 있다.

주권자는 이중적인 존재될 것이다. 홉스의 국가에서 주권자가 되기 위해서는 특별한 권력과 일반적 권력을 모두 갖고 있어야 한다. 원래의 합의가 어떻게 이루어지는지를 다시 생각해보자. 국가를 만들어낸 그 약속은 사실 주권자에게 자연 상태에서는 없던 새로운 권력을 부여하는 것이 아니다. 오히려 그것은 우리 모두가 한때 각자 가지고 있었던 '우리 스스로 결정할 수 있는 권력'을 주권자만이 갖도록 남겨두는 것이다.

한때 우리는 모두 무엇이 평화인가를 스스로 결정할 수 있었다. 오늘날에는 오직 한 사람만이 그 결정을 내릴 수 있다. 하지만 단 한 사람만이 결정권을 갖는다면, 이로 인해 이 사람은 다른 모든 사람과 완전히 차별화된 존재가 된다. 주권자만이 여전히 자연적 삶을 살고 있는 것처럼 보인다. 그러나 홉스가 이야기한 것처럼 이것은 전적으로 인위적인 역할이기 때문에 완전히 반자연적인 삶이다. 그 삶은 기계적으로 창조된 것이다. 국가라는 기계장치를 이용해 주권자는 국가의 구성원들이 자신들의 약속을 철회하겠다고 생각할 수도 있을 때, 이 구성원들을 울타리 안으로 몰아넣기 위해 공포와 테러로 통치한다.

홉스는 다음과 같이 썼다. "주권자는 자신에게 부여된 엄청난 권력과 힘을 이용하며, 그로 인한 두려움을 바탕으로 모든 사람의 의지를 굴복시킬 수 있다." 동시에 주권자는 평화를 이뤄내야 한다. 그리고 무엇보다도 이에 부합해야 한다. "이때 안전은 텅 빈 보존이 아니라 다른 모든 삶에서 느끼는 만족감을 뜻한다." 그것이 주권자의 역할이다. 안정을 만들면서도 공포를 느끼게 하는 역할인 것이다. 위안이자 두려움이다.

현대 국가에서도 주권자의 역할은 그대로 이어진다. 주권자는 언제나 이러한 요소를 모두 갖고 있다. 주권자의 권력을 가진 정치인들은 지금도 상당히 두려운 존재지만, 그들의 역할은 모든 사람들이 더 안전을 느끼고 안심하며 살 수 있도록 하는 것이다. 홉스는 정치에서 두려움을, 사라지지는 않지만 적어도 어디에 있는지 확실히 알 수 있는 곳에 한데 모아둠으로써 제거하려 했다. 어디에 있는지 알고 있다면, 이러한 체제의 이상적인 형태에서 어쩌면 우리는 시간이 흐르면서 조금씩 그 두려움을 망각할 수도 있을 것이다. 공포는 줄어들 것이다. 안도감은 오랫동안 지속될 것이다. 이것이 홉스의 희망이었다. 그리고 헛된 바람은 아니었다.

그러나 이러한 주권자가 된다는 것이 어떤 의미인지에 대해서만 생각한다면, 이는 정말 어려운 일이 될 것이다. 때로는 매우 혼란스러울 수도 있다. 당신은 당신에게 권력을 넘겨준 민중들과 같은 존재가 되려고 하는가 아니면 그들과 달라지고 싶은가? 홉스 정치사상의 핵심에는 우리는 모두 똑같이 연약한 존재이기에 모두가 동등하다는 감정, 우리가 시작한 지점으로 바로 돌아가서 보면 그 원래의 회의론이 있다. 우리는 모두가 똑같이 서로를 해칠 수 있을 만큼 취약하고 불안정하다. 이것이 바로 자연 상태의 '안전'이 허상인 이유다.

그렇다. 우리는 어떤 점에서 모두 다르다. 어떤 이는 다른 이보다 현명하다. 어떤 이는 다른 이보다 더 강한 권력을 갖고 태어났다. 어떤 이는 더 힘이 세다. 어떤 이는 더 민첩하다. 어쩌면 당신은 더 교활한 사람이고 나는 더 간사한 사람일 수도 있다. 어떤 이는 다른 이보다 더 잘생겼다. 비탈길을 내달릴 때조차 어떤 이는 다른 이보다 더 우아하다. 그러나 가장 약하고 덜 교활한 사람이라 해도 자연 상태에서는 가장 강력한 자의 생명을 끝장낼 권력을 갖고 있기에 우리 모두는 서로에게 똑같이 연약하

토머스 홉스, 『리바이어던』, 1651

다. 우리 중 누구도 결코 안전하지 않다.

이러한 상태에서 벗어나기 위해 우리는 주권자를 만들어낸다. 우리가 선택하지 않은 이 주권자는 우리보다 더 현명하거나 더 강하지 않아도 된다. 그저 한 인간 또는 연약한 인간들로 이루어진 집단일 뿐이다. 그것이 의회라 하더라도 그 구성원들은 여전히 우리가 과거에 모두 함께 연약했을 때의 그 사람들이다. 하지만 이제는 모든 것을 바꾸는, 비범하고 인위적인 권력을 지니게 된 것이다. 그런 사람들이 되어 그런 권력을 가지는 것이 과연 얼마나 '인간적인' 일인지는 전혀 분명하지 않다.

홉스의 정치사상이 지닌 역설

홉스가 우리에게 남긴 또 하나의 깊은 분열은 주권자도 아니고, 정부도 아닌 나머지 모든 사람들, 즉 절대다수를 차지하는 우리에게 해당한다. 우리는 정치적 갈등에서 자신을 구할 수 있는 유일한 방법이 이것이라고 이해했기 때문에 이 독특한 국가 상태 속에 살아가고 있다.

홉스의 정치사상 중심에는 하나의 역설이 자리 잡고 있다. 바로 이 극단적인 정치 형태, 이 극단적인 권력의 방식만이 우리를 정치로부터 구해낼 수 있다는 것이다. 이 국가가 잘 작동한다면, 우리는 점점 더 정치를 생각하지 않아도 되게 될 것이다. 법은 배경으로 존재하고, 우리가 그것을 어기지만 않는다면 우리는 각자의 삶을 살아가며, 자신에게 가장 이익이 되는 일을 할 수 있다. 우리는 그 언덕 아래로 계속 달리며 치즈를 쫓을 수 있고, 어떤 사람은 그 치즈를 잡을 수도 있으며, 어떤 사람은 치즈를 나눠 가질 수도 있다. 또 어떤 사람은 치즈를 쫓는 것보다 더 의미 있는 무언가에 시간을 쏠 수도 있다. 중요한 건, 우리 모두가 '무언가 다른 일'을 할 수 있다는 것이다. 왜냐하면 우리는 그런 선택을 할 수 있는 평화를 갖게 되기 때문이다.

국가는 우리를 보호한다. 우리를 계속 안전하게 지켜주기 때문에 국가를 너무 많이 걱정할 필요가 없다. 이는 우리를 공포에서 구출해내기 위한 공포 탈출 프로젝트다. 하지만 우리는 언제 그 공포가 다시 돌아올지 절대로 알 수 없다. 또한 이러한 공포를 되살릴 수 있는 권력, 생사를 가르는 결정을 할 수 있는 권력이 우리에게는 없다는 사실을 잘 알고 있다. 그렇기 때문에 이러한 정치 형태에서 우리는 끝없이 분열된 삶을 살아갈 것이다.

우리는 다른 누군가에게 결정할 수 있는 권한을 위임했다. 이는 스스로를 현대 국가의 시민으로 생각하는 모든 국민의 영혼에는 결코 사라지지 않는 분열이 있다는 뜻이다. 그리고 그 분열을 자꾸 곱씹다 보면 밤에 잠을 이루지 못할 수도 있다. 여기에 현대 국가의 딜레마가 있다. 우리를 정치에서 구할 수 있는 유일한 존재는 바로 이 정치 형태이며, 이는 우리가 결코 정치에서 구원받지 못할 것이라는 뜻이다.

이 딜레마는 지금도 우리와 함께한다. 오늘날의 국가들은 점점 홉스가 처음 구상했던 개념과는 멀어지고 있다. 그 간극을 벌어지게 만든 사

토머스 홉스, 『리바이어던』, 1651

상들이 바로 다음 장들에서 다룰 주제가 될 것이다. 나는 이 글을 21세기 팬데믹 시기에 쓰고 있다. 그 팬데믹 동안 전 세계의 국가들은 시민들을 대신해 생사에 관한 결정을 내렸다. 우리는 우리의 안전을 위해 집 안에 갇혀 지냈다. 정치인들이 내린 결정에 따라야 했다. 우리와 크게 다르지 않은 그들이 행사하는 권력은 때때로 이해하기 어려울 정도로 막강한 경우도 있다. 권력을 지닌 자들, 그들의 우리와 다르지 않다는 사실에 여러분은 안도감을 느끼는가, 아니면 두려움을 느끼는가?

── 제2장 ──

울스턴크래프트와 성정치학

메리 울스턴크래프트, 『여성의 권리 옹호』, 1792

왜 여성은 이성적 존재임에도
시민으로서 동등하게 대우받지 못하는가?

메리 울스턴크래프트 Mary Wollstonecraft(1759~1797)

런던 이스트엔드의 스파이탈필즈에서 7남매 중 한 명으로 태어났다. 울스턴크래프트의 아버지는 물려받은 가산을 전부 탕진해버리고 아내에게 폭력을 행사했다. 울스턴크래프트는 19세에 집을 떠나 한 귀부인의 말동무이자 입주 가정교사로 일하기 시작했으며, 나중에는 다른 자매들과 함께 학교를 설립했다. 학교 운영에 실패하자 그는 번역과 검수 일을 시작했으며, 이 일을 통해 당시 런던의 급진적 사상가들과 친분을 쌓았다.

1792년 『도덕적·정치적 대상으로서의 구조에 관한 여성의 권리 옹호A Vindication of the Rights of Woman with Strictures on Moral and Political Subjects』(『여성의 권리 옹호』)를 출간한 후 파리로 여행을 떠났다. 루이 16세의 처형이 집행되기 겨우 몇 주 전인 12월이었다. 파리에 머무는 동안 미국인 길버트 임레이Gilbert Imlay 사이에서 딸 패니Fanny를 낳았지만 결혼은 하지 않았다. 그는 공포정치 기간에 감시 대상이 되었지만 살아남아서 1795년에 런던으로 돌아왔다.

관계를 회복하려는 그녀의 노력을 임레이가 거부하자 자살을 기도했다. 절망에서 회복한 그녀는 스칸디나비아로 여행을 떠났으며 이후 스웨덴, 노르웨이, 덴마크 등에서 임레이에게 쓴 편지들을 모아서 출간했다. 그 뒤 저널리스트이자 급진적 정치철학자인 윌리엄 고드윈William Godwin(1756~1836)과 사랑에 빠져 결혼했다. 그러나 결혼 5개월 만에 둘째 딸 메리Mary를 출산한 후유증으로 사망했다. 메리 셜리는 1818년에 출간된 『프랑켄슈타인』의 작가다.

1792년에 출간된 『여성의 권리 옹호』는 여성의 이성과 교육받을 권리를 주장하며 성정치학의 기초를 세웠다. 계몽주의 시대에 출간된 이 책은 당시 프랑스 혁명의 자유·평등 정신이 남성에게만 적용되는 현실을 비판하며, 여성 역시 이성적 존재로서 시민으로 인정받아야 한다고 역설한다. 울스턴크래프트는 여성이 열등하다고 여겨지는 이유는 본성이 아니라 교육의 부재와 사회적 억압 때문이라 주장하며, 여성에게도 남성과 동등한 교육 기회를 제공해야 한다고 강조한다. 그녀는 여성의 존재를 오직 남성을 위한 수동적 존재로 규정짓는 관습과 제도에 반대하고, 여성에게도 독립적이고 도덕적 주체로 살아갈 권리가 있음을 설파했다.

시대 상황상 결혼 제도나 노동, 인종 문제 등 다양한 억압 구조를 충분히 다루지 못했고 중산층 백인 여성 중심의 시각이라는 한계도 존재한다. 그러나 여성의 인간성과 시민권을 철학적으로 옹호한 최초의 체계적인 글로, 여성주의 사상의 출발점이 되었다는 점에서 큰 의미가 있다.

***

프랑스혁명과 홉스, 울스턴크래프트

이 장에서는 정치적 격동기에 탄생한 또 하나의 저서에 대해 다룬다. 『여성의 권리 옹호』의 탄생에 기여한 역사적 사건은 프랑스혁명이었다. 하지만 이 책의 저자인 메리 울스턴크래프트는 프랑스인이 아니라 영국인이었다. 그녀는 여러 지역을 여행했지만 생의 대부분을 영국에서 보냈다. 프랑스혁명 당시에는 프랑스에 있었다. 프랑스혁명의 전체 시기를 그곳에서 보내지는 않았지만, 가장 위험했던 공포정치를 프랑스에서 겪었다. 프랑스혁명은 그와 홉스의 유산을 연결하는 고리였다.

홉스가 가장 피하고자 했던 것이 혁명이었기에, 혁명과 홉스의 정치철학 사이에 연결고리가 있다고 보는 것 자체를 이상하게 생각할 수도 있다. 홉스는 정치질서의 철학자로 알려져 있다. 홉스의 주장을 엄밀하게 따르자면, 주권자가 정치를 제대로 하지 못해도, 주권자가 타락한 미치광이 같아도, 우리는 주권자를 타도하도록 태어나지 않았다. 어떻게든 운영되는 정치 체제가 있다면, 그 체제에 묶여 있어야 하는 운명이다. 우리의 왕을 참수하면 안 된다! 그렇다면 이러한 홉스식 정치사상이 어떻게 격동기의 끝에서 실제로 혁명과 국왕 시해의 동기가 될 수 있었을까?

프랑스혁명 전후에 새로운 정치사상을 정립하기 위한 기반으로 사상가들은 홉스를 이용했다. 그 이유는 그가 합리주의자이며, 사상가들 대부분이 그랬던 것처럼 초기의 원칙에서부터 정치를 철저히 따져보고자 노력하는 사람이었기 때문이다. 또한 홉스 자신의 표현에 따르면 그가 새로운 시작을 상징하기 때문이기도 했다. 그는 자신이 제시하는 사상이 단순히 현 상태를 옹호하는 것이 아니라는 점을 알고 있었다. 여기서 현 상태란 전현대 정치학의 혼란이 남긴 유산이었으며, 이는 17세기의 혼란 속에서도 계속 이어졌다.

홉스는 새로운 정치학, 논리가 통하는 새로운 정치세계를 창조하고자 했다. 홉스를 우리 편이라고 생각할지 그렇지 않을지는, 사실상 우리가 질서 있는 세계에 살고 있다고 생각하는지, 혼란스러운 세계에 살고 있다고 생각하는지에 따라 달라진다. 우리가 현재 살고 있는 국가가 실제로 합리적으로 질서를 유지할 수 없는 혼란스러운 상태라고 생각할 수 있다. 일부 프랑스혁명주의 사상가들과 마찬가지로, 우리가 원하는 새로운 정치를 뒷받침할 홉스의 정치사상이 존재한다고 생각할 수 있다. 홉스의 영향력은 가장 예상치 못한 곳에서도 이어지고 있다.

그러나 울스턴크래프트는 홉스의 사상에 그다지 관심이 없었다. 그녀는 완전히 다른 정치질서의 방어에 대응하고 있었다. 그녀가 싸운 대상은, 1790년에 『프랑스혁명에 관한 성찰Reflections on the Revolution in France』이라는 책을 출간하면서 프랑스혁명에 민첩하지만 소극적으로 대응했던 영국계 아일랜드 정치인이자 정치사상가인 에드먼드 버크Edmund Burke(1851~1919)의 사상이었다. 이 책에서 버크는 혁명에 대한 초기의 열광을 잠재우는 입장을 제시했으며 이를 곧 닥쳐올 재앙으로 파악했다. 그는 기하학적이고 비인간적이며 인위적이고 냉정하며 기계적인 합리성의 원칙을 토대로 새로운 정치학을 정립하려 할 때, 우리가 얻을 수 있는 것은 혼돈과 폭력뿐이라는 이유로 혁명을 비판했다.

버크는 정치에서 합리성은 궁극적으로 무자비한 것이며, 가장 어두운 인간의 마음, 즉 잔혹성과 통제되지 않은 폭력을 드러내는 것이라고 생각했다. 그리고 이 합리성은 모든 정치적 전환기 어딘가에 도사리고 있다는 사실을 누구나 알고 있다고 생각했다. 그는 인위적으로 만들어졌으며 일관되고 인간미가 없는 규칙들에 반대하고 감성과 관습, 암묵적인 규칙들을 옹호했다.

버크에게 삶은 지속적인 움직임이 아니라 전통이었다. 계속되는 공동체의 삶은 죽은 자와 산 자를 연결하며 살아 있는 자들을 아직 세상에 태어나지 않은 사람들과 연결한다. 이것은 이성과 혁명보다 유기적 지속성과 유산을 더 옹호하는 자연적 보수주의적 주장(특정 정치집단에 속하지 않은, 인간의 특정 심리 태도를 의미하는 자연적 보수주의— 옮긴이 주)이다. 울스턴크래프트는 이 주장을 극도로 싫어했다.

버크와 벌인 논쟁에서 울스턴크래프트는 이성을 옹호하는 쪽이었다. 그녀는 정치가 합리적이기를 바랐다. 그녀는 정치와 정치적 삶이 누구도 통제하거나 개혁할 수 없는 암묵적인 가정과 숨겨진 가치관 및 전통에 의존하는 것이 아니기를 바랐다. 그녀는 정치가 합리적으로 사고할 수 있는 사람들이 이해할 수 있는 것이기를 원했으며, 사람은 모두 합리적으로 사고할 수 있다고 생각했다. 그러한 사상이야말로 홉스의 업적이 남긴 유산이다.

또한 울스턴크래프트는 지적으로 두려움을 모르는 성격이었다. 『여성의 권리 옹호』는 완전히 새롭게 느껴진다는 점에서 『리바이어던』만큼이나 충격적이다. 마치 "어디까지 가나 보자"라는 마음으로 사고의 흐름을 온전히 따라가는 느낌이다. 그녀는 다른 사람들의 반감을 사는 게 두렵지 않았다. 지나치게 멀리 벗어나게 될까 봐 두려워하지도 않았다. 그녀는 필요한 만큼 최대한 멀리까지 뻗어나가려 했다.

울스턴크래프트는 평생 두려움을 모르는 사람이었다. 겁이 없다고 해서 아무것도 두려워하지 않았다는 뜻은 아니다. 그녀는 자주 두려움을 느꼈고, 공포정치가 이루어지는 동안 파리에서 생활하는 등 매우 두려움에 휩싸인 삶을 살았다. 무서워할 만한 상황들이 많았던 것이다. 그러나 그녀는 두려움을 무릅쓰고 혁명을 경험하기 위해 파리로 향했다. 반면 홉스는 자기 세계에서 일어난 혁명을 피해 파리로 갔다. 그는 혁명에서 벗어나기 위해 파리로 갔던 것이다. 울스턴크래프트는 혁명을 보러, 혁명을 직접 경험하기 위해 파리로 갔다. 진정 용감한 사람이었다.

울스턴크래프트의 삶과 사상

울스턴크래프트는 용감하고 관습에 얽매이지 않는 삶을 살았다. 그녀는 자신의 글뿐만 아니라 행동으로 통념에 도전했다. 혼외 관계로 아이를 갖는 등 결혼하지 않고도 관계를 맺었으며, 인간의 이성에서뿐만 아니라 직접 몸으로 살아낸 인간의 사랑에서도 본질을 탐구했다. 그녀는 자주 고통스러워했고 지독한 우울증에 시달리기도 했다. 자살을 시도하기도 했다. 그녀는 삶에서 극도의 빈곤과 불안을 겪었다. 그녀의 삶은 위험으로부터 자신을 보호하는 것을 최우선 목표로 추구했던 홉스의 삶과는 달랐다. 그녀의 삶은 거의 모든 면에서 홉스와 정반대였다.

무엇보다도 그녀의 삶에는 이성과 열정이 함께했다. 울스턴크래프트는 삶의 거의 마지막에 이르렀을 때쯤 결혼했다. 그녀는 『여성의 권리 옹호』에서 실제로 오늘날에도 자주 제기되는 오랜 주장, 즉 진정으로 심층적이고 분석적인 사고를 하는 사상가들에게는 결혼이 방해가 되기 때문에 결혼을 하지 않는 경향이 있다는 주장에 대해 언급한다. 그 주장에 따르면 심오한 사상가, 진정한 철학자가 되기 위해서는 결혼을 하지 않고 고독하게 살아가야 한다.

오늘날에도 똑같은 주장이 제기되곤 한다. 현대 서구 전통에서 위대한 철학자들의 대부분을 예로 들면서(이 철학자들은 모두 남성이며, 어떤 경우에도 이 목록이 완전하다고 할 수는 없다), 이 철학자들의 한 가지 공통점이 바로 모두 결혼을 하지 않은 것이라는 주장이다. 이 목록에는 데카르트, 홉스, 존 로크John Locke, 고트프리트 빌헬름 라이프니츠Gottfried Wilhelm Leibniz, 바뤼흐 스피노자Baruch Spinoza, 데이비드 흄David Hume, 애덤 스미스Adam Smith, 이마누엘 칸트Immanuel Kant, 제러미 벤담Jeremy Bentham이 모두 포함된다. 또한 울스턴크래프트의 시대가 한참 지난 후에도 19세기 후반의 프리드리히 니체Friedrich Nietzche와 20세기의 루트비히 비트겐슈타인Ludwig Wittgenstein 같은 사상가들로 계속 이어진다. 결혼하지 않은 남성들이 이렇게 많은 게 우연일까? 아니다. 이 주장은 말도 안 된다. 울스턴크래프트는 이게 형편없는 주장이라고 생각했다. 왜냐하면 인간이 완전히 이성적인 삶을 살면서도 동시에 온전한 인간으로 살기 위해서는, 깊고 지속적인 관계를 추구해야 한다고 믿었기 때문이다.

그런데 이 주장은 어리석은 것이기까지 하다. 왜냐하면 이 철학자들이 결혼을 하지 않은 이유는 모두 달랐기 때문이다. 비트겐슈타인은 동성애자였기 때문에 20세기 전반에 살았던 그에게 결혼은 선택지가 될 수 없었다. 니체의 경우 개인의 건강과 기질 때문에(매독 환자였다는 소문도 있다) 결혼은 자신과 맞지 않는다고 생각했다. 벤담은 자폐스펙트럼 장애였던 것이 거의 확실하며, 누군가와 정서적으로 연결되는 것을 매우 두려워했다. 칸트는 이웃들이 그의 산책 시간에 맞춰 시계를 맞출 정도로 까다로운 독신남이었다. 흄은 사교적인 독신남으로, 낮에는 철학을 하고 밤에는 단아한 여성들과 함께 주사위 놀이를 즐겼다. 앞에서 설명했던 것처럼 홉스는 입주 비서였다. 그에게는 이미 가정이 있었다. 그는 보호받기를 원했지만, 또 다른 가정을 이루고 충성심을 나누는 것이 보호받는 방법인지 확신할 수 없었다. 그는 철저한 안전주의자이기도 했다. 그는 연애 생활보다 자신의 안전을 우선시했다. 울스턴크래프트는 안전을 추구하지 않았다. 그녀의 글과 그 글에 내포되어 있는 이성에 대한 깊은 애착과 열정이 그 삶의 방식을 반영한다.

이성과 열정이 공존하는 삶이라는 여정

정치사상의 이성과 합리성을 옹호하는 울스턴크래프트의 주장은 홉스의 주장과는 전혀 달랐다. 그녀의 사상은 동일한 원칙을 기반으로 작동하지 않는다. 한계가 동일하지도 않다. 홉스의 방식은 한 마디로 정치사상에서 이성의 한계를 밝히기 위해 이성을 이용하려는 시도라고 할 수 있다.

논리적으로 생각해본다면, 우리의 이성이 다른 누군가에게 정치적 결정권을 넘기라고 말해주기는 하지만, 더 나아가 무엇을 해야 할지를 말해줄 수는 없다는 것을 이해해야 한다. 그 다른 누군가는 이성적인 사람일 수도 있고 어리석은 사람일 수도 있다. 사실 이는 별로 문제가 되지 않는다. 주권자가 결정권을 갖는다는 것이 중요하다. 홉스는 이성이 우리에게 정치가 필요하다는 사실만을 말해줄 뿐이라고 생각했다. 이성은 어떤 정치를 만들어야 하는지에 대해 알려주지 않는다.

울스턴크래프트는 이런 식으로 이성을 제한하지 않았다. 그녀는 현대 정치 프로젝트가, 다른 무엇보다도 이성이 안보와 평화를 명분으로 삼아 비이성의 가능성을 허용하는 공간을 만들어내는 시도라고 보지 않았다. 울스턴크래프트에게 이성과 합리성은 여정에 더 가까웠다. 그녀가 생각한 이성과 합리성은 고정된 장치나 수학 문제가 아니었다. 이성, 사고, 올바른 감각, 상식은 모두 삶의 경험이며 열정, 감정과 항상 공존하는 것이다. 이들은 그 자체로는 이성적이지 않은 삶의 경험과 공존한다.

따라서 정치와 삶에서 도전은, 이성과 열정이 공존하고 서로 뒷받침하며 함께 발전하고 성장할 수 있도록 상호작용하면서 우리 사회를 구성하는 방식을 찾는 것이다. 울스턴크래프트에게 이러한 도전은 삶이라는 여정의 한 부분이며, 이러한 요소들은 항상 공존해야 하기 때문에 경주가 아니라 여정인 것이었다. 움직임은 감정으로 제한할 수 없다.

부패한 국가와 새로운 정치

버크에 대한 울스턴크래프트의 첫 번째 대응은 1790년에 출간한 『인간의 권리 옹호A Vindication of the Rights of Men』였다. 이 책은 버크의 비판에 맞서 프랑스혁명과 그 합리적 정신에 대한 변호였다. 동시에 울스턴크래프트와 버크가 살고 있던 영국이라는 국가에 대한 버크의 암시적 비판을 공격하는 글이기도 했다. 울스턴크래프트는 그녀의 독자들과 버크에게 그의 주장은 옹호할 여지가 없음을 이야기하고 싶어 했다.

버크가 이성보다 감정을 옹호하면서 말하는 감성은 고결한 것을 의미했다. 그가 생각하는 감성은 더 고귀한 감정을 상정한다. 그는 냉정하고 무자비하며 폭력적인 합리주의자들의 관심으로부터 이러한 감정들을 보호해야만 정치가 가장 잘 운영된다고 생각했다. 자비와 동료의식, 전통, 고결함, 기사도 같은 이상을 구원하려 했다.

그러나 울스턴크래프트는 프랑스혁명 전 앙시앵레짐ancien régime뿐만 아니라 영국 왕실이 통치했던 국가를 포함해, 고귀하고 기사도가 살아 있어야 할 국가들에서는 이처럼 더 고결한 감정들이 거의 나타나지 않았다고 보았다. 모든 증거는 더 근본적인 인간의 감정들이 지배적이라는 사실을 보여주고 있었다. 고귀한 감성, 특히 귀족들의 감성은 기사도 정신이 아니라 편견에서 나오는 것이었다. 이 감성은 자비나 자선이 아니라 족벌주의와 부패에서 나왔다.

특권층이 자기 마음대로 자유롭게 행동하게 둔다면 그들이 편파적이라는 사실을 알게 될 것이다. 그들은 자신과 가장 가깝고 자신이 아끼는 것들을 선호한다. 단순히 그것들을 사랑하기 때문은 아니다(실제로 그것들을 전혀 사랑하지 않는 경우가 많다). 인간은 매우 강한 존재이며, 자신에게 가장 가까운 것을 우선시하는 경향이 있기 때문에 이렇게 행동하는 것이다. 이러한 국가는 본질적으로 단순히 매우 감성적일 뿐만 아니라 비합리적이고 부패한 상태일 것이기 때문에 안전하지 않다.

버크가 혁명의 열기 속에서 보존하려 했던 영국 국가에 대해 울스턴크래프트는 이런 국가가 새로운 형태로 시작할 수 있는 가능성은 없다고 느꼈다. 버크가 옹호하려던 국가는 너무나 적은 사람들에게만 자신들의 운명을 통제할 능력을 부여했다. 이는 울스턴크래프트의 시각에서는 의미가 없었다. 이러한 국가에서는 다른 사람들에게 전혀 신경 쓰지 않으며, 자비와 기사도가 아니라 무관심과 경멸의 눈으로 그들을 바라보는 엘리트 특권층이 자의적으로 결정할 수 있게 한다. 수세기 동안 전해진 허위와 위선을 유산으로 갖고 있는 이러한 국가는 부패했기 때문에 홉스식 합리주의 원칙으로 구원할 수 없었다. 살아 있다면 어느 정도 썩은 존재였다. 조정하고 고칠 수 있는 기계가 아니었다. 고장난 것이 아니라 병든 것이었다.

울스턴크래프트는 무섭고 위험하다고 해도 다른 일들을 할 수 있는 자유를 얻게 될 것이기 때문에, 공포를 받아들이는 정치를 위한 별도의 공간을 분리해낼 수 있다고 생각하지 않았다. 홉스는 정치의 기반을 합리적 두려움에 두고, 그 두려움이 우리에게 제공하는 안전을 기반으로 해서 우리의 사회적 존재가 형성된다고 생각했다. 그렇게 된다면 고정된 정치를 뒤로 하고 보다 풍요로운 삶, 더 자유롭고 그다지 두려워하지 않아도 되는 삶으로 가는 방법을 이 안전을 통해 찾게 될 것이었다.

홉스는 그러한 약속의 문을 열어준다. 그리고 울스턴크래프트는 그 문을 닫는다. 그녀는 자의성을 배제하는 것, 두려움을 뒤로 하고 앞으로 나아가는 것은 불가능하다고 생각하기에 그 약속을 믿지 않는다. 그 약속은 언제나 우리를 압박할 것이다. 울스턴크래프트가 생각하는 사회적 삶에서 정치는 우리가 매일 살아가는 방식 안에 있다.

권력과 단절되고 자의적인 의사결정 과정에서 분리되며 부패한 통치의 가능성과 단절된 공간은 없다. 우리는 주인을 위해 일하는 하인, 부모의 보살핌을 받는 아이, 한 남자와 결혼한 여성, 결혼을 하지 않아서 완전히 다른 방식으로 연약한 여성으로서 자의성을 경험할 수 있다. 우리 대

메리 울스턴크래프트, 『여성의 권리 옹호』, 1792

부분은 정치에서뿐만 아니라 정치가 간섭하지 않을 것이라고 생각하는 삶의 다른 모든 부분들에서도 거의 항상 연약한 존재다.

남성의 이성, 여성의 감정

가장 심오하고 오늘날까지 가장 영향력이 있는 이러한 주장은 다양한 측면에서도 가장 충격적이다. 울스턴크래프트는 버크에 대한 첫 번째 대응에서는 제기하지 않았던 남성과 여성의 관계에 대한 주장을 두 번째 대응에서는 제기했다. 『여성의 권리 옹호』는 두 성별의 관계, 즉 울스턴크래프트의 용어로는 젠더가 아니라 성을 정치에 대한 근본적인 도전의 상징으로 설명한다.

울스턴크래프트는 사람들이 이성과 감정으로 이분화되었다고 보았다. 이성은 남성의 것이고, 감정은 여성의 것이라는 식으로 말이다. 그녀는 그 단절을 연결하려 했다. 그녀는 이 간극을 메워서, 이것이 선택의 문제가 아니라(남성 편인가 여성 편인가, 이성 편인가 감정 편인가) 필수적 결합이 되기를 원했다. 정부와 국민이 여전히 서로 다르고 혼동하면 안 되는 것처럼, 이성과 감정은 여전히 서로 다르고 혼동하면 안 된다. 그럼에도 울스턴크래프트는 이 두 가지가 함께 있어야 한다고 생각했다.

세계는 이러한 분열을 강화하기 위해 정치를 통해서 구성해왔다. 하지만 정치 밖에서는 도덕성과 종교, 가족의 삶, 교육을 통해 이성은 남성과 동일시되고 감정은 여성과 동일시되는 방식으로 구성되어 왔다. 왜 그렇게 되었을까? 이는 남성이 감정을 느끼지 않기 때문이 아니다(당연히 남성도 감정을 느껴야만 한다. 인간만이 감정을 느낄 수 있다). 남성은 감정을 이성으로 승화할 수 있다고 기대했기 때문이다. 이에 대해 울스턴크래프트는 여성에게 이성을 가질 만한 능력이 없는 것은 아니라고 주장했다.

18세기 말에는 자신에게 그런 능력이 없다고 주장하는 사람도 많았다. 그러나 울스턴크래프트는 여성이 이성적일 수 없다는 것은 남성이 감정을 느낄 수 없다는 것만큼이나 말도 안 된다고 생각했다. 문제는 남성이 이성을 통해 스스로를 표현하도록 허용되는 것과 마찬가지로 여성은 감정을 통해 스스로를 표현할 것이라고 기대했다는 점이다. 그녀는 이것만으로는 충분하지 않다고 주장했다. "이성은 여성이 어떠한 의무든 훌륭하게 수행할 수 있는 힘을 주기 위해 절대적으로 필요하다. 감수성은 이성이 아니라는 것을 다시 한 번 강조해야 한다."

남성은 자신의 감정을 이성적인 것으로 포장해야만 했으며, 반대로 여성은 자신의 이성을 감정일 뿐이라고 포장할 것을 강요받았다. 다시 말해 남성은 그들에게 주어진 합리성과 논증이라는 수단으로 권력을 행사할 수 있게 된다. 그들은 정치권력을 포함한 권력을 스스로 주장하게 된다. 단순히 버크가 옹호하려던 전통적이며 가부장적인 제도에서만 그런 것은 아니었다. 합리적이라고 주장하는 정치제도에서도 마찬가지였다. 아니 어쩌면 특히 합리적인 정치제도에서 더욱 그랬다.

프랑스혁명은 합리성을 주장했다. 동시에 여성의 권리를 박탈하고 남

메리 울스턴크래프트, 『여성의 권리 옹호』, 1792

성에게 힘을 실어주었다. 남성은 이성의 이름으로 자신들에게 권력이 있다고 주장하고, 실제로는 대부분 그저 욕망이나 감정, 통제되지 않는 느낌일 뿐이라도 자신들의 이성적 권력을 드러내며 허세를 부린다. 여성은 자신의 삶을 통제할 수 있는 능력, 권력, 통제, 자치를 향한 추구를 느낌과 감정의 언어로 표현해야만 한다. 남성이 자신의 감정을 이성으로 포장하는 세계에서 여성이 약간의 권력이라도 얻으려면 이성을 감정으로 포장해야만 한다.

울스턴크래프트는 이러한 관계가 인간 사회를 구성하는 한 가지 방식이라면 이는 완전한 재앙이라고 생각했다. 이는 서로를 타락시키는 것, 다시 말해 여성을 타락시킬 뿐만 아니라 남성도 함께 타락시키는 것이었다. 그러나 울스턴크래프트는 남성과 여성 모두에게 똑같이 책임이 있다고 생각하지는 않았다. 남성에게 권력이 있으며 남성의 감정은 더 잔인한 경우가 있기 때문에 남성의 책임이 더 크다.

『여성의 권리 옹호』에서 울스턴크래프트는 이러한 남성과 여성이라는 관계의 총체적 재앙 뒤에 도사리고 있는 근본적인 문제를 찾으려 했다. 남성은 자신의 욕망을 그 자체보다 훨씬 더 이성적인 것처럼 포장한다. 그리고 여성이 느낌과 감정의 언어를 사용해 자신을 옹호하는 방식으로 대응하게 하고 그들의 명예에 의지하도록 강제한다. 문제는 바로 이러한 남성의 욕망이다.

육체적 만족을 추구하기 위해 사랑을 조롱하는 것은 바로 남성이다. 그러나 어느 누구도 스스로에게 진실할 수 없기 때문에 이는 서로를 타락시킨다. 남성은 실제로는 그렇지 않지만, 자신들이 이성적인 존재라고 주장하고 싶은 본능에서 스스로를 해방하는 것이 너무 어렵다고 느낀다. 결과적으로 자신의 감정에 잘 대처할 수 있는 남성은 별로 없다. 이런 상황에서 스스로를 이성적으로 사고하는 합리적인 존재라고 표현할 수 있는 권리조차 부정당한 여성이 스스로에게 진실하기란 거의 불가능하다.

절대적 권력은 모두를 타락시킨다

그러나 남성과 여성은 함께 살아야만 한다. 이는 자연의 질서를 이루는 한 부분이다. 남성과 여성은 관계를 형성해야만 하며, 그 관계는 대부분 결혼의 형태로 이루어진다. 그리고 이 관계 역시 재앙이 될 수도 있다. 남성과 여성은 이러한 조건에서 서로를 이해할 수 없다. 그리고 모든 관계는 권력에 따라 형성되므로 남성과 여성은 서로를 착취하게 된다. 이때 착취당하는 대상은 대부분 여성이다. 여성, 특히 울스턴크래프트가 '미모라는 자의적 권력'이라고 부르는 권력을 가진 매력적인 여성 역시 자신의 권력을 남용한다.

또한 울스턴크래프트는 이렇게 관계를 맺은 남성과 여성 모두 자기 자식들을 포함한 아동에게 권력을 남용할 수 있다고 말한다. 즉 남성은 감정을 이성으로 포장함으로써 스스로를 냉정하고 무심한 아버지의 모습으로 형상화한다. 그리고 여성은 자신들이 할 수 있는 유일한 방식, 즉 정서적 애착의 언어를 사용해 권력을 행사함으로써 의존적이고 집착이 강한 어머니가 될 수 있다고 아주 분명히 주장했다.

그 결과 남성과 여성 사이의 거짓되고 허위인 관계를 바탕으로 가짜 도덕성이 형성된다. 남성이 욕망을 다른 무언가로 포장해야만 하는 사회에서 순결과 미덕을 잃은 여성은 더럽혀졌다는 생각, 이러한 순결에 대한 가짜 도덕성은 여성을 되살아날 수 없는 위치로 밀어넣는다. 이러한 사회에서 순결을 잃어버린 여성에게 유일한 생계수단은 매춘밖에 없다.

울스턴크래프트의 독자들이 듣기에는 충격적이었을 것이다(몰랐기 때문이 아니라, 특히 여성이 직접 현실을 이 정도로 적나라하게 드러내는 것을 보고 싶지 않았기 때문에). 그러나 울스턴크래프트는 이에 대해 분명하게 설명한다. 썩은 사회는 겉부터 속까지 전부 썩어 있다. 정치만 분리해서 상한 것들은 저쪽에 버려두고 나머지는 그래도 잘 자라기를 바랄 수는 없다. 썩은 것은 언제나 드러나게 마련이다.

『여성의 권리 옹호』에서 한 가지 더 주목할 만한 것은, 이 책이 성별 간의 관계가 마치 도덕적 재난지대처럼 사회를 충격적이고 해부학적으로 분석하는 동시에, 남성과 여성의 관계를 더 광범위한 정치문제로 이해한다는 점이다. 이는 그저 남성과 여성에 관한 책이 아니다. 한쪽은 이성과 권력을 주장하고, 다른 한쪽은 감정과 감수성의 언어로 가능한 모든 통제나 권력을 행사하려 노력하는 모든 형태의 사회적 관계에 관한 것이다.

울스턴크래프트는 다양한 정치적 관계의 유형을 남성과 여성의 관계에서도 볼 수 있다고 말한다. 예를 들어 이 관계는 독재군주와 그 또는 그녀가 속한 왕실의 관계(군주는 대부분 남성이지만 반드시 남성일 필요는 없다)와 같다. 어느 한 명에게 독단적 권력이 있고 그 사람을 중심에 둔 주변의 사람들은 자신들의 사적인 공간에 남은 것을 지키고 통제하기 위해 자신만의 방법을 찾아야 한다. 이러한 환경에서는 관계의 양쪽 구성원 모두 타락하게 된다.

울스턴크래프트는 남성과 여성이 자신들의 성 권력으로 인해 타락하는 것과 마찬가지로, 독재군주들은 자신들의 압제로 인해 타락한다고 분명하게 설명한다. 노예주들의 상황이 노예보다는 훨씬 낫긴 하지만, 노예제 또는 노역이나 지배의 제도는 모두에게 나쁜 것이라는 이 주장은 현대 정치사상의 역사에서 계속 다시 등장한다. 권력은 타락한다. 절대적 권력은 결국 절대적으로 모두를 타락시킨다.

> 왕국과 가문으로 분할된 세계를 이성의 작용을 통해 만들어진 법으로 통치한다면, 폭군뿐만 아니라 여성도 아마 지금보다는 더 많은 권력을 가질 수 있을 것이다. 그러나 계속 비유하자면, 이러한 통치 과정에서 그들의 인격은 타락하고 부도덕함은 사회 전체로 퍼진다.

울스턴크래프트는 또 다른 충격적인 주장을 했다. 전제군주 체제뿐만 아니라 영국을 포함한 모든 체제에서, 국가와 그 국가의 군인들의 관계에서 이러한 유형이 계속 반복해서 나타난다는 주장이다. 어쩌면 『여성의 권리 옹호』에서 가장 충격적인 내용은 군인들은 태생적으로 여성적이라는 주장이었다. 군인들, 즉 총 든 남자들, 총잡이들, 살인자들이 권력과 맺은 관계에서는 여성의 위치에 있는 셈이다. 그들은 국가의 도구일 뿐이다. 그들은 이성적이면 안 된다. 그들은 자신들이 어떻게 행동해야 하는가에 대한 최종 결정에 어떤 의견도 제시할 수 없다. 그들은 상대적으로 힘이 없다.

그러나 모든 인간은 자신들에게 통제력을 허용하는 방식으로 스스로를 표현하려는 열망을 갖고 있다. 그렇기 때문에 울스턴크래프트는 말한다. 군인들이 주기적으로 수행해야 하는 간헐적이며 통제받지 않는 폭력 행위를 제외하면, 이들을 다른 사람들과 구분하는 요소가 무엇인가? 평화로운 시기에 군인들은 어떤 존재인가? 울스턴크래프트는 군인들이 교태를 부린다고 말한다. 그들은 옷을 차려입는다. 화려한 진홍색 코트와 반짝이는 구두를 신고 춤을 추러 간다. 또 우쭐거리며 걸어다니고, 머리카락이 헝클어지지는 않았는지, 이상하게 보이지는 않는지 걱정한다. 또 늠름한 모습으로 눈에 띄고 싶어 안달하는 그들의 모습을 좀 보라. 이런 모습이 바로 여성적이라고 말한다. 물론 글자 그대로 여성이라는 뜻은 아니다.

울스턴크래프트의 주장에 따르면 스스로 생각하지 못하는 그들의 상대적 무능력 때문에 이들은 타락한 권력관계를 상징한다. 그녀는 "여성과 마찬가지로 그들의 삶의 방식은 정중하다. 그들은 다른 사람을 만족시키라고 배웠고, 오로지 다른 사람을 만족시키기 위해 산다"고 말한다. 그래서 군인의 삶은 교태와 잔인함으로 분열된 것이다. 그런 일들이 바로 이러한 유형의 관계에서 벌어진다. 울스턴크래프트가 분석한 남성과 여성의 관계에는 사회에 대한 총체적 비판이 담겨 있다. 이는 프랑스혁명 당시 출간된 모든 문헌들만큼이나 그 자체로 급진적이었다.

여성 교육과 교육 개혁

그렇다면 울스턴크래프트는 이러한 관계에서 양쪽 구성원의 타락을 해결하기 위해 어떤 방법을 생각했을까? 명백하기는 하지만 한편으로는 보기보다 급진적인 해결책이었다. 울스턴크래프트는 일생의 대부분을 교육에 대해 고민하고 걱정하면서 보냈다. 당시에는 여성이 할 수 있는 몇 안 되는 직업 중 하나가 교사였다. 『여성의 권리 옹호』는 교육과 여성 교육의 문제점, 다시 말해 여성들에게 감수성만 가르치는 것으로 범위가 축소된 교육의 문제에 대해 집중적으로 논한다.

교육은 그들에게 허용된 다양한 삶의 선택지들에 관해 여성의 사고 범위를 확장하고 열어주는 것이 아니라 닫아버리고 있었다. 울스턴크래프트는 여성을 합리적으로 사고할 수 있는 존재로 진지하게 대하고, 예술과 감수성, 감정뿐만 아니라 역사와 과학, 철학 등 다방면으로 여성을 교육할 수 있는 제도를 원했다. 그녀는 통합적 교육은 합리적 교육만으로는 이루어질 수 없다고 생각했다. 수학과 기하학만 교육할 수는 없다. 그렇다고 감수성만 교육한다고 해서 가능한 것도 아니다. 감수성 교육은 함정일 뿐이다.

  울스턴크래프트는 오직 여성만이 전인교육을 받아야 하고 그럴 자격이 있다고 말하는 것이 아니었다. 남성 역시 제대로 된 교육을 받지 못하고 있기 때문에, 모든 사람이 전인교육을 받아야 하며 그럴 자격이 있다고 주장했다.

  울스턴크래프트의 책에서 가장 충격적이고 냉소적인 내용이 있다. 공립 남학교와 영국의 사립학교들인 이튼스쿨, 해로우스쿨 등에서 벌어지고 있는 상황에 대한 내용이다. 그녀는 남성이 남성을 가르치고 소년이 남자가 되는 법을 배우는 상황을 묘사했다. 그녀는 이 부분에서 이러한 학교들이 타락의 온상이라고 말한다. 소년이 남자가 된다는 것은 그들의 성적 감정을 비롯해 모든 감정을 숨기는 방법을 배운다는 뜻이었다. 이는 곧 소년들에게 통제되지 않으면서 비밀스러운 방식으로 욕망을 해소하도록 강요한다는 뜻이다. 그녀는 공적인 청렴함과 기독교적 도덕심의 허식 뒤에 숨어 서로 자위를 도와주는 비밀 클럽을 그림을 보는 것처럼 아주 구체적으로 묘사한다.

  울스턴크래프트는 이를 짐승의 생활이라고 표현했다. 이는 진정한 교육이 아니다. 타락하는 방법을 알려주는 것일 뿐이다. 이 교육의 초점은 소년을 타락한 국가의 성인 남자로 성장시키는 것이다. 자기 아이를 아낀다면 남자든 여자든 결코 이런 교육을 선택하지 않을 것이다. "정숙함은 남녀 모두가 길러야 한다. 그렇지 않으면 영원히 병약한 온실 속 화초로 남아 있게 될 것이다."

따라서 이는 모든 교육의 개혁 수단으로서 여성의 교육을 개혁하는 프로젝트다. 소년의 교육만 개선하는 것은 합당하지 않다. 그런 세계에서 소녀는 여전히 남성의 처분에 맡겨질 될 것이기 때문이다. 반대로 소녀의 교육을 개선한다면 분명히 모든 이의 교육을 개선하게 될 것이다. 여성의 상황을 개선할 수 있다면 사회의 상황 역시 개선할 수 있다.

울스턴크래프트는 정치 참여 문제에 대해서도 비슷하게 주장한다. 그녀는 여성이 국가의 삶에 전면적으로 참여해야 하며, 여성이 시민이 되어야 한다고 생각한다. 그러나 직접적으로 그렇게 말하지는 않았다. 그녀는 "언젠가 미래에 내가 진짜 무슨 생각을 하는지, 여성이 정부의 의사결정 과정에서 직접적인 역할을 전혀 하지 못한 채 독단적인 지배를 당하는 대신, 여성의 대표자를 내세워야 한다고 생각한다는 의견을 살짝만 언급해도 비웃음을 살 것"이라고 썼다. 아마도 이것이 그녀의 지적 대담함의 한계였을 것이다.

하지만 이렇게 암시하는 것만으로도 이 책의 독자들이 합리적 주장이라고 생각하는 한계에 가까웠다는 점에서 비겁하다고 비판할 수 없다. 그녀의 생각은 명확하다. 정치에 참여할 수 있는 능력, 공동체의 삶을 구성하는 집단적 결정에 가장 근본적인 차원에서 참여하는 것, 아마도 투표권까지 포함하는 것이 시민권citizenship이라면 이는 너무 당연하게 여성에게도 주어져야 한다.

이는 단순하게 여성의 참정권만을 주장하는 것이 아니다. 울스턴크래프트가 글을 쓰던 프랑스혁명의 시기에 영국은 민주주의 국가가 아니었다. 민주주의와는 매우 거리가 멀었다. 투표권은 아주 소수의 집단만 제한적으로 갖고 있었다. 투표권은 엄격하게 제한된 재산권을 기준으로 주어졌다. 또한 심각하게 부패해 있었다. 부패선거구rotten borough(영국에서 산업혁명 후 인구가 급격히 감소해 지방의 유력자가 투표자를 매수하는 등 문란한 양상을 보인 선거구—옮긴이 주)와 다를 것 없는 선거구들이 널려 있었다. 의회는 대의제도였고, 내전 이후 영국 헌법에서 정부와 시민이 연결되는 등 조금씩 현대 국가에 가까운 모습으로 발전하고 있었지만 아직 민주주의 국가와는 거리가 멀었다. 국민의 절대 다수(모든 여성과 대부분의 남성)에게는 아무런 발언권이 없었으며, 독단적 권력의 지배를 받고 있었다. 울스턴크래프트의 표현에 따르면 남성이 군인이 되기를 선택해 국가의 권력구조 내에서 여성의 역할을 수행하는 이유 중 하나는, 스스로를 표현할 수 있는 모든 기회를 박탈당한 이들이 정치적으로 행동할 수 있는 몇 안 되는 방법 가운데 하나이기 때문이었다.

여성도 투표할 수 있다는 생각을 암시하면서 울스턴크래프트는 사실 더 급진적인 작업을 하고 있었다. 여성이 투표할 수 있다면 당연히 가난한 자들도 투표할 수 있다는 것이다. 솔직히 모든 사람, 즉 스스로 생각할 능력이 있는 모든 사람이 투표할 수 있도록 해주면 되는 것 아닌가? 다시 말해 여성이 투표할 수 있다면 독단적 권력의 지배를 받는 다른 모든 사람도 투표권을 갖지 못할 이유가 없다. 이러한 생각이야말로 진정한 정치적 평등을 향한 가장 단호하며 급진적인 프랑스혁명론자들, 필연적으로 대부분 남성이었던 사람들이 했던 것보다 더 강경한 주장이었다.

18세기 말에 가능하다고 생각했던 바로 그 한계에 놓여 있는 주장이다. 지금의 우리에게는 너무나도 합리적인 생각이지만 말이다.

이상적 결혼의 조건

지금도 『여성의 권리 옹호』는 격정적인 글로 우리에게 다가온다. 이 글은 그냥 용감한 것이 아니라 진정으로 용감한 것이다. 이 책에서는 성과 신체의 기능에 대해 상당히 노골적으로 다룬다. 울스턴크래프트가 타락한 성적 행위(항문 성교임을 누구나 알 수 있도록 언급한 내용)라고 생각한 일부 행위들은 거의 숨김없이 묘사한다. 어떤 점은 매우 현대적인 것처럼 느껴지지만, 또 어떤 점은 그다지 현대적이지 않다.

울스턴크래프트는 난봉꾼이 아니었고, 포르노그래피가 넘쳐나는 우리 시대 같은 세계를 보았다면 완전히 겁에 질렸을 것이다. 특히 그녀는 이상적인 결혼 생활에 대한 매우 고결한 관점을 갖고 있다. 그녀는 의심할 여지 없이, 직접 경험한 일들을 바탕으로 열정에 기반해 이루어진 모든 관계가 지속되기 위해서는 열정 그 이상의 무언가가 필요하다고 거듭 이야기했다. 성적 열망을 포함해 이러한 열망은 1, 2년 지나면 사라질 것이다. 그 후에는 이성과 상호 존중으로 열망을 보완해야 한다는 것이다. 오로지 열망만으로 관계를 유지하려고 한다면 두 사람 모두 타락이라는 결말을 맞게 될 것이다.

메리 울스턴크래프트, 『여성의 권리 옹호』, 1792

울스턴크래프트가 이상적으로 생각한 결혼은 정신적 교감을 바탕으로 한 결혼이다. 그녀의 결혼관은 감정을 지닌 이성적 존재들 사이의 합리적인 소통에 기반한다. 이들은 감정을 느낄 수 있는 능력을 유지하지만, 결국 감정은 덧없다는 것을 잘 알고 있다. 그래서 마침내는 교육을 통해 길러진 공정하고 균형 잡힌 성품이 관계를 이끌어야 한다고 본다. 꽤 냉정한 것 같다. 이러한 냉정함은 전통적으로 존중받을 수 있는 한계를 넘어 주장하지는 않으려는 울스턴크래프트의 의도가 반영된 것일 수도 있다. 그러나 실제로 이성과 열정의 결혼이야말로 관계를 유지할 수 있는 유일한 방법이라고 진심으로 믿었을 가능성도 있다.

울스턴크래프트의 글은 18세기 말이라는 시대가 결코 먼 옛날이 아니라고 느끼게 해준다. 『여성의 권리 옹호』는 궁극적으로 이성과 감성, 훌륭한 이성과 강력한 감정의 결합에 관한 책이다. 울스턴크래프트는 감성이 그 자체로는 재앙이지만, 우리는 모두 감정을 갖고 있기 때문에 이성만 있다는 주장은 거짓말이라고 생각한다.

삶의 두 가지 측면이 선택의 문제이면서 필연적으로 분열되는 결과를 막아야 한다. 그러기 위해서는 이성과 감성을 결합하기 위한 방법을 정치에서, 가정에서, 공적인 삶에서, 개인적 삶에서 찾아야만 한다. 남성과 여성이 함께 살아갈 수 있는 방법을 찾아야만 한다.

울스턴크래프트는 1797년에 사망했다. 같은 해에 제인 오스틴Jane Austen이 후에 『오만과 편견Pride and Prejudice』이라는 제목을 갖게 된 첫 번째 소설의 초안을 썼다. 그 후에는 『이성과 감성Sense and Sensibility』을 썼다.

울스턴크래프트는 오스틴의 글을 읽을 기회가 없었지만, 제인 오스틴은 울스턴크래프트의 글을 읽었을 가능성이 높다. 울스턴크래프트가 오스틴의 글을 읽었다면, 소설을 읽느라 시간을 낭비하는 여성에 대한 울스턴크래프트의 경멸심이 좀 줄어들었을지도 모른다("내 생각에 소설에 대한 애정을 바로잡을 가장 좋은 방법은 소설을 조롱하는 것이다"). 오스틴의 소설에는 사유재산, 결혼, 유산 같은 명확한 사실들을 둘러싼 우아한 댄스 예절 등이 등장하며, 어떤 면에서는 현실과 상당히 동떨어져 있다. 그럼에도 그녀의 책을 읽다 보면 이따금씩 그 소설이 바로 어제 쓰인 것 같다는 느낌이 든다. 메리 울스턴크래프트의 글도 마찬가지다.

   울스턴크래프트를 정치사상가로 묘사하기도 하지만, 그녀의 글은 정치 외에도 정말 많은 다양한 분야를 다룬다. 오스틴은 정치를 배제한 소설가로 묘사되기도 한다. 노예제에 대한 설명은 없는가? 나폴레옹 전쟁에 대한 이야기는 어디에 있는가? 왜 주인공들은 프랑스혁명의 결과에 대해 격론을 벌이지 않는가? 그러나 오스틴은 울스턴크래프트과 동일한 방식으로 생애 내내 정치적이었다. 그녀는 정치란 언제 어디에서나 나타날 수 있기 때문에 그녀는 정치를 이해한다. 이성과 감성의 관계에 대한 질문은 실제로 권력에 관한 질문이다. 이는 서로 타락시킬 수 있는 위험에 관한 것이다. 오스틴이 군인의 애교를 묘사한 내용은 관련된 모든 문헌 중에서도 가장 기억에 남을 만하다. 군인들이 마을에 나타나면 그들이 어떻게 차려입었는지 살펴보라. 그리고 우리 딸들뿐만 아니라 군인들에게도 어떤 위험이 있을지 두려워하라. 제인 오스틴은 메리 울스턴크래

메리 울스턴크래프트, 『여성의 권리 옹호』, 1792

프트 세계의 소설가인 것이다.

　울스턴크래프트는 생애 마지막 해에 결혼했다. 남편은 그녀의 정치적 열정을 많이 공유했던 정치적 급진주의자 윌리엄 고드윈이었다. 그녀는 결혼하지 않은 상태로 낳은 딸 외에 고드윈과도 딸을 낳았다. 딸을 낳은 뒤 얼마 지나지 않아 출산 후유증으로 1797년 늦여름 세상을 떠났다.

　그녀가 살던 시대에 출산 후유증으로 인한 사망은 수많은 자연적 불평등의 산물 가운데 하나였다. 너무나도 위험하고 안전하지 않은 상황에서 출산해야 했기에 여성으로 살아간다는 것은 매우 위험하고 안전하지 않은 환경에서 산다는 뜻이었다. 울스턴크래프트는 그러한 현실 때문에 상대적으로 젊은 38세에 목숨을 잃었다. 메리 울스턴크래프트 고드윈이라는 이름의 딸은 후에 시인인 퍼시 비시 셸리Percy Bysshe Shelley와 결혼해 메리 울스턴 크래프트 셸리Mary Wollstoncraft Shelley가 되었다. 그리고 메리 셸리라는 이름으로『프랑켄슈타인Frankenstein』을 썼다.

　우리가 제대로 이해하지 못하는 힘을 부여한 인간 형상의 창조물, 초기 로봇을 다룬 현대 영미 문학의 양대 산맥이 있다. 그중 하나가 홉스의『리바이어던』이다. 리바이어던은 사실 성경에 나오는 해저 괴물이 아니다. 홉스는 책 첫머리에서 아주 명확하게 지금 설명하는 존재는 '자동 장치automaton'라고 말한다. 이 로봇은 초인적 힘, 국가의 권력을 가진 가공의 존재다. 인공의 존재에 대한 또 다른 가장 기억에 남는 이미지가 바로 울스턴크래프트의 딸 메리 셸리가 창조해낸 프랑켄슈타인이라는 괴물이다. 그렇게 현대 사상의 수레바퀴는 돌아간다.

―― 제3장 ――

콩스탕과 자유

뱅자맹 콩스탕, 「고대인의 자유와 현대인의 자유 비교」, 1819

개인의 자유를 지키면서 공동체에도 책임을 다하며 살 수 있을까?

뱅자맹 콩스탕 Benjamin Constant(1767~1830)

스위스 로잔의 꽤 부유한 칼뱅파 가문에서 태어났다. 어머니는 그가 태어난 지 8일 후에 세상을 떠났다. 그는 여러 가정교사에게 교육을 받았으며, 옥스퍼드대학교 입학에 실패하자 아버지가 그를 에든버러대학교에 보냈다. 우연찮게도 프랑스혁명이 폭력의 정점에 이르렀던 1788년부터 1794년까지 독일 브라운슈바이크의 궁중에서 생활했으며, 그곳에서 결혼도 했지만 곧 이혼했다.

1794년 그의 수많은 연인들 중 가장 유명한 마담 드 스탈 Madame de Staël을 만났으며, 그녀와 함께 파리로 돌아가서 정치에 몸을 담았고 프랑스 국적을 취득했다. 1802년 그가 주창했던 현대적 명분들이 정치적으로 실패한 뒤 망명자 같은 신분으로 전 세계를 유랑했으며 1808년에 재혼했다.

소설『아돌프 Adolphe』를 포함해 주요 저작 대부분을 이 시기에 썼다. 나폴레옹을 극렬하게 비판했음에도, 1815년 나폴레옹의 100일이라는 짧은 통치 기간 동안 헌법 자문 역할을 했다. 부르봉왕조가 복귀하면서 다시 망명길에 올랐지만, 곧 정계로 복귀해 자유주의적 의정 반대파의 핵심 일원이 되었다. 그의 정치 인생에서 상원의원으로 선출되는 최고의 성공을 거둔 얼마 후인 1830년에 사망했다.

「고대인의 자유와 현대인의 자유 비교」는 1819년 뱅자맹 콩스탕이 파리 왕립 아테네움에서 강연한 내용을 정리한 것이다. 프랑스혁명 이후 자유의 개념을 재정립한 의미 있는 정치철학 강연문이다. 콩스탕은 고대의 자유를 공동체 구성원으로서 정치에 직접 참여하는 자유로, 현대의 자유를 개인의 사생활과 권리를 보장받는 자유로 정의한다. 그는 고대 그리스식 자유를 근대 사회에서는 실현할 수 없으며, 국가 권력에 간섭받지 않고 개인의 권리를 보호하는 것이 현대 자유의 핵심이라고 주장했다. 이 주장은 개인의 자유와 권리를 최우선으로 하는 자유주의의 이념적 기초를 제공한다.

콩스탕은 루소의 '일반의지' 개념이 다수의 이름으로 개인의 자유를 억압할 수 있다고 경고하며, 권력 제한과 법의 지배(법치)를 통해 개인의 자유를 보호해야 한다고 강조했다. 그의 사상은 밀의 자유론, 토크빌의 민주주의론, 현대 자유주의 정치철학에 영향을 주었으며, 개인주의적 자유의 원형으로 오늘날까지 인용되고 있다.

***

콩스탕의 낭만과 자유

이번 장의 주인공인 뱅자맹 콩스탕도 홉스나 울스턴크래프트와 마찬가지로 정치사상가로 가장 잘 알려져 있지만, 생전의 그는 정치에 대해 생각하는 것보다 훨씬 더 많은 일을 했다. 그는 예술과 종교, 문화, 법에 대해 글을 쓰고 소설도 썼다. 이 장의 마지막 부분에 그의 소설 가운데 한 작품에 대해서도 이야기할 것이다. 그의 저작 가운데 지금도 최고의 작품으로 평가받는 책이다.

그런데 이번 장에서는 1819년 파리 왕립 아테네움에서 콩스탕이 했던 강연 원고를 중점적으로 다루려 한다. 강연 제목은 '고대인의 자유와 현대인의 자유 비교 The Liberty of Ancients Compared with that of Moderns'로 그다지 매력적이지 않았다. 그럼에도 이 강연문은 자유의 본질을 규정하는 철학 문헌으로 기억된다. 그리고 자유 또는 해방에 관한 현대적 사상이 바로 이 장의 주제다.

콩스탕은 어떤 사람이었으며 어떤 관심사를 갖고 있었는지 이해하는 데 도움이 될 만한 몇 가지 평가가 있다. 그는 낭만적인 사람이었다고 말하는 것도 한 가지 방법이다. 그는 '낭만파Romantic'인 동시에 연애주의자라는 점에서 '낭만적romantic'인 인물이었다. 여기서 사상적 낭만파에 속하는 낭만적인 인물이었다는 평가는 19세기로 넘어가는 시기에 성행했던 현대 사상사의 거대한 흐름인 낭만주의Romanticism와 관련이 있었다. 낭만주의는 한편으로 홉스식 과학혁명에 대한 대응이자 그 직후에 일어난 산업혁명에 대한 대응이었다. 사상적 낭만주의자들은 감정, 정서, 직접 조우하는 자연, 숭고함에 대한 생각, 기계적인 것이 아니라 자연적인 것에 경이로움을 느끼는 사상을 칭송했다. 낭만주의는 음악, 미술, 문학, 허구를 통해 스스로를 표현했다. 콩스탕은 그런 점에서 낭만주의자였다. 그는 또한 조금 더 일상적인 의미에서 낭만주의자이기도 했다. 그는 사랑에 빠져 있다는 생각 자체를 사랑했으며 평생 낭만적인 사랑을 추구했다.

콩스탕은 두 번 결혼했다. 그러니까 홉스보다 두 번 더 많이 한 셈이다. 그러나 그가 평생 사랑한 사람은 그의 아내들이 아니었다. 그가 평생 사랑한 사람은 마담 드 스탈이며, 콩스탕과 만날 때 그녀는 다른 사람의 아내였다. 드 스탈은 당대의 가장 유명한 지식인이면서 가장 유명한 여성이었다. 울스턴크래프트는 『여성의 권리 옹호』에서 상당한 분량을 할애해 그녀에 대해 다루기도 했다.

드 스탈은 그때까지도 여성을 남성과 다르게 교육해야 한다고 주장했다. 이 때문에 울스턴크래프트는 책에서 교육에 대한 잘못된 사상을 가진 사람들 중 하나로 그녀를 공격했다. 콩스탕은 그녀와 미친 듯이 사랑에 빠졌는데, 그 관계는 특별했다. 드 스탈은 지배적 파트너였다. 그들의 관계에는 가학피학증sadomasochism 요소가 있었던 것으로 보인다. 콩스탕은 지배를 받으면서 희열을 느끼는 것처럼 보이는 낭만주의자였다.

또한 그는 조금 더 전통적인 의미의 연인이기도 했다. 다시 말해 그는 사랑을 갈구하고 그 과정에 수반되는 모든 것, 예를 들어 연애편지를 쓰고, 시를 쓰고, 눈물을 흘리고, 부루퉁해서 화를 내고, 침실 창문으로 숨어들고, 때로는 죽어버리겠다고 협박하는 등 연애를 하면서 겪는 모든 상황에서 희열을 느꼈다. 그는 그런 점에서 낭만주의자였다.

반면 홉스는 낭만과는 거리가 먼 사람이었다. 낭만주의는 시대착오적인 것이기 때문에 사상적 낭만주의자가 아니었고, 연애와는 거리가 먼 사람이었다는 점에서 일상적 낭만주의자도 아니었다. 그의 생은 낭만적이지 않았다.

울스턴크래프트는 낭만적으로 살았다고 볼 수 있다. 마음이 이끄는 대로 움직일 준비가 되어 있었다는 점 등 그녀의 삶에는 낭만에 대한 이상주의적 생각에 해당하는 부분들이 있다. 그러나 그녀는 그런 평가를 상당히 경멸했다. 특히 그녀는 남성이 여성의 견해에 대해 이야기하면서 여성이 낭만적이라고 평가하는 것을 매우 싫어했다. 울스턴크래프트는 『여성의 권리 옹호』에서 누구든 그녀의 사상을 낭만적이라고 묘사하는 것을 원치 않는다고 분명하게 밝혔다. 그녀에게 낭만이란 희망적인 것, 도깨비불처럼 사람을 홀리는 사고방식, 현실의 차가운 바람을 맞으면 신기루처럼 사라져버리는 사상을 의미했기 때문이다. 울스턴크래프트는 낭만적인 사랑이 영원하지 않다고 말했다. 사랑에 빠지고 나서 1, 2년이 지나면 조금 더 단단한 바탕이 있어야만 관계가 유지된다고 보았다. 콩스탕은 개의치 않고 그냥 몸을 맡겼다. 1, 2년 후 관계를 지탱하기 위해 열정보다 견고한 것이 있어야 한다면, 다른 어딘가에서 그 답을 찾아나서는 것이 콩스탕의 방식이었다. 콩스탕의 삶은 그런 식이었다.

콩스탕의 자유주의와 국가

그러나 콩스탕이 단순한 낭만주의자는 아니었다. 그는 입헌 이론가이기도 했다. 그는 사랑에 관해서뿐만 아니라 법에 대해서도 글을 썼다. 낭만주의자라고 하기도 하지만, 바로 콩스탕이 자유주의자, 고전적 의미의 자유주의자였다고 평가하기도 한다. 현대 북미 정서에서 말하는 자유주의자를 의미하는 것은 아니다. 그가 더 훗날인 20세기 들어 등장한 복지국가나 국가 개입 사상을 믿었기 때문에 자유주의자라는 뜻은 아닌 것이다. 이는 고전적인 현대 유럽의 이미에서 이해되는 자유주의, 19세기에 등장한 자유주의를 말한다. 콩스탕은 이 자유주의의 초기 주창자였다. 이 사상의 핵심은 자유, 해방, 주권국가의 독단적 권력으로부터 개인을 보호하는 것이다.

낭만적인 사람이라면 이런 보호가 필요할 것이기 때문에 이 유형의 자유주의자가 될 경향이 있다. 자유주의는 낭만주의와 큰 차이가 있다. 그리고 모든 낭만주의자가 자유주의자인 것은 결코 아니다. 그러나 마음이 원하는 대로 따르고자 한다면, 그럴 수 있는 공간과 자유를 확실하게 확보해야 한다. 국가가 계속 개입한다면 마음 가는 대로 따르기가 훨씬 어렵다.

홉스의 국가관이 정치에서 상당 부분을 떼어내서 우리의 삶을 스스로 살아갈 수 있는 여지를 준다는 점에서, 홉스를 초기 자유주의자 또는 선구적 자유주의자로 표상하려는 시도가 계속 있었다. 그러나 콩스탕은 홉스가 결코 진정한 자유주의자는 아니었다고 분명히 말했다. 그는 홉스가 겨우 중간 지점까지만 다가갔을 뿐이라고, 그러니 기껏해야 절반만 맞은 거라고 했다. 콩스탕이 보기에 홉스가 옳았던 부분은 대의제 개념을 중심으로 국가를 구성한 것이었다. 현대 세계에서 정치는 사람들을 대신해 결정할 자신들의 대표자에게 정치적 권력을 위임하는 방식으로 이루어져야만 한다.

콩스탕의 대표적인 명제, 홉스의 명제만큼 유명하지는 않지만 그래도 꽤 함축적인 명제는 "부자가 집사를 고용한다"이다. 여기서 부자란 상대적으로 풍족하게 살아가는 현대인으로서 우리를 뜻한다. 집사는 정치인이다. 우리는 대신 결정하고 우리의 '자산'인 국가를 운영하는 어려운 일을 해줄 사람을 고용한다. 우리에게는 그런 일을 할 시간이나 관심, 의향이 없기 때문이다. 그러나 콩스탕은 이에 더해 집사를 고용하고 나서 계속 감독하지 않은 채 집사에게 모든 일을 그냥 맡겨두는 부자는 얼마 가지 않아 가난해질 것이라고 분명히 말했다.

홉스식 관점의 문제는 집사에게 절대적 권력을 부여한다는 것이다. '절대적'이라는 한 단어가 모든 차이를 만든다. "절대적이라는 단어가 붙으면 그 어떤 제도에서도 자유도 … 평화도 행복도 이룰 수 없다. 민중

정부는 그저 폭력적 독재, 폭정이 더 집중된 군주제 정부에 지나지 않는다." 콩스탕은 우리가 그러한 권력을 위임한 사람들이 폭력을 남용하는 상황으로부터 우리를 지켜줄 정치 형태가 필요하다고 생각했다. 다시 말해 우리에게는 국가의 주권 행사를 제약할 수 있는 자유주의적 헌법이 필요하다는 뜻이었다. 콩스탕은 프랑스혁명을 거치면서 그 이후로도 오랫동안 프랑스를 위한 헌법을 고안하기 위해 많은 노력을 기울였지만, 결국 실패하고 말았다.

그는 모델로 삼을 만한 것이 있다고 확신했다. 홉스에게는 가능하지 않았던 것, 자신의 머릿속에 있는 생각 외에는 국가 모델로 삼을 만한 것이 없던 홉스와는 달리, 영감을 얻을 만한 곳들이 있었다. 콩스탕은 자유주의 국가의 모델을 찾기 위해 해협 너머 영국을 들여다보았다.

영국은 민주국가는 아니었지만 법의 지배와 헌법적 규약들이 주권자의 권력을 제한했다는 점에서 자유주의 국가였다. 영국 역사에서 이 시기의 주권은 기묘한 혼혈 상태로 존재했다. 군주도 의회도 아닌 '의회제 내의 군주'에게 주권이 있었던 것이다. 이런 체제에서는 제약이 있기 때문에 독단적으로 권력을 행사하기 어려웠다. 자유주의자들은 시민들이 자유로울 수 있도록 국가의 권력을 제약해야 한다고 생각했다. 물론 영국은 울스턴크래프트가 썩었다고 생각했던 바로 그 국가였다. 울스턴크래프트는 프랑스혁명 정부에서 영감을 얻었다. 콩스탕은 영국을 바라보았다. 언제나 남의 떡이 커 보이는 법이다.

콩스탕은 자유주의 국가가 구성되는 방식에 대한 또 하나의 모델을 생각하고 있었다. 프랑스혁명이 일어난 시기에 미국이 탄생했다. 콩스탕이 강연을 했던 1819년쯤에는 미국이 자리를 잡고 잘 운영되고 있었다. 새로운 정치세대를 거쳐 지속가능한 살아 있는 실험 사례로 평가받고 있었다. 미국식 정치모델에는 콩스탕이 깊은 매력을 느낀 새로운 사상이 있었다. 바로 권력의 분립이다. 자유주의적 자유를 지키는 한 가지 방법은 집사들이 서로를 감시함으로써 정부의 여러 부처들이 서로를 제약하도록 보장하는 것이다.

우리가 너무 바쁘거나 무관심해서 직접 감시할 수 없다면, 최소한 우리의 대표들에게 서로를 감시하게 한다. 그러나 누군가 권력의 선을 넘는다면, 국가와 정부 내 다른 누군가가 다시 확실히 선을 지키라고 요구할 수 있다. 이는 너무나 위태로운 고대의 '혼합된' 또는 '균형 잡힌' 헌법 모델과 확실하게 구분되는 현대 사상이므로 이 둘을 혼동하지 말아야 한다. 이러한 개념으로 미국이라는 국가를 남북전쟁에서 충분히 구할 수 있는가는 별개의 문제다. 그러나 권력의 분립은 새로운 개념이었고, 콩스탕은 이를 프랑스에 도입해볼 만하다고 생각했다.

프랑스혁명이 남긴 교훈

콩스탕의 삶에서 핵심적인 사건은 프랑스혁명과 그 이후에 벌어진 일이었다. 그는 프랑스혁명 이후 상황이 어떻게 전개되는지를 모두 지켜보았다. 공포정치에서 나폴레옹의 부상까지, 유럽 전역으로 나폴레옹의 제국이 확장되고 러시아 침공 이후 그 제국이 무너지는 과정, 1815년 나폴레옹의 짧은 복귀에서부터 워털루전투 패배와 부르봉왕조의 복권까지 모두 경험한 것이다.

이런 혁명의 경험은 울스턴크래프트와 홉스에게 그러했던 것처럼 콩스탕 삶의 심장부였다. 그러나 그들은 각자 삶의 다른 부분에 영향을 받았다. 혁명은 수레바퀴가 돌아가는 것, 즉 사회가 회전하는 것으로 이해할 수 있다. 사회 밑바닥에 있던 사람들이 꼭대기로 올라가는 것, 최상층에 있던 사람들은 바닥으로 추락하는 것, 왕은 교수대로 향하는 것, 평민들이 잠시라도 통치자의 자리에 가는 것이다. 그러나 대부분의 혁명에서 수레바퀴는 완전히 한 바퀴를 돌아 제자리에 오게 된다. 홉스는 이 수레바퀴가 반쯤 돌아갔을 때, 즉 왕이 죽고 의회가 권력을 잡았을 때 『리바이어던』을 썼다. 그러나 수레바퀴는 계속 돌아갔고 10년도 지나지 않아 왕정이 복권되었다.

홉스를 포함해 모든 사람들이 이제 완전히 다른 상황이라고 느꼈다. 울스턴크래프트의 경우, 짧은 생의 마지막 무렵에 프랑스혁명이 일어났다. 그녀는 가장 잔혹했던 한 시기를 포함해서 프랑스혁명을 직접 겪었지만 그 이후에 이루어진 변화를 보지는 못했다. 콩스탕의 경우, 그가 강연한 시기는 수레바퀴가 완전히 한 바퀴 돌아간 시점이었다. 왕이 교수대에서 처형된 후 20여 년 동안 격동기를 거쳐 다시 왕이 귀환할 때까지였다. 그런 점에서 콩스탕은 울스턴크래프트와 홉스가 하지 못했던 사후적 고찰을 할 수 있었다. 1819년 그는 이 이야기가 어떻게 끝났는지 알고 있으며, 그의 일생에서 가장 중요한 정치적 사건이 남긴 교훈에 대해 고민하고 있었다.

콩스탕의 초기 저작들 가운데 일부는 홉스가 『리바이어던』을 썼던 당시에 경험했던 것과 같은 정치적으로 우발적인 상황이 발생할 수도 있다는 문제의식에 사로잡힌 채 쓰였다. 홉스 스스로는 자신의 최대 불운이 수레바퀴가 빠르게 돌아가고 있던, 불확실성이 최고조에 달했던 시점에 『리바이어던』을 출간했다고 생각했다. 자신이 주장하는 논리에 따르면 그는 편의주의적 약속, 즉 의회 통치를 지지할 수밖에 없었는데 후에 이를 뼈저리게 후회했다. 콩스탕도 빠르게 진행되는 사건들의 결과에 자신의 운명을 맡길 수밖에 없다는 사실을 깨달았을 때 비슷하게 후회했다.

자유주의자로서 콩스탕은 나폴레옹도, 나폴레옹의 통치도 지지하지 않았다. 그러나 나폴레옹이 1815년에 귀환했을 때는 나폴레옹이 어쩌면 아직도 프랑스의 미래를 대표할 수 있다고 생각했거나, 아니면 그렇게 될 것을 두려워했을 수도 있다. 그래서 콩스탕은 황제와 함께 황제의 권력을 제한하는 헌법을 만들고자 시도했다. 그러나 이는 치명적 실수였다. 나폴레옹의 통치가 백일천하로 끝나자, 콩스탕은 권력과 타협했다는 비판을 받았기 때문이다. 정치에서는 완전히 끝날 때까지 그 어떤 상황도 결코 끝난 것이 아니다. 콩스탕은 이 교훈을 어렵게 얻었다.

1819년, 지난 30년 동안 벌어진 완전한 이야기를 돌이켜보면서 그는 조금 더 광범위한 교훈을 이끌어내려 했다. 이는 그 자신의 경험에 관한 것이 아니었다. 프랑스 대 영국, 프랑스 대 미국에 관한 것도 아니었다. 혁명 대 제국, 혁명 대 반작용, 혁명 대 개혁에 관한 것도 아니었다. 그것은 이 책을 시작하면서 제시했던 근본적인 대치, 즉 현대 정치와 전현대 정치, 또는 콩스탕이 현대 정치와 고대 정치라고 불렀던 체제의 대치에 관한 것이었다. 콩스탕에게 프랑스혁명과 그 이후 얻은 중요한 교훈은 자유의 본질에 관한 것이다. 현대를 고대의 체제와 혼동해서는 안 된다는 교훈이었다.

고대의 자유와 현대의 자유

콩스탕은 고대와 현대의 자유에 대한 사상들 사이에서 극명한 차이를 이끌어내는 것이 가능하다고 주장했다. 실제로 이 두 가지의 차이는 매우 명확하다. 아테네나 스파르타, 로마 공화정 같은 고대의 세계에서 자유를 얻는다는 것은 자유로운 국가의 일원이 된다는 의미였고, 따라서 자유는 필연적으로 집합적인 것이었다.

우리는 자유를 다른 사람들과 공유한다. 우리는 다른 사람들과 함께 자유를 지킨다. 우리의 자유가 사라지는 이유는 우리가 개인적으로 자유롭지 않은 상황 때문이 아니라 우리가 속한 국가가 자유롭지 않은 상황, 예를 들어 포위되거나 정복당하거나 식민지가 되기 때문이었다. 이런 점에서 자유를 근본적으로 위협하는 것은 군사적 패배였다. 따라서 고대의 자유는 전쟁과 자기방어, 즉 개인적 자기방어가 아니라 집단적 자기방어를 통해 표현된다는 점에서 전쟁과 관련되어 있기도 했다.

자유를 공유한다면 우리가 지키기 위해 노력하는 가치 역시 공유하는 것이다. 따라서 자유 국가에서 시민들은 자신들의 정체성과, 자신들이 어떻게 살아야 하는지에 대한 이해를 공유하는 경우가 많았다. 결정적으로 고대 세계에서 자유는 주로 공적인 것이었다. 현대인의 방식으로 표현하자면 공적 공간에서 표출되는 것이었다. 공적인 삶과 사적인 삶을 대조되는 것으로 생각하는 경향이 있다. 대부분의 고대 국가에서는 공적인 것과 사적인 것에 별다른 차이가 없었기 때문에 이러한 구분에는 사실상 별다른 의미가 없었다. 당시에 시민이 된다는 것은 전적으로 정치의 세계, 공화국res publica의 세계에 살고 있다는 뜻이었으며, 공적인 삶을 산다는 것은 우리의 자유를 분명히 드러내는 것이었다. 사적인 삶은 거의 아무런 의미도 없었다.

이는 자유에 대한 고대의 사상이었지만 콩스탕은 원시적이거나 시대에 뒤처진 사상은 아니라고 생각했다. 어리석거나 잘못된 사상이기 때문에 소멸한 것이 아니다. 오히려 그 반대였다. 콩스탕은 심지어 이것이 현대 시민들에게도 영웅적이며 고귀하고 심오한 매력을 지닌 생각이라고 믿었다.

프랑스혁명의 표어는 자유Liberté, 평등Égalité, 형제애Fraternité였다. 그러나 형제애는 자유를 고대의 사상으로 표현한 것이다. 우리는 그러한 연대의식을 동경하거나 동경한다고 생각한다. 그러나 콩스탕이 이야기하듯, 이는 사실 현대인들이 누릴 수 있거나 누리고 싶어 하는 삶의 방식이 아니다. 이 부분이 그의 근본적인 성찰이다. 우리는 고대인과 우리가 같아지기를 바란다고 생각하지만 실제로는 그렇지 않다. 현대인이 된다는 것, 현대의 세계, 홉스가 『리바이어던』을 쓴 이후 창조된 세계에서 산다는 것은 더 이상 집단적인 자유가 아니라 개인적인 자유를 누리며 살아간다는 뜻이었다. 자유로워진다는 것은 개개인이 각자 어떻게 살고 싶은지를 선택할 자유가 있다는 뜻이다. 다른 사람들과 공유하는 것에서 자유를 얻는 것이 아니다. 이 자유는 우리를 다른 사람들과 차별화하는 것이다.

현대의 자유란 무엇인가

현대인으로서 우리의 자유에서 분명히 드러나는 기본적인 특징은 다른 사람들과 다른 방식으로 살아갈 수 있는 바로 이 능력이다. 서로 다른 신을 섬길 수도 있고, 다른 목적을 추구할 수도 있다. 또는 단순히 다른 사람들이 지지하지 않는 일을 할 수도 있다. 현대의 자유에는 종교의 자유, 표현의 자유, 결사의 자유가 있다. 결사의 자유는 집단적 행동을 할 때 어디에서 어떤 방식으로 할지를 선택할 자유가 있다는 것이며, 이를 위해 국가의 공적인 광장에 모이지 않아도 된다는 뜻이다.

우리는 사적으로 모임을 가질 수도 있다. 이 차이가 바로 현대 시민에게 의미 있는 부분이다. 현대의 자유는 개인적이며 상업적이다. 왜냐하면 현대의 사회는 군사 중심 사회가 아니기 때문이다. 꼭 필요하다면 전쟁도 하지만, 근본적으로 전쟁을 주업으로 하는 사람들이 아니다. 우리는 사람들과 거래를 한다. 현대의 자유는 상품을 교환하고 개인들이 상품의 값으로 얼마를 지불할 의사가 있는가에 따라 가격을 정하는 상업의 세계, 즉 자유롭게 이동할 수 있기 때문에 거래가 이루어질 수 있는 세계에 적합하다. 이동의 자유는 또 하나의 특징적인 현대의 자유다.

마지막으로 현대의 자유가 공적인 것이 아니라 사적인 것이며 함께 모이기 위한 것만은 아니라는 사실이 가장 중요하다. 개인에게는 사생활도 필요하다. 현대 세계의 자유에는 일부 사람들이 지켜보기는 해도 국가는 지켜보지 않는다는 확신, 국가가 지켜보고 있어도 우리가 사적인 영역에서 무엇을 하는지에 대해 국가는 상대적으로 무관심하다는 합리적 확신이 있다. 이 덕분에 우리가 원하는 일을 하기 위해 존재할 자유, 심지어 사적인 영역으로, 가정으로, 집 안으로, 마음속으로, 머릿속으로, 개인의 양심 속으로 후퇴할 자유를 갖게 된다.

따라서 현대의 자유는 개인적이며 상업적이고 사적이다. 고대의 자유는 집단적, 전투적, 공적이다. 이는 매우 명확한 차이다. 그렇다고 해서 콩스탕이 고대의 자유가 현대 세계에서는 불필요한 개념이라고 생각한 것은 아니다. 오히려 그 반대다. 고대 자유의 한 가지 문제점은 현대 시민들에게 너무나도 매혹적인 생각이라는 것이다. 우리는 고대인과 비교할 때 우리의 자유 개념이 다소 빈약하고 천박하며 이기적이며 부족하다고 느끼기 때문에 내부로, 뒤로 후퇴하게 된다. 우리에게 결여된 것이 무엇인지를 분명하게 느끼기도 한다. 우리는 전투적인 사람이 될 수 있음에도 진정으로 상업적인 사람이 되기를 원하는 걸까? 진정한 형제애 또는 자매애로 연결될 수 있음에도 그저 사적인 시민으로 존재하기를 진정 원하는 걸까?

이것이 프랑스혁명이 콩스탕에게 남긴 가장 큰 교훈 가운데 하나였다. 그는 프랑스혁명이 혁명주의자들 대부분이 거부할 수 없는 매력을 느꼈던 자유에 대한 고대의 자유에서 큰 영감을 받았다고 생각했다. 그들은 스파르타나 아테네, 로마 도시국가에서 영감을 받았다. 또 스파르타인이나 아테네인, 로마인이 되고 싶어 했다. 그러나 그 혁명주의자들은 현대의 관점에서는 완전히 불가능한 일을 하려 했다. 고대인들처럼 살고자 하는 것은 거부하기 어려울 정도로 매력적일 수 있지만, 이룰 수 없다. 우리는 그런 식으로 살 수 없다. 왜 그럴까? 우리의 수가 너무 많기 때문이다. 고대의 자유는 오로지 친밀한 소규모의 구성원으로 이루어진 국가에서만 작동한다. 공적인 자유는 우리가 동료 시민들과 눈을 맞출 수 있을 때만 가능하다. 19세기 초 프랑스의 인구는 약 2,500만 명이었다. 이렇게 인구가 많은 국가에서는 고대의 자유를 가질 수 없다.

이 정도 규모의 상업 국가에서는 대부분의 인간관계가 사적인 접촉이 아니라 돈으로 중개된다. 고대인은 대체로 돈을 경시했으며, 돈이 정치에 미치는 영향에 대해 태생적으로 의구심을 갖고 있었다. 돈을 완전히 배제하려고 시도한 일부 고대 국가도 있었다. 하지만 어떤 현대 국가도 돈이나 부채 없이는 단 한 순간도 기능할 수 없다.

우리는 서로에게 빚을 지고 있다. 우리의 국가는 우리에게 빚을 지고 있다. 우리는 항상 서로에게 돈을 빌린다. 국가는 항상 우리에게 돈을 빌린다. 동시에 우리는 사적인 삶에 엄청난 애착을 갖고 있으며, 누군가 우리에게 어떻게 살라고 지시하는 것을 바라지 않는다. 마음속 저 깊은 한 구석에는 사생활을 보장받지 못해도 살아갈 수 있었던 고대인들을 동경하는 마음이 있을 수 있다. 그러나 기꺼이 사생활을 포기할 사람은 없다. 그렇기 때문에 현대 국가를 고대의 자유에 맞게 바꾸고자 한다면 결국에는 자유의 종말을 맞게 될 것이다. 현대 사회는 너무 크고 너무 다양하며 통제하기 어렵다. 이 때문에 자유 대신 강압만 얻게 될 것이다. 국가의 권위는 사람들이 특정한 방식으로 행동하도록, 특정 사상에 부합하도록 강제하기 위해, 그렇게 해서 형제애 관계로 끌어들이기 위해 독단적으로 그들을 배치해야만 할 것이다. 하지만 이는 불가능하다고 곧 판명될 것이다. 강압은 갈등이, 갈등은 폭력이, 폭력은 공포가 될 것이다. 이 공포는 다시 현대적 차원에서 엄청난 규모의 죽음으로 이어질 것이다.

자유의 위험성

콩스탕에게 프랑스혁명은 현대 국가의 다양성을 고대 자유의 단순한 사상에 억지로 끼워 맞추려고 할 때 어떤 일이 벌어지는지를 보여주는 사례연구였다. 서로 맞지 않는 것을 억지로 끼워 맞추려고 하다 보면 사람들이 목숨을 잃게 된다.

그러나 콩스탕의 메시지는 그보다는 조금 더 복잡하고 훨씬 흥미롭다. 프랑스혁명은 단순히 프랑스를 스파르타로 바꾸려 했으나 프랑스가 너무 커서 실패한 것만은 아니었다. 콩스탕은 단순히 고대 자유의 유혹이 문제가 아니었음을 잘 알고 있었다. 현대의 자유에도 결여된 무언가가 있었기 때문이었다. 대부분의 현대인들에게 이는 충분히 매력적이지 않았다.

우리 모두는 어쩌면 우리의 사적 자유를 포기하는 것을 매우 꺼린다. 하지만 왜 그런지는 완전히 확신하지 못한다. 게다가 이러한 사적인 삶을 살아가는 것이 뭔가 잘못되어 있다는 말에는 너무도 쉽게 설득된다. 현대의 자유는 철학적 원칙 등으로 굳게 뒷받침되지 못하기 때문에 고대의 자유에 매력을 느끼는 것이다. 이 때문에 현대 세계에서 전현대 정치가 더 명확한 선택지를 제시하는 것으로 보인다. 이처럼 사람을 사로잡는 울림이 있기 때문에 형제애는 언제나 우리를 끌어당길 것이다.

그런 점에서 현대적 자유의 한 가지 문제는 우리 현대인이 이를 정당화할 수 있는 방법을 알고 있는지 확실하지 않다는 것이다. 이 문제를 해결하기 위해 지킬 수 없는 정치적 약속에 끌려들어간다.

더 심각한 문제는 현대적 자유가 우리를 공적인 삶에서 지나치게 멀리 끌어낼 수 있다는 것이다. 우리가 현대 시민이라면 거의 자동적으로 사적인 영역, 개인주의적 영역으로 끌려들어갈 수 있으며 정치가 없어도

뱅자맹 콩스탕, 「고대인의 자유와 현대인의 자유 비교」, 1819

살아갈 수 있다고 믿게 된다. 우리에게 간섭하지 않고 관심도 갖지 않는 국가에서 살고 있기 때문에 집, 종교 또는 우리의 가치나 차이를 도개교처럼 끌어올려 차단하고 자유롭게 살 수 있다고 생각한다. 이러한 현대적 자유에는 두 가지 유혹이 있다. 한 가지는 좀 더 정치적으로 매력적이라는 이유로 고대의 자유를 갈망하게 되는 것이다. 다른 하나는 너무나 편안하기 때문에 현대적 자유의 세계에서 그저 근근이 살아가는 것이다. 콩스탕은 이를 다음과 같이 요약했다.

> 고대의 자유는 사회적 권력의 몫에만 배타적으로 관심을 갖는 사람들이 개인의 권리와 그 권리를 향유하는 것의 가치를 지나치게 낮게 평가할 수 있기 때문에 위험하다. 현대의 자유는 우리의 사적인 독립성을 보장하고 우리의 특별한 이해관계를 추구하는 데 몰두한다. 그럼으로써 정치적 권력에서 한몫을 차지해야 할 우리의 권리를 너무 쉽게 포기해야 한다는 점 때문에 위험하다.

현대적 자유는 쉽게 누릴 수 있기 때문에 문제가 된다. 우리는 자유에 대해 굳이 고민할 필요가 없다. 다른 모든 사람들과 함께 참여해야만 하는 환경에서 살아가는 것보다 사람들이 우리에게 무엇을 해야 한다고 말해주지 않는 환경에서 살아가는 것이 훨씬 쉽다. 그러나 콩스탕에게 결정적으로 중요한 것은 만약 단순히 사람들이 우리에게 무엇을 하라고 지시하지 않기 때문에 우리의 자유가 보장되는 것이라고 생각한다면, 당신은 근본적인 실수를 저지르고 있는 것이다.

현대 세계와 시민에 대한 환상은 우리가 관심을 갖지 않는다면 정치가 스스로 사라질 것이라는 생각이다. 또 현대 시민으로서 우리 스스로의 문제를 잘 풀어나가면, 다른 사람들도 자기 문제에만 관심을 갖고 우리를 내버려둘 것이라는 생각이다. 그러나 실제로는 그렇지 않다. 우리가 정치를 하지 않는다면 누군가가 우리의 정치를 대신할 것이다. 현대 국가는 이런 방식으로 작동한다. 현대 국가의 권력은 우리에게 의존한다. 그러나 우리가 관심을 갖지 않는다고 해서 우리를 순순히 놓아두지는 않는다. 그렇게 하면 독단적이고 강압적인 권력이 될 것이다. 그리고 언젠가 우리가 흥미를 잃기 전, 이미 오래전부터 항상 깨닫고 있었어야만 하는 존재, 즉 독단적인 홉스식 국가의 본모습을 드러낼 것이다. 그때쯤이면 국가가 우리를 표적으로 삼더라도 우리 자신을 보호할 수 없게 된다.

콩스탕은 이것이야말로 현대적 자유의 진짜 위험성이라고 생각했다. 프랑스혁명의 공포보다 위험하다. 희박하지만 끔찍한 가능성, 우리가 정치에 너무 많은 것을 요구할 때 벌어질 일에 대한 공포다. 그러나 우리가 너무 적게 요구하는 것도 또 다른 위험이다. 우리가 자유로운 현대의 삶을 그저 살아가기만 한다면, 이는 곧 정치를 다른 사람에게 맡겨두는 것이라는 점이 프랑스혁명의 진정한 교훈이다. 또한 다른 사람은 우리에게 관심을 갖지 않을 것이기 때문에 우리의 현대적 자유에서 결코 안전을 보장받을 수 없다. 그렇기 때문에 콩스탕은 강연 끝부분에 이 강연문을 읽는 사람들 대부분이 놓치는 것을 말하고 있다.

사람들은 그가 현대주의자의 편에서 고대주의자를 공격하며, 고대의 자유가 아니라 현대적 자유의 편이라고 생각한다. 그러나 이는 사실이 아니다. 그는 현대 세계에서 살 수 있는 유일한 방법이 이러한 자유를 선택의 문제로 보는 시각에서 벗어나는 것이라고 말한다. 우리는 두 가지 자유를 동시에 가져야만 한다. 그는 이렇게 결론짓는다. "따라서 내가 지금까지 설명한 두 가지 자유 가운데 하나를 포기하는 것이 아니라, 내가 제시한 것처럼 이 둘을 함께 결합하는 방법을 배워야 한다." 둘 중 하나가 아니라 두 가지 모두라는 것이다.

소극적 자유와 적극적 자유

현대적 자유를 얻기 위해서는, 즉 간섭에서 자유로워지려면 정치적으로 참여해야 한다. 이것이 현대적 삶의 역설이다. 진정으로 정치에 참여하고 싶지 않다면, 정치에 참여하지 않을 우리의 권리를 보호하기 위해 정치에 참여해야 한다. 우리가 정치를 버리고 떠난다면 정치가 우리를 곧 따라잡을 것이다.

우리가 간섭으로부터 벗어나 안전하기를 바란다면 다른 사람들이 무슨 일을 하고 있는지에 관심을 가져야 한다. 그렇기 때문에 콩스탕은 현대 시민이 되려면 우리 자신의 이해관계와 종교, 삶을 추구하는 것만으로는 충분하지 않다고 말한다. 정치에도 역시 이해관계가 있어야만 한다는 것이다. 그는 간단한 행동으로도 지속적으로 관심을 가질 수 있다고 말한다. 우리는 신문을 읽어야 한다. 어떤 일이 벌어지고 있는지 알고 있어야만 한다. 우리가 믿는 것을 지키기 위해 캠페인을 벌이는 모임이나 정당에 참여해야만 한다. 우리의 대표자가 우리에게 관심을 갖기를 바란다면 대표자에게 편지를 써야만 한다. 우리의 대표자가, 집사가 재산을 알아서 관리하도록 내버려둔다면, 언젠가 그 재산이 더 이상 우리 것이 아니고 집사를 통제할 수 없다는 사실을 깨닫게 될 것이다.

이 교훈은 놓치기 쉽다. 이 교훈에 관심이 없는 것 같은 자유의 두 가지 이해방식에 대한 매우 유명한 강연이 또 하나 있다. 1958년 철학자 이사야 벌린Isaiah Berlin이 '자유의 두 가지 개념Two Concepts of Liberty'이라는 제목의 강연을 했다. 벌린은 자유를 고대적 자유와 현대적 자유가 아니라, 적극적 자유와 소극적 자유로 구분한 것으로 잘 알려져 있다. 하나는 우리가 자유롭기 위해 필요한 것을 요구한다는 점에서 적극적이며, 다른 하나는 단순히 무언가가 없어야 한다고 요구한다는 점에서 소극적이다.

벌린에게 소극적 자유는 강압 또는 제약을 받지 않는 것을 뜻한다. 우리에게 무엇을 하라고 지시하는 사람이 없으며, 따라서 어떤 일이 일어나지 않을 때 우리는 자유롭다. 적극적 자유는 행동할 수 있는 능력이 있어야 한다. 적극적 의미에서 우리가 하고자 하는 일을 할 수 있을 때만 자유롭다. 반대로 소극적 의미에서는 우리가 실제로 할 수 있는지와는 관계없이, 하고자 하는 일을 하지 못하도록 막는 사람이 아무도 없다면 자유로운 것이다.

실제로 이 차이가 어떻게 나타날 수 있는지에 대해 몇 가지 예를 들어 보겠다. 내가 살고 있는 영국 케임브리지 같은 도시를 생각해보자. 이 도시의 사람들은 자기 집을 살 자유가 있는가? 코로나19가 가장 심각하게 유행했던 2020년의 몇 개월 동안 우리 모두는 집 안에 갇혀서 이동할 수 없었기 때문에 그 자유가 제약되었다. 주택시장은 사실상 얼어붙었다. 이는 소극적 자유가 축소된 상태였다.

그러나 정상적인 상황이라면 내가 새 집을 사고 싶어 할 때 누가 나를 막을 수 있겠는가? 예전에 어느 지역에서는 특정 집단의 사람들은 집을 사지 못하도록 금지하는 법이 있기도 했다. 우리 민족 또는 종교 때문에 집을 살 수 있는 자격을 상실할 수도 있었다. 예를 들어 이 도시에는 가톨릭교 신자나 유대인에게 집을 팔면 안 된다는 법이 있을 수도 있다는 것이다(실제로 여러 시대에 그러한 법들이 많이 있었다).

울스턴크래프트가 살던 시대에는 기혼 여성의 재산이 남편에게 귀속되기 때문에 기혼 여성은 집을 살 수 없었다. 이러한 환경에서 기혼 여성이 된다는 것 또는 이와 비슷한 환경에서 가톨릭교 신자나 유대인이 된다는 것은 소극적 의미에서 자유가 축소되어 고통받아야 한다는 뜻이었다. 그러나 다행히 케임브리지는 최소한 이런 지역이 더 이상 아니다. 우리가 누구든 상관없이, 집을 사기 위한 돈을 불법으로 마련하지 않았다면 누구라도 자유롭게 집을 살 수 있다.

그런데 이곳은 집값이 정말 비싼 도시이기도 하다. 부동산중개인에게 집을 사고 싶다고 이야기한다면, 중개인은 우리에게 집을 살 자격이 있는지 확인하기 위해 먼저 종교가 무엇인지 물어보지는 않을 것이다. 대신 돈이 얼마나 있는지 물을 것이다. 그런데 돈이 없다면? 소극적 자유의 측면에서 본다면, 아무도 집을 사지 못하도록 막지 않기 때문에 우리에게는 여전히 집을 살 자유가 있다. 중개인은 우리에게 집을 팔기 위해 애쓰고, 우리를 가로막을 강압적 장애물은 전혀 없다.

국가는 우리의 뜻에 반해 국가의 의지를 강제하지 않을 것이다. 그러나 적극적 자유의 측면에서 보자면 우리에게 집을 살 자유가 있다고 할 수 없다. 집을 살 돈이 없는데 어떻게 집을 살 자유가 있다고 할 수 있겠는가? 집을 살 수 없는 이유는 우리의 경제적 능력이 부족하기 때문이다. 문자 그대로 그 수단이 결여되어 있는 것이다. 아무도 우리를 가로막지 않아도 이를 실현하는 데 필요한 것이 우리에게 없다.

또 다른 사례가 있다. 헤로인 같은 약물에 중독된 사람을 생각해보자. 이 사람이 진정으로 자유롭다고 할 수 있을까? 소극적 자유 측면에서 본다면, 이 중독자는 그가 원하는 행동을 막는 사람이 없는 한 자유롭다. 소극적 자유는 제약이 없다는 점으로 정의된다. 따라서 우리가 독을 먹어도 이를 막는 사람이 없다면 우리는 자유롭다. 적극적 자유의 측면에서 본다면 중독자는 그의 역량이 심각하게 축소되어 있는 상태다. 따라서 중독자가 된다는 것은 일정한 수준에서 심각하게 자유롭지 않은 상태다. 더 심각하게 중독된 상태일수록 의미 있는 선택을 할 수 있는 우리의 능력은 더 강하게 제한된다. 우리의 세계는 축소될 것이고 우리의 자유도 그와 함께 축소될 것이다. 중독자의 가족과 친구가 개입하려 한다면(이는 상당히 강압적인 행동일 수 있다), 그들은 적극적 자유의 이름으로 개입하는 것이라고 할 수 있다. 이 중독자는 반대로 주장할 수 있겠지만 말이다.

에이미 와인하우스Amy Winehous는 자신의 곡 〈재활Rehab〉에서 이렇게 노래한다. "그들은 나를 재활시설로 보내려 했지 / 하지만 나는 말했어, 안 돼, 안 돼, 안 돼." 이 가사에서 "안 돼, 안 돼, 안 돼"는 소극적 자유의 외침이다. 너는 나에게 강요할 수 없다, 그리고 나에게 강요하려 한다면 그건 내 자유를 제약하는 것이다("나는 안 갈 거야, 안 갈 거야, 안 갈 거야"). 하지만 발로 차고 소리를 지르며 저항하는 누군가를 재활시설로 보내고, 28일 후 중독 치료를 마치고 시설에서 나온다면, 우리는 그 사람을 속박하고 있던 것에서 벗어나 자유롭게 해주었다고 주장할 수 있을 것이다.

무책임한 자유는 얼마나 파괴적인가

이 두 가지 자유의 개념에 관한 주장은 정치와 우리의 삶을 관통하는 것이다. 벌린은 정치사상의 역사가 소극적 자유의 주창자와 적극적 자유의 주창자를 갈라놓는다고 말했다. 벌린이 이야기하는 소극적 자유 주창자 가운데 한 명이 홉스다. 홉스는 행동을 제약하지 않는다는 측면에서 자유를 정의하기 때문이다. 홉스에게 비자유의 완성적 형태는 굴레에 속박되는 것이었다.

벌린이 이야기하는 적극적 자유의 주창자 가운데 한 명은 스위스 출신 프랑스인 철학자인 장 자크 루소Jean Jacques Rousseau다. 콩스탕은 프랑스혁명의 정치사상에 고대 자유의 이상이 수용되는 배경을 형성한 주요 사상가로 루소를 파악했다. 루소의 명제는 시민을 '자유로워지도록 강제'할 수 있다는 것이었다. 적극적 자유의 정수다.

벌린은 소극적 자유의 가장 강력한 주창자가 바로 콩스탕일 것이라고 말했다. 그는 콩스탕을 "자유와 사생활의 모든 옹호자 가운데 가장 말솜씨가 유창한 사람"이라고 평가했다. 벌린이 지적하듯이 콩스탕의 자유에 대한 이해에는 우리 자신에게 해를 가할 자유도 포함되어 있었다. 아무도 가로막지 않는 한 우리는 자기 자신의 건강, 지적 능력, 안녕을 우리가 원하는 대로 낭비할 자유가 있다. 이렇게 하면 나중에 후회는 하겠지만, 우리의 자유를 제약하지 않는다면 막을 수도 없다. 벌린은 콩스탕이 이런 자유를 지지한다고 생각했다.

그러나 벌린의 생각은 틀렸다. 콩스탕은 이런 자유를 지지하지 않았다. 그는 우리가 소극적 자유만을 누리고 산다면, 적극적 자유의 주창자들이 결국 우리를 목표로 삼을 것이라고 생각했다. 이 때문에 두 가지 자유를 결합해야 한다는 입장을 명확히 했다. 따라서 콩스탕은 계속 자유롭게 살고 싶다면 공적인 삶을 포기하지 말아야 하며, 형제애와 동지애, 정치의 세계를 외면하지 말아야 한다고 말한다. 우리를 정치적 재활시설에 강제로 집어넣으려고 하는 사람들로부터 스스로를 보호하려면 그

뱅자맹 콩스탕, 「고대인의 자유와 현대인의 자유 비교」, 1819

러한 것들이 필요하기 때문이다. 현대 국가의 권력을 상대하려면 단순히 "안 돼, 안 돼, 안 돼"라고 말하는 것만으로는 부족할 것이다.

이러한 메시지는 1816년에 초판이 나온 콩스탕의 걸작인 소설『아돌프』에서도 찾아볼 수 있다. 이 책의 제목은 오늘날에는 그 명성에 도움이 되지 않는다. 아돌프는 연애 소설의 주인공으로는 불운한 이름이다. 어쩌면 과거에는 낭만적이었을지도 모르지만 지금은 아니다. 역사의 아이러니다. 그래도 여기서는 아돌프라는 이름으로 불리기만 해도 연인의 전형이 될 수 있다고 가정해보자. 다분히 자전적인 요소가 있는 이 소설은 18세기 말에 오랫동안 갭이어gap year(영미권에서 고교 졸업 후 대학생활을 시작하기 전에 일을 하거나 여행을 하면서 보내는 1년을 가리키는 말—옮긴이 주)를 보내는 청년의 이야기다. 콩스탕 자신도 프랑스혁명이 일어나던 최악의 몇 년 동안, 재미와 사랑을 찾아 단일 국가가 되기 전 독일의 작은 공국들을 여행하면서 보냈다.

이렇게 떠난 여행에서 자유분방한 청년 아돌프는 연상의 여인을 만나 사랑에 빠진다. 그는 그녀에게 자신을 사랑해달라며 격정적으로 행동하기 시작한다. 그녀의 이름은 엘레노어Ellénore로, 독일의 한 작은 공국에서 꽤 품위 있게 살고 있다. 그녀에게는 두 자녀가 있었고 유명한 남성의 정부였다. 그런 점에서 그녀는 반쯤 존경받고 반쯤 공식적으로 살고 있다. 아돌프(즉 콩스탕)는 연서들을 보내고 촉촉이 젖은 눈으로 호소하며 그녀가 자신에게 오지 않는다면 죽어버리겠다고 위협한다. 우리가 그녀의 입장이었어도 그랬겠지만, 그녀는 상당히 회의적이었고 그를 거부했다.

그러나 그는 결국 엘레노어의 마음을 사로잡았고 그의 애정공세에 항복한다. 그들은 비로소 연인이 된다. 정말로 사랑에 빠져 사랑을 지키기 위해 함께 도피를 떠난다. 품위 있는 사회의 기준에 맞지 않는 관계였기 때문에 그들은 모든 것을 포기해야만 한다. 자식들을 버리고 젊은 남자와 달아나면서 자신 아무잘못도 하지 않았다는 듯이 상류사회에서 환영받기를 기대할 수는 없다. 두 사람 모두 이를 이해하고 있지만, 그럼에도 마음이 시키는 대로 따른 것이다. 이것이 바로 현대인이 된다는 의미다. 또한 낭만적이라는 의미다. 최소한 이러한 용어들로 볼 때 자유롭다는 의미다. 이렇게 도피한 그들을 가로막는 것은 없었다. 이들을 막을 수 있는 국경도 장애물도 법규도 없다. 그렇게 그들은 함께 공적인 세계에서 '사적'인 망명길에 올랐다. 그들을 지탱해야 할 것은 사랑이며, 실제로 그들은 사랑 덕분에 버틸 수 있었다.

그러나 어느 정도 시간이 지나자 열정은 조금씩 사그라든다. 울스턴크래프트가 그렇게 될 것이라고 이미 예견했듯이 말이다. 두 사람 모두 이 관계를 유지하기 위해 다른 무언가를 찾기 시작한다. 공적인 삶을 살아가는 것이 허락되지 않을 때 관계를 지속하는 일은 더 어려워진다. 우리가 가진 것이 서로뿐일 때 우리를 계속 살게 만드는 것을 찾는 일은 더 어려워진다. 그렇게 두 사람은 서로에게 조금씩 악몽이 되지만, 그들은 여전히 사랑에 빠져 있고 서로에게 헌신한다. 그들은 현대인이며 자유롭다. 다른 사람들은 그렇게 생각하지 않더라도 말이다.

아돌프의 아버지는 아돌프를 품위 있는 세계, 사랑만 있는 것이 아니라 지속가능하게 해줄 무언가, 실제로 결국에는 그들에게 더 많은 자유를 허락해줄 어떤 것을 기반으로 결혼하는 세계로 다시 데려오기 위해 나선다. 그는 가족으로서 개입을 시도한다. 아돌프에게 약간의 제약을 받아들이면 어떤 자유를 누릴 수 있는지 보여주려 한다. 아돌프의 아버지는 아들에게 편지를 보냈다. 그 여자와 어리석은 행동을 그만하고 예상보다 길어진 휴가를 끝낸 뒤, 품위 있고 상업적인 삶으로 돌아오라고 설득하려 했다. 아돌프가 이 어리석은 사랑에 대한 집착을 버리기만 한다면, 훨씬 풍요롭고 충만한 삶을 살 수 있을 것이다. 아돌프는 크게 흔들린다. 콩스탕은 이 유혹을 자유라는 이중 언어로 묘사한다.

> 결혼 생활의 행복과 평온함을 찾을 수 있다는 기대가 내 마음속에 이상적인 아내의 이미지를 만들었다. 나는 그 결과를 통해 내가 얻게 될 평화에 대해, 명예로운 지위에 대해, 심지어 독립성에 대해 곰곰이 생각했다. 그동안 나를 얽매어온 굴레가 공식적으로 인정받는 결혼이라는 결합으로 받게 될 속박보다 수천 배는 더 나를 의존적으로 만들었기 때문이다.

아돌프는 엘레노어와 공유하고 있는 이 전적으로 낭만적이며 자유롭지만, 다른 측면에서 완전히 제약되어 있는 사랑보다 공식적으로 인정받은 결혼(여기서 승인은 제약이다)이 그를 더 독립적인 존재로 만들어줄 수 있다고 깨닫게 된다. 그는 유혹을 느끼지만 결국 자신의 사랑을 버리지는 않는다. 자신이 자초한 불행을 책임져야만 한다. 그러나 그의 편지들 가운데 하나를 발견하고 아돌프가 흔들렸다는 사실을 알게 된 엘레노어는 가슴이 찢어지는 비통함을 느낀다. 그녀는 비탄을 못 이겨 죽고 아돌프는 다시 자유로워지지만 그 역시 망가진다.

사적 공간과 공적 세계

이 소설은 심리적으로 너무나 현대적인 느낌을 준다는 점에서 특별하다. 동시에 이 소설은 그 시대를 너무도 잘 보여준다. 성 정치학의 측면에서 21세기의 이야기는 아니다. 그러나 이 작품은 자유에 관한 이야기이며, 콩스탕이 강연에서 말한 정치적 교훈을 허구로 형상화한 것이다. 현대적 또는 소극적 자유, 로맨틱한 자유, 마음의 자유, 실수를 할 자유, 어떤 결과가 나오든 원하는 것은 무엇이든 할 자유를 맹목적으로 추종하는 것은 놀랍고 아주 신나는 일이다. 그리고 이를 통해 현대인으로서 우리의 모습이 만들어진다.

그러나 우리 모두가 그 길로 걸어간다면 결국 파멸로 이어질 것이다. 왜냐하면 우리가 사적인 세계로 후퇴할 때 공적인 세계가 사라지는 것은 아니기 때문이다. 공적인 세계는 다른 자유를 약속하면서 우리를 쫓아올 것이다. 그리고 우리가 사적인 세계에 사로잡힌다면 결국 자유를 잃게 될 것이다. 사적인 공간을 지키고 싶다면 우리는 다시 공적인 삶으로 나아가야 한다. 고대의 자유와 현대의 자유를 결합해야 한다.

  이것이 현대 정치학, 홉스식 정치학의 역설이다. 홉스는 정치로부터 자유로워지기 위해 현대식 대의제 국가를 창조했다. 홉스는 자유주의자가 아니었지만 자유주의를 가능하게 해주는 생각, 정치로부터 도피한다는 생각을 가능하게 해주었다.

  그러나 여기서 탈출하라는 유혹은 치명적인 함정이다. 콩스탕은 우리를 제약할 권력이 있는 사람들을 우리 모두가 제약해야 한다고 이해했다. 심지어 우리가 그렇지 않다고 생각할 때조차도 말이다. 예를 들어 우리가 사랑에 빠져 있기 때문에 정치에 전혀 흥미를 느끼지 못하는 바로 그 순간에 우리는 정치에 대해 더 많이 생각해야 한다. 어느 날 눈을 떴는데 우리가 사랑하는 사람과 시간을 보내는 것이 금지되었음을 깨닫게 될 수도 있기 때문이다. 어느 날 눈을 떠보니 국가가 갑자기 우리가 집안에만 있어야 한다고, 내가 사랑하는 사람도 자기 집안에만 있어야 한다고, 공공의 안전에 위협이 되기 때문에 우리가 만나면 안 된다고 결정했음을 알게 될 수도 있다.

  현대 국가가 우리에게 제공하는 안전 덕분에 스스로 구축해온 안전하고 사적인 삶, 현대의 삶을 영위하고 있을 때조차도 정치가 언제 다시 돌아와 공격할지 우리는 결코 알 수 없다. 그것이 홉스가 창조한 정치적 세계에서 콩스탕이 얻은 교훈이다.

── 제4장 ──

토크빌과 민주주의

알렉시드 토크빌, 『미국의 민주주의』, 1835·1840

우리는 권리를 지키기 위해
얼마나 적극적으로 정치에 참여하는가?

알렉시 드 토크빌 Alexis de Tocqueville (1805~1859)

유서 깊은 노르망디 귀족 가문에서 태어났다. 그의 조상들 중에는 헤이스팅스전투에서 정복왕 윌리엄William the Conqueror과 함께 싸운 사람도 있다. 외가 쪽 친척 대부분은 공포정치 기간에 처형당했으며 그의 아버지인 에르베Hervé는 간신히 처형은 피했지만, 1794년 감옥에서 풀려난 28세의 나이에 머리가 하얗게 세어 버렸다.

토크빌은 청년 시절 많은 곳을 여행했는데 친구인 귀스타브 드 보몽Gustave de Beaumont과 함께한 1831년에 미국 여행이 가장 유명하다. 그 밖에도 1835년에는 아일랜드를 방문했으며 이어서 1841년에는 알제리를 여행했다. 이곳에서 그는 프랑스 식민주의 동화정책의 비판자가 되었다. 『미국의 민주주의De la Démocratie en Amérique』 1권이 출간되고 2권이 출간되기 전인 1839년에 프랑스 의회의 하원의원으로 선출되었다. 1842년과 1846년에 재선출되었으며 세력이 강하지 못한 중도 좌파 정치인이었지만 명성을 얻었다.

1848년, 왕정이 붕괴된 이후 그는 짧게나마 외무장관으로 일했다. 사후에 출간된 『회고록Souvenirs』에서 불운했던 자신의 정치 경력에 대해 썼다. 1856년 그는 프랑스혁명이 어떻게, 왜 그렇게 진행되었는지를 분석한 그의 걸작인 『앙시앵레짐과 프랑스혁명L'Ancient Régime et la Révolution』을 출간했다. 그는 인생 마지막 10년 동안 결핵이 계속 재발해 고생했으며 정치에 점점 비판적으로 변했다.

『미국의 민주주의』(1835·1840)는 프랑스 정치사상가 토크빌이 관찰한 미국 민주주의의 작동 원리와 그 사회적 기반을 분석한 두 권의 책이다. 프랑스혁명 이후 귀족 출신인 토크빌은 프랑스 사회의 미래를 가늠하기 위해 신생 민주국가인 미국을 방문했고 그 결과물로 이 책을 집필했다. 미국의 민주주의가 자유, 평등, 시민 참여를 바탕으로 해서 자율적이고 안정적으로 운영되는 것을 높이 평가하면서 지방자치, 협회 활동, 시민사회의 역할을 강조했다. 특히 다수의 폭정, 물질주의, 무관심 등 민주주의 내면의 위협 요소를 지적하면서도 이를 극복할 수 있는 해법으로 시민 교육과 자유로운 토론 문화를 제시했다.

이 책은 단순한 미국 여행기가 아니라 민주주의의 가능성과 위험을 동시에 고찰한 고전으로 현대 정치학과 사회학에 깊은 영향을 끼쳤다. 오늘날까지도 민주주의를 이해하는 데 필수적인 사상적 자원으로 평가받고 있다.

알렉시 드 토크빌, 『미국의 민주주의』, 1835·1840

***

고대의 민주주의와 현대의 민주주의

지금까지 나는 민주주의에 대해서는 거의 이야기하지 않았다. 하지만 민주주의에서부터 시작했어야 할까? 민주주의야말로 현대 정치의 기본 아닌가? 이제 민주주의에 대해 이야기하려 한다. 여기서 민주주의가 현대 정치의 기본 사상이 아니라는 점을 명확히 밝혀두어야 한다. 민주주의는 의심할 여지없이 고대의 사상이다. 고대의 민주주의는 아주 구체적인 것이었다. 대부분의 고대인에게 민주주의는 어떤 정치 사회에서든 다수에게 힘을 부여하는 것이기 때문에 가난한 자들이 통치하는 체제를 의미했다. 또 어떤 사회에서든 대다수의 사람들은 가난할 것이라는 가정을 전제로 하고 있었다. 민주주의는 또한 일반 시민이 직접 정치에 참여하는 삶을 의미했다. 그러나 어떤 경우든 모든 사람을 포함하는 것은 결코 아니었다. '시민'은 자격을 갖춘 사람들, 즉 부랑자, 외국인, 노예를 제외한 남성을 말하는 것이었다. 민주주의는 남성 시민 대중이 국가의 의사결정 과정에 참여할 수 있도록 해주었다.

고대 세계, 특히 고대 아테네에서 민주주의 기본 원리에는 추첨을 통한 선출이 있었다. 이는 공직자를 의도적으로 무작위로 선출하는 것이었다. 모든 사람에게 국가를 위해 의사결정을 할 수 있는 능력이 있다고 생각했다. 사람들은 교대로 그 역할을 맡게 될 것이며, 운에 따라 공직자로 선출되는 것이다. 당신이 선출될 수도 있고 내가 선출될 수도 있으며 우리 중 누구라도 선출될 수 있었다. 특별한 정치적 자질이 필요한 일이 아니기 때문이다. 평등이라는 핵심 사상이 이러한 정치 운용 방식을 뒷받침한다.

능력을 시험하려면 너무 많은 사람을 배제해야 하기 때문에 고대의 민주주의는 권력을 행사하는 데 필요한 소질보다 평등을 우선시했다. 한 번도 기회를 얻지 못하는 것보다는 교대로 하는 것이 낫다는 생각이었다. 이는 많은 사람들에게 항상 매력적이었지만, 힘을 가진 사람들에게는 매우 두려운 생각이기도 했다. 진입 장벽이 없다면 누구라도 지배할 수 있으니.

가난한 자가 부자보다 많고, 무지한 자가 교육받은 자보다, 젊은 사람이 나이 든 사람보다 많은 모든 사회에서 무작위성은 말 그대로 무작위일 수 없다. 이는 가난한 자에게, 무지한 자에게, 젊은 자에게 기회를 준다. 부자, 교육받은 자, 나이 든 자는 언제나 다수의 지배, 추첨을 통한 선출을 좋아하지 않았다.

상대적으로 최근까지 정치에 대한 생각들을 글로 썼던 사람들은 거의 언제나 민주주의에 위협을 느끼는 집단 출신이 많았다. 정치에 관한 거의 모든 저작들은 교육을 많이 받고 부유한 소수의 엘리트들이 썼다. 민주주의에 비판적이었던 고대 세계에서도 마찬가지였다. 내가 지금까지 서술한 현대 세계에서도 그랬다. 19세기까지 정치에 대한 견해를 밝힌

알렉시 드 토크빌, 『미국의 민주주의』, 1835 · 1840

거의 모든 사람들에게 민주주의는 위험한 생각이었다.

현대 정치의 기본 개념은 민주주의가 아니라 대의제다. 이는 홉스의 생각이다. 현대 국가에서 권력은 위임된다. 다수의 집단을 대신해 권력을 행사하는 더 소수의 사람들에게 권력이 양도되고 다수인 집단은 이를 묵인한다. 그 다수 집단은 이를 승인하고 합법화하지만, 그 치하에서 결과를 받아들이며 살아간다. 홉스는 민주주의자가 아니었다. 홉스가 국민이 국가의 권력을 창출한다고 말했다는 점에서, 그의 깊숙한 내면에서는 민주주의에 우호적이었다고 주장하는 역사학자들도 있었다.

하지만 이 말은 맞지 않는다. 홉스는 고대의 정치사상을 기본적으로 경멸했기 때문에 고대 민주주의 사상을 경멸했다. 가능한 한 많은 사람이 정치에 참여하게 한다면 더 나은 결과를 얻을 수 있다고 믿는 민주주의 지지자들은 스스로를 기만하고 있다고 생각했다. 그보다 홉스는 본질적으로 민주주의에 무관심했다. 이 점이 정치에 관한 그의 주장에서 중요하다. 누가 지배하는지는 중요한 문제가 아니다. 다수와 소수, 단 한 명, 즉 민주주의, 귀족정치, 왕정 등 고대의 위대한 구분은 정치적 논쟁의 핵심이 아니다. 핵심적인 것이 아니라 부차적인 것이다. 이러한 무관심이 그 이전에 제시된 주장들과 대의제에 대한 홉스의 사상을 분명하게 차별화한다. 중요한 것은 대의제를 실시해야 한다는 주장이지, 어떻게 또는 누가 할 것인지가 아니다.

대의제 민주주의와 미국의 실험

그런데 이 대의제에 대한 생각은 새로운 형태의 민주주의를 만들어내는 기반이 될 수 있다는 사실이 확인되었다. 바로 우리가 오늘날 대의제 민주주의라고 부르는 제도다. 이 제도에서는 사람들이 자신들의 뜻이 잘 대표되고 있다고 생각하는지와는 별개로, 홉스가 부여하려던 것보다 더 큰 목소리를 대표들에게 부여할 수 있다. 정치를 대의제까지 축소함으로써 민주적 방향으로 다시 문을 열 수 있지만, 이는 고대 민주주의가 아니라 지극히 현대적인 민주주의다.

현대 민주주의는 대의제로 시작된다. 그렇기 때문에 이 제도를 '대의제민주주의'라고 부르는 것은 사실 정확하지 않다. 이 명칭은 대의제가 민주주의 기본 개념의 자격을 부여한다는 의미를 담고 있기 때문이다. 실제로는 그렇지 않다. 우리의 제도는 대의제의 민주적 형태다. 민주주의가 대의제라는 기본 개념의 자격을 부여하는 것이다. 민주적 대의제에 정치의 문을 열어주는 과정은 18세기 말에 시작되었지만, 특히 유럽에서 이 제도가 실제로 시행되기 시작한 것은 19세기 후반에 이르러서였다. 그리고 대의제 민주주의, 즉 민주적 대의제가 기본 정치체제가 된 것은 훨씬 나중인 20세기에 들어서였다.

홉스 이후 19세기 초에 이르기까지 영국의 국가는 엄청난 변화를 겪었다. 특히 이제는 영국 국가(영국 전체)가 되었지만, 민주주의적으로 변화한 것은 아니었다. 영국은 콩스탕이 동경하고 울스턴크래프트가 경멸했을 만한 자유주의 국가의 형태로 변모했다. 이러한 변화는 상당 부분

알렉시 드 토크빌, 『미국의 민주주의』, 1835 · 1840

정치의 수레바퀴가 약간 돌아가다가 꼼짝없이 멈춰버린 1688년의 명예혁명으로 이루어졌다. 명예혁명은 민주주의 혁명이 아니었으며 자유주의 영국 국가는 아직 민주주의 체제가 아니었다. 그렇게 되려면 아직 더 기다려야 했다.

반면 프랑스혁명은 민주주의 체제에 관한 하나의 진정한 실험이었다. 그러나 모든 프랑스혁명론자들이 민주주의를 옹호한 것은 결코 아니었다. 그들 대부분은 이 위험한 고대의 사상에 깊은 현대적 회의감을 갖고 있었다. 그들은 대의제를 기반으로 해서 프랑스 국가를 재건하기를 희망했다. 가능하다면 자신 같은 사람들이 대표가 되는 대의제를 원했다. 민주주의의 실험, 일반 국민들에게 정치적 목소리를 부여하려 시도했다는 점에서는 프랑스혁명이 실패했다. 프랑스혁명은 민주주의적 프랑스를 이룩하지 못했다. 이 역시 더 기다려야 했다.

그러나 19세기 초쯤에는 제대로 운영되는 것 같았던, 또는 최소한 제대로 기능할 가능성이 있는 것으로 보였던 현대 민주주의 체제에 대한 실험이 이루어졌다. 바로 영국의 통치에서 미국을 해방시키고 새로운 헌법과 정치 방식으로 새로운 국가의 토대를 만들었던 미국 혁명에 이어 진행된 실험이다. 새로운 미국의 헌법은 그 자체가 민주적이지는 않았다. 이는 18세기 말 헌법을 초안한 사람들과 같은 집단의 사람들 사이에서 너무나도 일반적으로 받아들였던 고대 민주주의에 대한 익숙한 두려움을 바탕으로 만들어졌다.

새로 독립한 미국이라는 국가는 미국을 세운 사람들의 표현에 따르면

'공화국'이었으며, 이는 현대 대의제 국가를 의미했다. 그들은 다수의 권력을 제한할 사상과 제도들을 중심으로 국가를 구성하려 했다. 또한 가난한 자, 무지한 자, 젊은 자에게 힘을 줄 생각이 없었다. 미국이라는 공화국을 설립한 사람들은, 특히 여전히 노예제를 유지하고 있는 국가의 설립자들이기도 했다. 이 때문에 다른 모든 이들만큼이나 이런 민주주의에 두려움을 갖고 있었다. 민주주의에 대한 두려움의 밑바탕에는 모든 사람을 평등하게 대할 때 무슨 일이 벌어질지 모른다는 더 근원적인 두려움이 있었다.

그러나 미국은 그 헌법 이상의 의미가 있었다. 독립투쟁은 입헌혁명만 이룬 것이 아니었다. 이는 사회적 혁명이기도 했으며, 얼마 지나지 않아 미국 사회는 그 헌법에서 제시하는 것보다 훨씬 더 민주적으로 바뀌었다. 결과적으로 미국을 지켜본 사람들 대부분은 진짜 민주주의 실험이 정치가 아니라 삶의 방식에서 진행되어야 한다고 생각했다. 미국 사회는 평등에 관한 고대 민주주의 원칙들을 일부 수용하는 것처럼 보였다. 사람들은 서로 거의 비슷하게 뛰어나며 중요한 결정을 내릴 능력이 있다는 생각이 바로 그랬다. 특히 연방 차원에서 미국의 대의정치는 부유하고 교육을 많이 받았으며 상대적으로 연장자인 엘리트들(설립자 자신들과 비슷한)에게 부여할 별도의 권력을 남겨두었다는 점에서 계급적이었고 여전히 귀족적인 측면이 있었다. 비계급적이고 근본적으로 반귀족적이며 대부분의 사람들을 동등하게 대우할 만한 능력이 있었던 것은 바로 미국 사회였다.

알렉시 드 토크빌, 『미국의 민주주의』, 1835 · 1840

미국에서 새로운 정치 실험이 가능했던 이유

그러한 관점에서 미국을 봤던 사람이 젊은 프랑스 귀족 알렉시 드 토크빌이었다. 그는 프랑스혁명에서 간신히 살아남은 가문 출신이었다. 수레바퀴는 굴러갔지만 토크빌 가문이 완전히 몰락하지는 않았다. 토크빌은 혁명 후 프랑스에 살면서 미국이 위대한 정치적, 사회적 실험의 시기를 겪고 있음을 이해하고 직접 미국을 보고 싶어 했다. 이는 유럽에서 할 수 없던 실험이었다.

프랑스 같은 국가에는 미국에는 없는 두 가지 제약 때문에 민주주의를 실험해볼 수 있는 방법에도 한계가 있었다. 프랑스에는 역사가 있었다. 수세기 동안 만들어진 역사와 위계질서, 사회구조가 있었다. 이는 곧 프랑스혁명처럼 급진적이고 거친 혁명, 새로운 세계를 만들고 싶어도 선택할 수 있는 방향이 강력히 제한되어 있다는 뜻이었다. 토크빌은 말년에 집필한 프랑스에 관한 저서 『앙시앵레짐과 프랑스혁명』에서 이러한 제한에 관해 썼다. 프랑스에는 정치 전체를 관통하는 오랜 역사가 있었기 때문에 현대 사회과학자들이 이야기하듯 프랑스혁명은 경로 의존성이 강했다.

유럽에는 또 다른 문제도 있었다. 인구가 너무 밀집되어 있었다는 점이다. 한 국가가 경쟁국이나 이웃들과 갈등하고 얽혀 있다면 새로운 정치, 새로운 사회질서를 실험하는 것은 훨씬 어려워진다. 정치에서 실험을 하려면 무언가 잘못되기 시작해도 계속 진행할 수 있다는 합리적 확신이 필요하다.

그러나 토크빌은 자신이 직접 경험한 것과 자기가 태어나기도 전에 벌어진 일들을 통해 유럽에서는 이웃 국가들이 한 국가에서 일어나는 일을 가만히 지켜보고 있다가 실수를 하면 그냥 내버려두지 않았다는 사실을 알고 있었다. 유럽은 이러한 국가들이 탈취, 정복, 붕괴에 취약하도록 내버려두었다. 유럽에서는 이웃 국가들이 어떤 일을 하고 있는지 지켜보면서 기회를 엿보았다. 토크빌은 이렇게 썼다. "유럽 국가들 가운데 새로운 주권자를 선출해야 할 때마다 무정부 상태가 되거나 다른 국가에게 정복당하는 재앙을 피할 수 있는 나라는 거의 없었다."

그런 점에서 미국에는 두 가지 큰 이점이 있었다. 미국에는 뿌리 깊은 역사의 견인작용도 없었고 지리적 환경도 광대했다. 그렇다고 미국에 과거가 없는 것은 아니었다. 유럽인들에게는 이곳이 신세계였지만, 이미 그곳에 살고 있던 사람들을 무시해야만 했다. 미국 민주주의의 위대한 실험은 미국에 살고 있던 토착민들에게 발생할 수 있는 최악의 사건이자 재앙이었다. 미국이 확장되면서 희생자가 된 사람들은 이 실험이 진행되면서 큰 대가를 치러야 했으며 피해를 입었다. 이는 소름 끼칠 정도로 폭력적이었고 결국 토착민 피해자들의 집단학살이라는 결과로 이어졌다.

그러나 유럽인들에게 미국은 신세계를 실험할 수 있는 곳이었다. 미국의 정치 역사는 영국의 역사에서 시작하고, 미국의 혁명은 영국 역사의 일부로 볼 때만 이해할 수 있다. 그러나 영국에서 분리됨으로써 미국 혁명주의자들은 비로소 자기 자신의 역사를 만들어나가는 것처럼 행동했다. 그들에게는 혁명 후 세계를 건설하는 과정에서 싸워야 할 수세기

알렉시 드 토크빌, 『미국의 민주주의』, 1835 · 1840

에 걸쳐 만들어진 봉건제, 위계질서, 귀족정치의 역사가 없었다. 어쩌면 그들은 이 모든 것들과 이별할 수도 있었다. 수세기 동안 형성된 봉건제와 위계질서, 귀족정치의 소산인 토크빌은 이 과정이 실제로 진행될 수 있는지 알고 싶었다.

또한 미국에는 유럽에서 대서양을 건너 떨어져 있다는 이점이 있었다. 만약 전쟁이 일어나도, 실제로 전쟁이 일어나기도 했지만(미국은 1812년 영국을 상대로 전쟁을 벌였고, 이때 영국은 워싱턴을 불태우기도 했다), 미국인들은 실수를 해도 별 문제 없이 그 위기를 극복할 수 있었다. 토크빌이 보기에 이러한 점들이 미국의 가장 큰 행운이었다. 그들은 실험을 할 수 있었고 그 실험이 잘못되도 여전히 살아남을 수 있었다. 유럽인들, 특히 프랑스인들에게는 절대로 불가능한 일이었다.

토크빌은 미국에서 일어나는 그 실험을 직접 볼 수 있을 것이라고 생각했다. 아직 젊었던(겨우 26세였다) 1831년에 친구와 함께 미국으로 향했다. 미국을 살펴보고 미국에 관한 책을 쓰기 위해서였다. 토크빌은 범죄와 형벌에 관한 유럽과 미국의 태도를 비교하는 일이 흥미로울 것이라고 생각했다. 그래서 그의 첫 번째 계획은 미국의 형벌제도에 대한 책을 쓰는 것이었다. 그러나 그는 바로 더 엄청난 이야기를 쓸 수 있을 거라고 바로 깨달았다. 미국의 민주주의에 관한 이야기였다. 그는 두 권의 책으로 이에 대해 논했는데 1권은 1835년에, 2권은 1840년에 출간되었다. 지금까지 출간된 미국의 민주주의에 관한 책 가운데 이보다 훌륭한 책은 없다.

미국에 도착한 토크빌은 무엇을 보았을까? 그가 첫 번째로 주목한 것은 미국인의 삶이 매우 혼란스럽다는 점이었다. 미국에 대한 그의 첫인상은 소음, 소동, 열렬한 선전 광고, 과장하는 사람들, 말이 많은 사람들, 위계질서의 부재, 부족한 질서였다. 토크빌에게 미국은 실제로 전통에 대한 존중과 귀족정치를 타파하기는 했지만, 이를 대체할 만한 것을 아직 진정으로 찾지는 못한 사회처럼 보였다. 그런 점에서 통제 불능으로 치닫고 있는 것 같았다. 그것이 1831년 뉴욕의 상황이었다.

하지만 미국 전역을 여행하며 더 많은 모습을 목격하면서 토크빌은 다른 결론을 내렸다. 그가 처음에 받은 인상은 겉으로 드러나는 불안정성이었다. 미국의 사회와 정치는 통제 불능의 상태처럼 보였지만, 미국을 더 많이 알게 되면서 실제로 그 표면 아래에 있는 것, 그 모든 소란 뒤에는 상당한 안정성이 있다고 생각하게 되었다. 실제로 상당한 존엄성도 있었다. 여러 곳에서 미국은 꽤 차분하고 상당히 안정적으로 자리 잡은 체제 순응적인 사회였다. 어떤 면에서는 불안정해 보이기도 했던 평등에 대한 미국의 생각은 많은 사회적 관계에서 훨씬 더 안정적인 구조, 평등주의적이면서도 동시에 공동체주의적인 구조를 만들었다.

당신이 나보다 뛰어나지 않다면 당신은 나에게 어떤 일을 하라고 지시할 수 없다. 그러나 내가 당신보다 뛰어나지 않다면, 나 역시 당신에게 어떤 일을 하라고 지시할 수 없다. 우리는 그런 점에서 운명 공동체다. 사람들은 자신들이 만들어가는 사회를 신뢰했다. 그들은 이 사회의 가치를 믿었고 그 가치의 많은 부분을 공유했다. 결과적으로 겉으로 드러난 불

알렉시 드 토크빌, 『미국의 민주주의』, 1835 · 1840

안정성은 기저에 있는 지속가능성을 숨기고 있었다.

    토크빌의 여행은 특별했으며 특별한 결론에 도달했다. 이 시기 유럽에서 미국으로 향한 여행자 대부분은 이와 다른 방식으로 미국을 경험했다. 토크빌보다 조금 나중에 미국을 찾은 한 여행자의 예를 들어보자. 젊고 야심찬 유럽 출신 작가 찰스 디킨스Charles Dickens는 1842년에 미국을 직접 보기 위해 여행을 떠났다. 미국에 대한 디킨스의 첫인상은 토크빌과 마찬가지로 충만함과 생동감, 소음이었다. 그러나 토크빌과는 달리 그는 처음부터 이 모든 것을 사랑했다. 그는 이 생동감이 미국에서 그가 찾고자 했던 것, 바로 이 나라의 민주주의적 본능이 표현되는 것이라고 생각했다. 디킨스는 가난한 서민과 피압제자들의 편이었다. 그는 미국인들이 유럽에서 압제받았던 사람들에게 자신들의 목소리를 낼 수 있는 기회를 준 것이라고 생각했다.

    그러나 계속 여행할수록 그의 회의감은 커졌다. 미국인의 빛나는 삶의 이면에, 거부할 수 없는 이 모든 활기의 이면에 더 저속하고 더 타락하고 더 위선적인 것이 있다고 생각하기 시작했다. 삶의 원죄, 즉 노예제뿐만 아니라 미국인들이 자신의 근원적인 타락을 민주주의의 언어로 치장하는 방식을 접하게 되면서 점점 더 실망감이 커졌다. 디킨스는 미국이 겉으로는 좋아 보이지만 그 속은 분명히 썩어 있다고 생각했다.

    토크빌은 다르게 보았다. 그는 미국이 겉으로 보기에는 엉망이지만 그 이면은 안정적이고 안전할 것이라고 생각했다. 그 근원적인 안정과 안전이 민주주의에 대한 신념으로 드러난다고 본 것이다. 평등에 대한 믿음 때문에, 그들은 평등이 실재하는 현실을 살고 있기 때문에 미래를 만들어가는 방법으로 민주주의를 신뢰했다. 그들에게는 이것이 섭리였다. 미국에서는 민주주의가 종교와도 같았다.

토크빌은 민주주의적 삶을 기리는 기념행사들, 예를 들어 7월 4일 독립 기념일을 축하하는 축제 같은 행사들이 매우 활기찰 뿐만 아니라 엄숙하고 종교적인 느낌마저 준다는 것을 목격했다. 미국인들은 종교적인 사람들이었으며 대부분 개신교도였던 그들이, 종교를 통해 선택받았는지, 미래에 대한 신념을 갖는 것이 어떤 의미인지를 배웠기에 신의 섭리를 믿었다. 이때는 19세기 후반 아일랜드와 이탈리아, 동유럽에서 가톨릭교 신자들이 대규모로 이민하기 전이었기 때문에 가톨릭교 신자는 거의 없었다. 따라서 그들은 사제와 미신, 위계질서로 이루어진 세계의 출신이 아니었다. 그들의 종교는 평등주의를 가르쳤고 그들이 구원받았다고 가르쳤다.

미국의 믿음과 역설

그러나 여기서 하나의 퍼즐이 생긴다. 토크빌은 정치적 질문에 대한 거의 모든 해결책에서 또 퍼즐을 찾아낼 수 있으며, 또한 거의 모든 퍼즐에서 해결책을 찾아낼 수 있었다. 이 때문에 토크빌이 그 정도로 흥미로운 사상가가 될 수 있었다. 미국에서 삶의 퍼즐에 대한 해결책이 불안정성을 뒷받침하는 신의 섭리였다면, 미래에 대한 그 믿음이 현재의 실험을 뒷받침한다면, 이 부분에서 이 과정이 진정한 의미에서 실험이 아니라는 역설이 생긴다. 아무도 일이 잘못될 수도 있다고 생각하지 않는다면, 어떻게 그게 실험이라고 할 수 있겠는가? 미래는 신의 뜻대로 잘 해결될 것이기 때문에 실수를 해도 문제가 되지 않는다면 그게 어떻게 실험이라고 할 수 있겠는가? 신의 섭리에 의지하는 것은 과학적인 측면에서 실험이 될 수 없다. 그저 맹목적 믿음의 표현일 뿐이다.

토크빌은 미국에서 이러한 모순적인 삶의 측면을 포착한 것으로 보이는 이야기를 하나 전한다. 그가 9개월 동안 미국을 여행하면서 겪은 최악의 사건은 증기선을 타고 강을 따라 남부 지역으로 여행할 때 일어났다. 그가 탄 배가 암초나 진흙 제방과 충돌해 침몰한 것이다. 배가 침몰하면서 토크빌은 이 크고 인상적인 배가 실제로는 굉장히 약하고 조잡하게 만들어졌으며 쉽게 부서진다는 사실을 알아차렸다. 그는 물에 빠져 죽을 수도 있다고 생각했다. 실제로 미국에서 증기선을 타고 강을 따라 여행하다가 익사한 사람들이 많다는 것을 나중에야 알았다. 그는 살아남았지만, 최악의 공포를 경험했고 엄청난 충격을 받았다.

시련이 끝난 후 그는 이 증기선의 제작자들에게 왜 이렇게 엉망으로 배를 만들었는지 물어보았다. 왜 더 튼튼하게 만들지 않았는가? 왜 항해하는 데 더 적합하게 만들지 않았는가? 그리고 이에 대한 답으로 미국은 모든 것이 너무나 빠르게 변하고 개선되는 곳이어서 더 나은 증기선들이 곧 나올 테니 자기네 증기선을 그 정도로 튼튼하게 만들 만한 가치가 없다는 답을 들었다. 그 제작자들은 지금은 이 상태로 버틸 수 있고, 앞으로 어쨌든 더 나은 증기선이 만들어질 것이라고 믿는다고 답했다. 미래에 대한 믿음이 이렇게 위험할 수도 있었다.

조금 더 현대적으로 표현하자면 도덕적 해이가 그 바탕에 깔려 있었던 것이다. 너무나 바쁘게 움직이는 역동적인 사회, 모든 것이 너무나 빨리 변해 실수조차도 곧 발전의 흐름에 씻겨나갈 사회에 살고 있기 때문에 자신들의 실수에 반드시 책임을 지지 않아도 된다고 생각하는 위험성 말이다. 그러나 운이 없어서 그중 한 가지 실수로 인해 일어난 사고에 대한 책임을 묻는다면, 진짜 말 그대로 쓸려나갈 수도 있다. 그리고 증기선 제작자들의 이야기는 사회 전체에 적용될 수도 있었다.

미국은 그 지리적 조건 때문에 일반적인 위험에는 면역력이 있다고 생각하는 특권을 누렸다. 미국은 다른 세계와 단절되어 있었으며, 대륙 전체가 미개척지라는 가능성이 있었다. 또 노예를 보유한 주와 노예를 보유하지 않은 주가 공존했으며, 미국 토착민들을 서부로 이동시키고 궁극적으로 말살할 여지가 있었다. 토크빌은 "미국에는 이웃한 국가가 없다"라며, "그래서 결과적으로 대규모 전쟁도 금융 위기도 두려워할 만한 약탈이나 정복도 없다"고 썼다. 이런 조건들은 미국에서 살인을 저지르고도 처벌받지 않고 빠져나갈 수 있을 것이라 생각하도록 유혹했다.

미국이라는 국가 또는 사회가 붕괴될 만한 상황이 일어날 거라고 상상할 수 없었기 때문에 미국(백인의 미국)에서 아주 끔찍한 일들은 일어나지 않을 것이다. 이는 실수를 해도 그 실수를 저지른 사람들이 끔찍한

알렉시 드 토크빌, 『미국의 민주주의』, 1835 · 1840

대가를 치를 가능성이 거의 없기 때문에 끔찍한 실수를 저지르기 너무 쉬운 그런 실험이었다. 토크빌은 미국에서 점점 더 많은 불이 나고 점점 더 많이 불을 끄고 있다고 말하기도 했다. 미국의 민주주의에서는 상황이 계속 잘못되도 워낙 빠르게 변하기 때문에 별로 문제가 되지 않는 것처럼 보였다. 토크빌에게는 그것이야말로 미국 민주주의의 영광이자 위험성이었다. 사람들이 자신이 저지르는 실수를 충분히 심각하게 생각하지 않는다는 위험성이다. 그 당시부터 지금까지 이어지는 미국 민주주의의 역사를 읽으면서 토크빌이 핵심을 정확하게 짚었다는 점을 인정할 수밖에 없다.

미국의 삶에서 핵심적인 역설을 규정하기 위해 토크빌이 시도한 또 다른 방법은 겉으로 드러난 불안정성과 그 바탕에 있는 안정성의 관계를 중심으로 살펴보는 것이었다. 그는 미국의 선거 과정을 지켜보고 나서 조롱하듯이, 거의 희극적으로 묘사했다. 선거기간은 거의 참을 수 없을 정도로 시끄럽고, 모든 사람이 자기 의견을 떠들어댄다. 그리고 모든 신문이 이 후보 아니면 저 후보가 세상의 종말이 될 거라느니 나라의 구원자가 될 거라느니 악을 쓰며 외쳐댄다. 이 기간은 미국 정치에서 가장 불안정한 시간이었다.

토크빌이 이야기했듯, 선거가 다가오면 미국 민주주의의 강물은 둑이 터지기 직전까지 차오르고 모든 사람이 금방이라도 물살에 휩쓸려갈 것 같다. 미국 선거에는 광기가 있다. "국가 전체가 광분 상태로 빠져든다. 선거는 매일같이 신문의 머리기사를 장식하고 특별 대담의 주제가 되며, 모든 추론의 목적이자 모든 사고과정의 목표, 현재의 유일한 관심사가 된다."

그리고 선거를 치르고 이 후보든 저 후보든 승자가 결정되면, 수위는 낮아지고 모든 것이 제자리로 돌아가면서 삶은 계속된다. 선거를 통해 마치 모든 것이 바뀔 것 같지만 대부분 아무것도 변하지 않는다. 이 점이 미국 민주주의의 모순적 강점 가운데 하나다. 이러한 과정이 제대로 기능하면 불안정성과 안정성은 서로를 보완한다. 이 불안정성이 태생적으로 안정되어 있으며 다소 체제 순응적인 사회에 생기를 불어넣는다. 안정성과 순응성은 불안정한 정치가 통제 불능 상태로 치닫지 않도록 예방해준다. 그러나 미국에서 삶의 위험성은 이러한 정치와 사회의 양면, 미국 민주주의의 양면이 분리될 수 있다는 것, 즉 불안정성 또는 안정성이 사회를 장악할 수도 있다는 것이다.

민주주의의 두 얼굴, 포퓰리즘과 순응주의

이러한 상황은 다양한 방식으로 발생할 수 있다.

토크빌의 명제 '다수의 폭정tyranny of the majority'에 내재되어 있는 모호함이 이러한 위험성을 잘 포착한다. 토크빌은 이러한 폭정이 민주주의 정치의 최대 위험이 될 수 있다고 경고했다. 민주주의는 평등주의와 마찬가지로 다수결주의이기 때문이다. 다수의 폭정은 교육을 많이 받은 엘리트가 항상 민주주의에 대해 갖고 있던 바로 그 공포를 이용한다. 그 사회의 시민들 대부분에게 어떤 결정을 내릴 자격이 없다면 어떻게 될 것인가? 만약 잘못 선택한 사람들이라면? 만약 자신을 위해 결정할 사람으로 잘못된 사람을 선택한다면? 만약 그 집단, 그 다수가 어떤 권력이든 무제한으로 갖고 있다면 위험해질 가능성이 있다.

고등교육을 받은 엘리트의 한 사람으로서 토크빌은 분명히 그렇게 생각했다. 모든 폭정은 위협적이다. 그러나 그는 다수의 폭정에는 확실하게 구분되는 성격이 있다고 생각했다. 토크빌의 사상이 항상 그렇듯 이 문제에는 두 가지 측면이 있고 이 문제는 두 방향으로 진행될 수 있다. 『미국의 민주주의』 두 권에서는 다수가 통제를 벗어난 사회에서 산다는 것이 어떤 의미일지에 대해 서로 다른 그림을 제시한다.

1권에서는 민주주의 정치의 불안정한 측면에 대해 고민한다. 그래서 다수의 폭정은(그리고 1835년에 출간된 1권에는 전체적으로 조금 더 낙관적인 시각이 반영되어 있다), 미국 민주주의에서 격앙되기 쉬운 측면 가운데 하나로 그려진다. 그는 이처럼 흥분하기 쉬운 기질이 너무 강하게 표출된다면 어떻게 될지 상상한다. 토크빌은 이러한 면에서 다수의 폭정은 글자 그대로 '폭동'이라고 생각한다.

『미국의 민주주의』 1권에서 그가 다수의 폭정을 보여주는 사례로 들고 있는 것은 인종 폭동, 잔인한 폭력, 폭민정치 등이다. 만약 다수가 소수 인종, 국외자, 외국인 등에게 분노의 화살을 돌린다면 어떻게 될까? 민주주의 사회이기 때문에 이를 막을 수 없다면, 다수가 우리보다 자신들의 수가 더 많다고 말한다면 어떻게 될까? 토크빌은 미국 민주주의에는 그러한 위험성이 항상 내재되어 있다고 생각했다.

오늘날 미국 정치적 삶의 이러한 측면을 설명하기 위해 사용하는 용어는 포퓰리즘populism이다. 자신들의 의심, 분노, 절망, 이것이 정말 민주주의라면 다수로서, 다수 인종으로서 그들이 더 잘 살아야 한다며 분명하게 감정을 표현하는 군중, 집단을 대변하는 군중, 무리, 정치인들 말이다. 다수에 속한 사람들이 자신들이 실패자라고 느낀다면 어떻게 미국이 민주주의 사회라고 할 수 있겠는가? 토크빌은 그러한 본능이 바로 폭정일 수 있으며, 미국의 삶을 언제든 지배할 가능성이 있다고 생각한다. 그의 분석은 정확했다.

그러나 2권에서는 다수의 폭정에 대해 다른 두려움을 드러낸다. 여기서 그는 미국 정치의 소극적인 측면을 제시한다. 다수가 정체되고 순응주의자가 되어도 위험성은 있다. 다수가 어떻게 행동하는 것이 최선인지 알고 있다고 생각하는 사회에 산다는 것은, 대부분의 사람들이 조금이라도 더 잘 알지 못한다는 이유로 무관심하고 지나치게 단순화되는 문화에 산다는 것을 의미할 수 있다.

살아가는 방식이 소극적이고 따분해질 때 사람들은 자기 이웃과 자신이 너무 다른 것 같으면 눈에 띄거나 잘난 척하는 것처럼 보일까 봐 두려워하게 되고, 이웃이 자기와 너무 다르면 그들을 의심하게 된다. 다수가 원하는 것을 방해하고 불만스러운 모든 장애물을 없애려는 폭동이나 시도 대신에 눈에 거슬리는 사람들, 이국적인 것들, 체제에 순응하지 않는 사람들을 못마땅하게 생각하는 불신이 자리 잡게 된다.

토크빌은 미국 민주주의에도 다수가 통제에서 벗어나는 대신 상상력이 떨어지는 위험성이 언제나 도사리고 있다고 생각했다. 유럽인이었던 토크빌에게 가장 매력적이었던 미국인의 삶에서 실험적인 측면이 그 자체로 다수의 폭정 때문에 질식해버릴 수도 있다고 그는 우려했다. 그렇게 벗어나려 했던 유럽 사회의 방식을 그대로 고집하는 사회에서 실험은 경직될 것이기 때문에 조금씩, 천천히 실패할 것이었다.

미국의 삶에서 이러한 양면은 항상 존재해왔으며, 나는 토크빌이 더 큰 위험을 초래하는 것이 무엇인지에 대해 대체로 불가지론적인 입장이었을 것이라고 생각한다. 민주주의적 이상의 두 가지 왜곡된 형태, 즉 포퓰리즘과 순응주의가 실제로는 서로를 강화한다는 점이 더 큰 위험이었다. 토크빌은 포퓰리즘의 다소 이례적인 특징 가운데 하나가 상당히 체제 순응적이라는 점에 주목했다. 이러한 특징은 다수의 폭정으로 인해 나타난다. 그러므로 가장 극단적인 형태의 포퓰리즘이라 해도 이국적인 것이 못마땅하고 그 부분에 반감을 갖는 요소를 어느 정도 포함하게 마련이다.

토크빌의 이러한 성찰은 지금도 적용된다. 대중들에게 이러한 사실을 깨달아야 한다고 선동하며 지루하고 건방진 러시 림보Rush Limbaugh(미국의 방송인, 평론가—옮긴이 주)의 방송을 몇 시간만 들으면 바로 알 수 있다. 도널드 트럼프는 특히 신체 기능(땀, 생리, 세균)에 예민하게 반응하는 등 까다로운 면이 있다. 그는 장애인, 부류와 상관없이 매력 없는 사람과 국외자들을 경멸한다. 민주적 혼란의 정치는 혐오의 정치와 결코 분리될 수 없다.

시간이 지나면서 토크빌은 상황이 진행되는 과정을 점점 더 비판적으로 판단하게 되었다. 젊은 청년이었던 그는 한때 미국에 열광했고 『미국의 민주주의』를 썼을 때만 해도 그러한 시각이 많이 반영되어 있었다. 또한 그는 그런 미국에 매혹되어 있었다. 그러나 2권 말미에 이르면 그는 이런 정치 방식, 즉 민주주의적 미래가 신의 섭리라는 믿음, 평등에 대한 근본적 집착이 수동적이고 순응적으로 변질될 위험이 있다는 경고의 메시지를 보낸다. 수동적이고 순응적인 사람들은 그들의 수동성을 부당하게 이용하고 훼손하기 위해 거짓으로 그들을 안심시키고 결국 민주주의를 훼손하기 위해 까다롭게 비난하는 실제 독재자들, 즉 선출직 정치인들에게 좋은 먹잇감이 된다. 미국 민주주의의 삶에도 그런 위험이 항상 존재했다.

토크빌이 비판적이 된 이유에는 그 자신의 정치 경험이 점점 암울해지기 때문이기도 했다. 그의 일생에서 최대의 정치적 사건은 프랑스에서 일어났다. 또 다른 프랑스혁명이었다. 정치적 격변의 물결이 유럽 대륙을 휩쓸던 1848년이었다. 한동안 수레바퀴가 다시 돌아가는 것처럼 보였다. 수많은 사람들이 저마다 다양한 희망을 1848년 혁명에 투영했다.

토크빌 같은 자유주의자들에게는 전통적인 정치를 합헌적으로 재창조할 수 있을 것이라는 희망이 있었다. 대부분의 사회주의자들을 포함해 더 급진적인 사상가들은 총체적 변혁이라는 가능성을 생각했다. 그러나 이번에는 수레바퀴가 완전히 한 바퀴를 돌아가지는 않았다. 실제로 수레바퀴는 전혀 움직이지 않았다. 1848년 혁명은 흐지부지되었다. 토크빌은 수레바퀴가 완전히, 심지어 반 정도 돌아가는 것조차 기대하지 않았기 때문에 그 실패에 어느 정도 안심했다.

그러나 그는 복잡한 정치 속에서, 역사의 심오한 견인과, 전면에 나선 사람들의 어리석음으로 인해 아주 소박한 희망마저도 억압당하는 것을 지켜봐야 하는 자유주의자의 실망감을 경험했다. 그런 점에서 1848년은 그가 유럽의 정치에 대해 항상 갖고 있던 두려움, 과거의 실수에 너무나 깊이 빠져버려서 스스로 개혁할 수 없다는 두려움을 입증하는 것처럼 보였다.

토크빌은 한 명의 정치인으로서 이를 깨달았다. 그는 정치에 대해 글만 쓴 것이 아니다. 그는 기회가 오면 앞으로 나섰으며 실제로 정치를 해보려고 했다. 그러나 정치에 별로 소질이 없었다. 토크빌은 1848년 혁명 이후 들어선 불안한 정권에서 프랑스 외무장관직을 잠깐 맡았다. 그는 정치를 더 잘 할 수 있는 방법에 대한 자신의 이해 방식, 즉 역설적이고 양가적인 이해 방식을 적용하려 했지만 당연히 성공하지 못했다.

후에 지독한 환멸을 느꼈던 이 경험을 글로 썼다. 토크빌은 디킨스가 1840년대 초 미국에서 경험했던 것을 1848년에 프랑스 정치에서 비슷하게 경험했다. 겉으로 드러난 열광, 초기의 열정, 새로 시작할 것이라는 느낌, 그가 추구했던 바로 그것이라는 느낌, 표면 아래는 썩어 있다는 경험이었다. 그리고 구시대적 방식이 여전히 사회를 지배하고 있었다. 관련된 사람들은 위선자들이며, 어느 누구도 진실을 말하지 않고, 부도덕한 사람들이 승리하며 최고의 인재들은 쫓겨날 것임을 깨달았다. 토크빌이 1848년과 그 이후에 겪은 비뚤어진 경험이었다. 프랑스는 스스로를 구원하지 못했다.

양극화 시대를 내다본 토크빌

동시에 그는 저 바다 건너에서 점점 더 위험한 길을 가는 미국을 목격했다. 토크빌은 미국 민주주의 최악의 재앙, 궁극적인 재앙, 홉스가 모든 정치제도가 어떤 희생을 치르더라도 막기 위해 노력해야 한다고 주장했던 바로 그 재앙인 남북전쟁이 일어나기 2년 전 1859년에 사망했다. 토크빌은 이 전쟁이 일어나는 것을 살아 생전에 보지 못했다. 하지만 세상을 떠날 무렵 그는 미국의 민주주의 실험에 심각한 문제가 있다고 확신하고 있었다.

미국의 삶에서 두 가지 측면이 분리되고 있었다. 노예제 묵인이라는 미국 민주주의의 원죄를 둘러싼 분열이었다. 심각한 인종 갈등과 분열이 미국 사회 전체를 관통하고 있었다. 노예제를 둘러싸고 미국의 정치는 점점 더 불안정해지고 점점 더 체제 순응적으로 변하고 있었다. 그 어느 때보다도 분노와 소음이 높아졌고 더 많은 활동이 드러났지만, 동시에 체제를 바꾸고 구하고 새로운 방식을 실험하려는 진정한 시도는 거의

알렉시 드 토크빌, 『미국의 민주주의』, 1835 · 1840

없었다.

  토크빌은 죽기 전 자신이 『미국의 민주주의』 1권에서 상대적으로 긍정적으로 시작해서 2권에 이르러 다소 암울했던 이야기가 여전히 훨씬 더 암울해지고 있음을 인지했다. 미국 사회에는 해결해야만 할 근본적인 문제들, 손을 대기조차 어려운 문제들이 있었다. 그러나 겉으로 드러나는 활동과 그 기저에 있는 수동성이 기묘하게 섞여 있는 미국의 민주주의는 이 문제들을 해결할 수 없었다. 최소한 미국이 그토록 자랑스러워했던 기존의 헌법 질서로는 확실히 해결할 수 없었다. 다른 해결책이 필요했다.

  그러나 토크빌은 민주주의가 더 이상 미래의 물결이 아니라고 결론 내리지는 않았다. 그는 단 한 번도 그렇게 생각하지 않은 것 같다. 계속 신의 섭리에 따라 구성한 통치 체제의 하나로 민주주의를 이해했다. 민주주의의 바탕에 있는 원칙은 심지어 유럽에서도 결국 성공할 것이라고 생각했기 때문에 신이 인간에게 부여한 체제라고 생각했다. 그 원칙은 바로 인간은 기본적으로 평등하다는 생각이다.

  토크빌이 보기에 현대 세계의 특징은 그가 '조건의 평등equality of conditions'이라 부르는 요소가 점점 커지고 있다는 점이었다. 현대성은 전통적인 위계질서에서 점차적으로, 그리고 꾸준히 벗어남으로써 이전과 차별화된다. 하지만 위계질서가 사라지는 것은 아니다. 대신 그것은 새로운 위계질서를 만들어내는데, 그중 하나는 다수 대중과 그 대표자들을 최고 자리에 두는 것이다. 하지만 이 변화의 핵심은 결국 모든 옛 위계질서는 무너진다는 것이다. 이것은 개별 사회의 흐름일 뿐만 아니라 인류 사회 전체의 흐름이다. 이 흐름은 피할 수 없으며 언젠가 유럽을 휩쓸게 될 것이다. 1848년이 아니었다 해도 그 순간은 결국 도래하게 될 것이며, 언젠가는 전 세계를 휩쓸게 될 것이다.

『미국의 민주주의』에서 토크빌은 미국 사회의 일상적인 부침이나, 미국 선거의 흥망성쇠, 혹은 유럽 국가들의 불안정한 정치 상황을 넘어서는 민주주의의 장기적인 미래를 상상하려고 했다. 그는 미래의 세계가 결국 두 가지 정치 체제로 나뉘게 될 것이라고 봤다. 하나는 미국이 대표하는 정치 체제, 다른 하나는 러시아가 대표하는 정치 체제다. 여기서 말하는 러시아는 그가 살던 시대의 러시아로, 미국보다 훨씬 더 위계적인 사회, 심지어 영국이나 프랑스보다도 더 위계적인 전제정치 국가다. 하지만 동시에 유럽의 사소한 경쟁에 구애받지 않을 정도로 넓은 영토를 지닌 강력한 국가이기도 하다.

토크빌은 결국에는 미국과 러시아가 현대 세계를 어떤 방식으로 조직할 것인가에 대한 서로 다른 비전을 가지고 대치하게 될 것이라고 보았다.

바로 이 선지자적인 예상이 냉전 시기에 이르러 사람들이 『미국의 민주주의』를 재발견하게 된 이유 가운데 하나였다. 토크빌은 사후에도 계속 되풀이해서 유행한다. 어떤 독자들은 그가 생각이 깊고 미래를 내다볼 수 있는 사람이라고 생각한다. 다른 이들은 그가 여행하며 본 것에 지나치게 흥분했다가 나중에 후회하게 된 어리숙한 프랑스 귀족일 뿐이었다고 생각한다. 1950년대부터 1980년대에 이르기까지 수많은 독자들은 토크빌이 양극화 세계의 미래를 이미 깊숙이 들여다보았다고 생각했다. 러시아는 이 무렵 미국에서 시도했던 그 어떤 정치 형태보다 더 극단적인 평등 정치를 실험하고 있었다. 게다가 더 압제적이고 위계질서가 강한 소비에트연방이었다. 그럼에도 토크빌이 남긴 교훈은 적용되는 것처럼 보였다.

이후 미국 민주주의의 라이벌인 러시아는 붕괴했고, 소비에트연방의 실험은 실패했다. 20세기 말, 다시 한 번 미국 민주주의가 실제로 이 우주에서 신이 세운 계획의 일부이자 섭리인 것처럼 보였다. 토크빌은 『미국의 민주주의』 서문에서 "민주주의를 끝내려는 소망은 신에 대항하고 싸우는 투쟁처럼 느껴질 것이다"라고 썼다. 민주주의는 언제나 그 미래였고 1989년에 그 미래가 도래한 것이었다. 어쩌면 그때가 우리 역사의 종말이었다. 어쩌면 말이다.

민주주의 운명은 어떻게 흘러갈까?

오늘날 우리는 새로운 쌍둥이 슈퍼파워가 대치하는 세계에 살고 있다. 미국과 러시아가 아니라 미국과 중국이다. 이 라이벌 관계는 여전히 토크빌이 예측했던 체제와 어느 정도 일치한다. 두 체제 모두 자신들이 미래라고 주장한다. 또한 두 체제 모두 현대 정치의 기본 원칙을 자신들이 구현하고 있다고 주장한다. 이 기본 원칙은 민주주의가 아니라 균등 대표제다.

중국이라는 국가는 중국인을 대표하고, 미국이라는 국가는 미국인을 대표한다. 두 국가 모두 평등이라는 이름으로 자국민들을 대표하고 보호하고 있다고 주장한다. 그러나 결코 동일한 방식으로 정치를 하고 있지는 않다. 한 국가는 민주적이고 다른 하나는 그렇지 않다. 두 체제는 서로 매우 다른 방식으로 정치적 통제를 행사하며 자국에서 이루어지는 정치 실험의 의미에 대해 서로 다르게 이해한다. 당면한 도전과제들을 해결할 준비를 더 잘 하고 있는 나라가 중국일지 미국일지는 21세기 초 우리에게 주어진 질문이다. 둘 중 어느 나라가 더 심각한 도덕적 해이에 직면하게 될 것인지도 마찬가지로 불확실하다. 두 국가 모두 치명적인 실수를 하기 전까지는 실수를 해도 그 위기를 모면할 수 있을 것이라고 생각할 힘이 있다.

이 이야기가 앞으로 어떻게 전개될지 나로서는 전혀 모르겠다. 답을 아는 사람은 아무도 없을 것이다. 현재 우리가 미국의 세기에서 중국의 세기로 전환되는 시기를 거치고 있다고 생각하는 평론가들도 많다. 즉 평등과 국가 권력에 대한 한 가지 이해 방식에서 또 다른 이해 방식으로, 심지어 민주주의에서 다른 무언가로 전환되는 시기를 살고 있다고 생각하는 것이다.

물론 확실한 답을 알기에는 아직 너무 이르다. 그러나 민주주의를 위대한 실험이라고 설명한 토크빌의 말이 옳았던 것만은 분명하다. 그리고

알렉시 드 토크빌, 『미국의 민주주의』, 1835 · 1840

이것이 만약 정말로 실험이라면 가만히 넋놓고 단순히 운명에 맡길 수만
은 없다. 실패할 위험은 언제나 존재하기 때문이다.

―― 제5장 ――

마르크스, 엥겔스와 혁명

카를 마르크스·프리드리히 엥겔스, 『공산당선언』, 1848

자본이 지배하는 세상에서 어떻게 인간다운 삶을 지켜낼 수 있을까?

카를 마르크스 Karl Marx(1818~1883) · 프리드리히 엥겔스 Friedrich Engels(1820~1895)

두 사람 모두 독일의 부유한 중상층 가문에서 태어났다. 마르크스의 아버지는 성공한 변호사였으며 포도밭을 갖고 있었다. 엥겔스의 아버지는 사업가로 랭커셔에 방직공장을 갖고 있었다. 엥겔스는 1842년 쾰른에서 마르크스를 처음 만났다. 이때 엥겔스는 집안의 회사에서 일을 시작하기 위해 맨체스터를 여행하고 있었다.

마르크스는 그 무렵 급진적 잡지의 편집자였으며, 엥겔스의 초기 원고들을 출간하기도 했다. 그들은 1844년에 다시 만났다. 이때 마르크스는 파리에 망명 중이었고 두 사람은 계속해서 따로 책을 내기도 했지만 평생 친구이자 동지가 되었다. 엥겔스의 첫 저서,『영국 노동계급의 상황 Die Lage der arbeitenden Klasse in England』은 1845년에 출간되었으며, 마르크스가 극찬했다. 1848년에 출간한『공산당선언 Menifest der Kommunistischen Partei』은 두 사람이 공동집필한 주요 저서다.

1850년 마르크스는 런던으로 이주했으며 여생을 그곳에서 보냈다. 일생의 대작인『자본론 Das Kapital』1권은 1867년에 출간되었지만, 2권과 3권은 그의 사후에 엥겔스가 출간했다. 두 사람은 모두 다작 언론인이었으며 마르크스는 1852년부터 1862년까지《뉴욕 데일리 트리뷴 New York Daily Tribune》의 유럽 통신원으로 일하기도 했다. 엥겔스는『반뒤링론 Anti-Dühring』(1878)과『공상에서 과학으로: 사회주의의 발전 Die Entwicklung des Sozialismus von der Utopie zur』(1880) 같은 논쟁적인 글에서 마르크스주의로 알려진 사상의 핵심 선동가로 부상했다.

마르크스는 생의 마지막 10여 년 동안 건강이 악화되었다. 가업을 계속 이어갔던 엥겔스는 마르크스 가족을 부양했다. 두 사람 모두 술을 좋아했지만, 엥겔스는 마르크스보다 더 삶을 즐겼던 것으로 보인다. 그는 가장 좋아하는 덕목으로 '즐거움'을 들기도 했다. 마르크스가 사후 남긴 재산은 겨우 250파운드였고 엥겔스는 약 2만 5천 파운드에 이르는 재산을 남겼다. 마르크스는 런던의 하이게이트 묘지에 묻혔다. 엥겔스의 유골은 영국 남부 해안인 비치곶에 뿌려졌다.

1848년 마르크스와 앵겔스가 공동 집필한 『공산당 선언』은 근대 자본주의 사회의 모순을 분석하고 프롤레타리아 혁명을 통해 계급 없는 사회를 실현하자고 주장한 정치 선언문이다. 산업혁명 이후 유럽 사회는 자본가(부르주아)와 노동자(프롤레타리아) 간의 계급 갈등이 심화되었고, 이에 따라 두 사상가는 역사 발전을 계급투쟁의 역사로 규정하며 혁명의 필요성을 주장했다. 이 선언은 "하나의 유령이 유럽을 떠돌고 있다. 공산주의라는 유령이다"라는 문장으로 시작해 공산주의 운동의 정당성과 필요성을 역설한다. 이 책은 이후 사회주의 운동과 혁명의 이론적 토대가 되었고, 20세기 사회주의 국가 수립에 직접적인 영향을 미쳤다. 경제 불평등, 노동의 불안정성, 자본의 세계화 등 현재 겪고 있는 문제들이 자본주의 구조와 깊이 연결되어 있기에 『공산당 선언』은 오늘날에도 여전히 유효하고 중요하다.

카를 마르크스 · 프리드리히 앵겔스, 『공산당선언』, 1848

***

정치가 우선인가, 경제가 우선인가

현대 국가에 대한 원래 개념에서 경제학은 어떤 위치를 차지할까? 앞서 다룬 저자들은 이 질문이 중요하다는 사실을 깨닫고 있었다. 정치는 경제와 완전히 독립적으로 존재할 수 없으며 정치철학자들은 이 사실을 잘 알고 있다. 예를 들어 홉스는 돈과 돈이 유통되는 방식에 관심이 많았다. 그는 주권국가가 무엇이 평화인지를 결정하는 것뿐만 아니라 돈이 무엇인지도 결정해야만 한다고 확신했다. 종이가 돈일까? 금이 돈일까? 주권자는 이를 결정해야 한다.

홉스가 지금 살아 있어서 우리의 세계를 지켜보고, 그에게 현재 주권국가가 당면한 최대 위협이 무엇이라고 생각하는지 묻는다면, 아마도 그는 폭력, 테러리즘, 전쟁, 질병 같은 전통적인 질서의 적들이라고 답할 것이다. 또는 비트코인이라고 말할지도 모르겠다. 현대 국가는 언제나 돈의 공급에 대한 통제권을 소중히 지켜왔다. 암호화폐에는 모든 개념을 바꿔놓을 잠재력이 있다.

울스턴크래프트는 또 다른 경제 분야인 고용 문제를 절실하게 깨닫고 있었다. 그녀는 특히 여성이 생계를 꾸려나가는 방법에 각별한 관심을 갖고 있었다. 돈을 벌기 위한 일자리를 찾는 것은 여성 해방의 절대적인 기반이기 때문이다. 그녀가 글을 쓸 당시 여성에게 주어진 고용 기회는 터무니없을 정도로 적었다. 여성이 일을 할 수 없는 사회에서 정당한 사회질서가 세워질 것이라고 상상하기는 어렵다. 그렇기 때문에 그녀에게 일은 여성 권리를 찾는 데 필수적인 부분이었다. 급여를 받지만 매춘은 아닌 일자리 말이다.

콩스탕은 현대 상업사회 전체를 관통하는 신용과 채무 관계에 대한 견해가 많았다. 이는 돈의 또 다른 형태다. 채무자와 채권자의 관계에서 누가 실제 권력자인지 항상 명확한 것은 아니다. 만약 은행에 10만 파운드(약 2억 원— 옮긴이 주)의 빚이 있다면 은행이 당신을 통제한다고 이야기할 수 있다. 그러나 은행에 1억 파운드의 부채가 있다면 그때는 당신이 은행보다 힘이 세다. 콩스탕은 현대 국가가 국민에게 진 부채를 포함해 엄청난 부채를 지고 있다는 사실을 잘 알고 있었다. 국가는 상습 채무자다. 국가가 국민에게 부채를 지고 있다면, 진짜 힘은 누구에게 있을까? 이는 현대 정치의 본질적인 질문 가운데 하나다.

토크빌은 미국의 기업가정신과 기업에 매료되었다. 곧 더 나은 증기선이 나올 것이기 때문에 자신들이 만든 배를 물에 띄우고 그 배가 가라앉는 것을 기쁘게 바라보던 선박 제작자들의 미친 짓거리조차도 이러한 매혹을 그저 조금 감소시킬 뿐이었다. 토크빌은 미국의 상업적, 경제적 삶의 역동성에서 받은 깊은 인상을 계속 간직했다. 그는 민주주의가 갖고 있는 역동성의 일부는 이러한 경제적 에너지에서 나오는 것임을 충분히 잘 인지하고 있었다.

카를 마르크스 · 프리드리히 엥겔스, 『공산당선언』, 1848

돈, 일자리, 부채, 기업가정신은 모두 경제적인 주제다. 그러나 앞에서 살펴본 모든 저자들에게 이 주제들은 그들이 추구했던 정치 프로젝트의 핵심이 아니었다. 이들 모두에게는 정치가 최우선이었다. 그들은 현대 사회의 정치질서가 경제적으로 활력 넘치게 살 수 있는 환경을 만든다고 생각했다. 그리고 경제질서를 재편하려면 먼저 정치질서를 재편해야 한다고 생각했다. 그러나 정치와 경제의 관계에서 정치가 우선이라는 생각에 반박하는 사람들이 있었다.

바로 카를 마르크스와 프리드리히 엥겔스다. 이 장에서는 그들이 함께 집필한 짧지만 논쟁적인 『공산당선언』에 대해 살펴본다. 이 글은 책이라기보다는 장문의 소논문에 가깝다. 두 사람 모두 왕성하게 저작 활동을 했다. 그래서 『공산당선언』은 두 사람이 독립적으로 출간한 여러 저작 중 일부에 지나지 않는다. 이 글은 후에 마르크스주의로 알려지게 된 사상을 가장 정교하게 표현하는 글도, 가장 상세하게 설명하는 글도 아니다. 그러나 한편으로 가장 명료하다.

『공산당선언』은 현대 정치에서 정치질서가 우선이라는 홉스식 기본 전제를 근본적으로 반박한다. 이들은 정치질서가 부차적이라는 것, 사회의 근본 질서는 경제 관계에 따라 달라진다는 대안적 견해를 제시한다. 이 때문에 정치가 이러한 관계들에 영향을 준다. 정치가 그 관계들을 결정하는 것이 아니다. 정치가 먼저라는 가정은 인간이라는 주체와 사회변화의 본질을 오해하는 것이다. 더 나은 정치를 원한다면 더 나은 사회를 실현해야 한다. 이를 위해 정치를 이용한다면 정치는 수단일 뿐 목적이 아니라는 점을 이해해야만 한다. 실제로 정치를 완전히 없애는 것이 그 목적이 될 수도 있다. 이를 『공산당선언』보다 더 강력하게 주장한 저작은 단 한 권도 없다.

경제가 먼저이기 때문에 마르크스주의 역사 사상가들은 주로 정치철학자들의 사상을 설명하는 물질적 조건을 찾는다. 따라서 그들은 경제 관계보다 피상적인 정치사상을 우선시하는 전형적인 예로 홉스를 이해한다. 그들은 홉스의 정치적 저작들이 초기 자본주의 태동을 조잡하게 정당화한다고 이해했기 때문이다.

마르크스주의자는 자본주의의 생명선인 이윤 추구를 정당화하기 위해 국가가 개입하지 않을 때 시민들은 자신에게 가장 이득이 되도록 행동한다고 홉스의 주장을 이해한다. 그러나 이는 홉스를 지나치게 편파적으로 이해하는 것이다. 홉스는 그 당시 부상하는 부르주아계급(오늘날 중산층)의 정치 이론가가 아니었다. 그는 생산 능력보다 허영심에 대해 훨씬 더 오랫동안 고민하고 글을 썼다. 그는 기업인과 기업인 사이의 경쟁보다 귀족과 귀족의 싸움에 대해 더 많이 우려했다. 홉스는 정치가 잘못 운영되었을 때 경제를 둘러싼 갈등보다 명예를 둘러싼 갈등이 더 심각해질 가능성이 높다고 생각했다.

카를 마르크스 · 프리드리히 엥겔스, 『공산당선언』, 1848

폭발적 혁명의 시기에 탄생한 『공산당선언』의 역사

지적 역사의 문제는 제쳐두고, 마르크스와 엥겔스는 홉스식 국가 관념의 토대에 대해 근본적인 문제를 제기한다. 이는 아주 단순하게 표현할 수 있다. 홉스에게 정치의 문제는 끊임없이 굴러가는 수레바퀴이다. 즉 누가 부상하고 누가 추락하는가에 따라 우리가 누구의 편인가라는 질문을 끊임없이 제기하는 상태를 멈추는 것이다. 혁명의 문제를 해결하려면 이러한 선택의 문제를 초월하는 현대 주권국가를 수립해야 한다. 문제는 혁명이고 해결책은 정치다. 마르크스와 엥겔스에게는 정치, 현대 주권국가의 정치가 문제다. 해결책은 혁명이다.

『공산당선언』은 유럽 전역에서 혁명적 격변이 일어난 위대한 해인 1848년에 발표되었다. 혁명 정치에 관한 마르크스의 위대한 문헌이 1848년의 혁명적 폭발과 같은 시기에 발표되었다는 사실은 기막힌 우연의 일치라고 할 수 있다. 혁명이 일어나기 몇 개월 전인 1847년에 구상한 책이라는 뜻이기 때문이다. 마르크스와 엥겔스는 자신들이 속해 있던 급진 노동자 운동 집단의 내부 갈등을 해결하기 위해 이 선언을 쓴다고 생각했다. 그들이 목표로 한 독자층은 공산주의자동맹의 동지들이었다. 두 사람 모두 현대 유럽 국가들이 몰락과 변혁의 기로에 서 있다고 확신했다.

그러나 1847년의 그들은 1848년이 올 것이라고 생각하지 못했다. 그리고 드디어 1848년이 되자 『공산당선언』은 묻혀버렸다. 혁명의 해, 수없이 다양한 글, 너무나 많은 선언문과 소책자, 소논문이 쏟아져 나왔기 때문에 출판물의 홍수 속에서 쉽게 사라졌다. 마르크스와 엥겔스는 당시 상대적으로 젊었다(마르크스는 30세, 엥겔스는 28세였다). 그들은 한두 명의 여성을 제외하고 젊은 층부터 노년층까지 남자들로 가득한 집단에서 어떤 변화가 가능한지, 스스로를 어떻게 조직화해야 하는지에 대해 대중들에게 호소하는 정치 환경에서 활동하고 있었다.

『공산당선언』은 이런 정치 환경에 거의 아무런 변화도 일으키지 못했다. 1848년 이 글은 또 하나의 알려지지 않은 그저 그런 문헌, 역사의 흐름이 이미 지나가 버리기 전에 자기 목소리를 알릴 기회를 잡지 못한 실패한 시도일 뿐이었다. 그러나 역사는 사상가뿐만 아니라 이러한 글에도 자기만의 생명력이 있다는 것을 보여준다. 글 자체에도 자기 생명력이 있는 것이다.

이어진 『공산당선언』의 역사는 거의 죽기 직전까지 갔다가 극적으로 되살아나는 우여곡절로 가득 차 있다. 이 글은 혁명적 변화가 가능하다고, 심지어 임박했다고 생각될 때마다 항상 가장 많은 이들이 읽었다. 19세기 후반에는 그런 시기들이 많았고, 마르크스와 엥겔스 모두 1848년에 제시한 생각들이 곧 실현될 것 같은 순간들을 생전에 여러 번 겪었다. 가장 극적인 순간은 공산주의가 실현될 수 있다고 모든 사람이 생각했던 1871년의 파리코뮌Paris Commune이었다.

그러나 코뮌은 곧 실패했고 그 순간은 지나가버렸다. 경제위기 때마다 마르크스와 엥겔스의 사상을 포함한 혁명적 사상들은 새로운 생명력을 얻었다. 자본주의의 실패는 언제나 혁명적 변화의 가능성을 제시했다. 1857년의 미국, 1866년의 유럽에서는 극적인 금융 위기가 있었다. 1873년부터 시작된 경제불황은 1884년과 1890년에 다시 금융공황이 일어나며 20년 이상 계속되었다.

그러나 『공산당선언』에서 예언한 최종 위기는 결국 오지 않았고, 마르크스와 엥겔스는 생전에 이를 경험하지 못했다. 대신 1914년 제1차 세계대전이 발발하면서 『공산당선언』은 거의 치명적으로 거부당했다. 선택권이 주어졌음에도 전 세계 노동자가 단결하지 않았기 때문이었다. 전 세계의 노동자들은 자기 나라에서 자본가들과 결탁해 서로에게 총구를 겨누는 것을 선택했다.

이후 1917년 『공산당선언』은 다시 부활했다. 마르크스와 엥겔스가 주목할 만하다고 생각했던 모든 지역 가운데 가장 마지막으로 꼽았던 러시아에서 마침내 성공적인 공산주의 혁명이 일어난 것이다. 바로 1917년 말에 블라디미르 레닌Vladimir Lenin이 일으킨 볼셰비키혁명이다(파리코뮌과 마찬가지로 그해 봄에 잠시 일어났던 자유주의 혁명은 제외한다). 볼셰비키혁명이 성공하면서 『공산당선언』은 단순한 선언이 아닌 성서가 되었다. 그 핵심 철학에 부여된 마르크스-레닌주의 경전 가운데 하나가 된 것이다. 소비에트연방과 그 제국에서, 러시아에 먼저 건설되고 이어 궁극적으로 전 세계에 건설될 미래 사회에 대한 "진실, 모든 진실, 오직 진실"만을 담고 있는 글인 것처럼 읽히고 분석되고 해석되었다.

동시에 20세기 중반을 거치는 동안 서구에서는 또 다른 독서 열풍이 불었다. 바로 서구 마르크스주의로 알려진 흐름이다. 이는 『공산당선언』

을 미래에 대한 예측이 아니라 그 자신의 과거를 통해 이해하려는 시도였다. 또한 『공산당선언』에 영감을 준 19세기 초의 정치사상들(레닌과 이오시프 스탈린Joseph Stalin 대신 게오르크 헤겔Georg Hegel과 요한 고틀리프 피히테Johann Gottlieb Fichte의 사상)을 되살리려는 시도였다. 마르크스주의를 덜 기계적이고 덜 경직되어 있으며 조금 더 해석의 여지가 있는 이론으로 인간화하는 것이 목적이었다. 『공산당선언』의 해석을 둘러싸고 벌어진 서구 대 동구의 이러한 논쟁은 냉전이라는 더 큰 규모의 갈등을 반영하며 동시에 전개되었다.

현대 국가는 거짓말쟁이다

1989년에 공산주의 국가라고 자처했던 동유럽 국가들이 붕괴되고, 1917년에 시작된 혁명이 갑자기 생을 마감하면서 『공산당선언』은 또 한 번 사라질 뻔한 위기를 겪었다. 수레바퀴가 다시 한 번 돌아갔고, 『공산당선언』은 다시 역사의 뒤편으로 사라지는 것처럼 보였다. 이후 2008년 세계금융위기가 발생하고 대불황이 이어지면서 『공산당선언』은 되살아났다. 진짜 재앙이 오기 직전 자본주의가 불안정하게 흔들릴 때마다 『공산당선언』은 과거에 어떤 일이 벌어졌는지, 앞으로 어떻게 될지 설명해줄 것이라는 희망으로 사람들이 찾는 책이 되었기 때문이다.

마르크스와 엥겔스는 자신들이 1848년에 출간한 혁명 문건이 겪은 이러한 우여곡절의 역사와 기묘한 생애에 놀랐을 수도, 놀라지 않았을 수도 있다. 그들은 혁명적 변화에 대한 거듭되는 희망과 이어지는 좌절을 경험할 만큼 충분히 오래 살았다. 그들은 자신들의 생각이 생명을 얻었다가 곧 다시 사라지는 과정을 보면서 이 여정이 오랫동안 계속될 것임을 알고 있었다.

그러나 『공산당선언』을 쓸 때만 해도 그들은 장기전을 생각하지 않았다. 엥겔스의 도움을 받아서 마르크스가 주로 글을 썼으며 상당히 빠르게 완성되었다. 엥겔스가 더 날카롭고 분명한 글을 쓰는 사람이었으므로, 아마도 더 날카롭고 분명한 생각과 문장 구성 등은 상당 부분 엥겔스의 성과일 것이다. 두 사람 모두 언론인으로도 활동했지만, 대체로 엥겔스의 실력이 더 나았고 더 간결하게 글을 썼던 것은 확실하다. 마르크스는 좋은 아이디어를 많이 냈지만 장황하게 글을 쓰는 경향이 있었다. 이번에는 아니었다. 그들은 8주도 채 안 되는 기간에 이 글을 썼다. 그때가 적절한 순간이라고 생각했기 때문에 서둘렀던 것이다. 언제라도 변혁적 변화가 일어날 수 있었다. 그래서 그들은 그때 모든 준비가 되어 있기를 원했다. 무엇보다도 그들은 공산주의동맹의 동지들이 그 기회를 놓치지 않기를 바랐다.

형식적 측면에서는 물론 내용 측면에서 『공산당선언』은 한 마디로 비타협적이다. 처음 몇 쪽만 읽어도 이 글에 담긴 비타협적인 목적의식과 초조함을 느낄 수 있다. 이 글은 비타협적이며 타협에 저항한다. 진정한 사회변혁을 원하는 모든 이들에게, 그들이 전복하려는 질서와 타협하지 말라고 호소한다. 어떤 타협도 용납되지 않는다. 혁명주의자들은 자신이 지키고 싶은 조각들을 선별할 수 있다고 생각해서는 안 된다. 그들이 전복하려는 세계를 지배하는 사람들과 협상해서 그들을 압도할 수도 있다고 생각해서는 안 된다. 그들은 변혁적 변화가 현재로부터 점진적으로 진보하는 것이라고 생각해서는 안 된다. 철저하게 전복해야 하며, 그 단면이 선명해야 한다. 수레바퀴가 밑바닥에서부터 꼭대기까지 완전히 돌아가야 한다는 사실을 이해해야 한다.

마르크스와 엥겔스가 현대 부르주아 자본주의 사회의 기존 질서와 타협할 수 없다고 생각한 이유는 그 정치제도가 거짓말이기 때문이었다. 노동자들은 자유, 권리, 고용기회, 정의, 심지어 민주주의의 언어로 실체를 포장한 제도들이 그중 어느 하나라도 실현될 것이라고 생각하지 말아야 한다. 이 때문에『공산당선언』은 현대 국가는 한결같이 이중적인 제도라는 정치의 근본 원칙 한 가지를 직접 공격하는 것이다.

그 이중성이 현대 국가의 뚜렷한 특징이다. 홉스식 국가는 강압인 동시에 해방이다. 공포뿐만 아니라 희망으로 통치한다. 위안과 공포의 가능성을 동시에 보여준다. 마르크스와 엥겔스는 폭력으로부터 사람들을 구하기 위해 폭력을 행사하는 국가는 거짓일 뿐이라고 생각했다. 국가는 절대 강압이 아니라는 주장, 사람들의 의지에 반해 일을 하게 만드는 단순한 도구나 수단이 아니라는 주장은 거짓말이다.

마르크스와 엥겔스가 보기에 현대 국가는 한 마디로 부르주아의 강압수단이라는 것이 너무도 명백했다. 그러나 부르주아는 결코 이를 인정하지 않을 것이다. 자신들의 폭력을 다른 것으로 포장해야만 한다. 자유주의 부르주아 정치는 자본가들이 무차별적으로 이윤을 추구할 수 있도록 노동자를 착취하고 몰수하기 위해 고안된 강압 수단이다. 그러한 본모습을 그대로 드러낸다면 제대로 기능할 수 없다. 현대 국가의 진실을 털어놓는다면 견딜 수 없을 것이다.

그래서 본모습이 아닌 다른 것으로 포장한다. 그러면 다음과 같이 질문할 수 있다. "자본가들은 현대 국가가 거짓이라는 것을 알고 있는가? 그들은 그 모습이 실제가 아님을 알고 있으면서도 노동자들에게 진실이 아닌 무언가를 설득하려는 냉소적 사기꾼들인가? 아니면 그들은 자기기만에 빠져 있는 것일까? 그들은 해방과 권리, 자유에 대한 찬사를 바치는 모든 부르주아 지식인들, 뱅자맹 콩스탕 같은 사람들이 자기가 무슨 짓을 하고 있는지 실제로 알고 있다고 스스로 믿는 것인가? 아니면 자기 자신마저도 속여온 것인가?" 이런 질문에 마르크스는 "상관 없다"라고 답할 것이다. 어느 쪽이든 그들과 타협할 수는 없다. 그들이 거짓말쟁이라면, 고의로 거짓말을 하고 있다면 어떻게 그들과 협상할 수 있겠는가? 그런 사람들은 믿을 수 없는 괴물들이다. 그리고 그들이 자기기만에 빠져 있다면, 자신들이 무슨 일을 하고 있는지 스스로도 이해하지 못한다면 어떻게 그들과 협상할 수 있겠는가? 그들은 바보다.

자본주의 사회의 악순환

『공산당선언』이 비타협적인 이유는 한편으로 마르크스와 엥겔스가 자본가들, 특히 현대 국가에서 자본가의 수하들을 절대적으로 경멸했기 때문이다. 여기에는 쓸모 있는 멍청이 지식인 계급의 수하들뿐만 아니라 자본가들을 위해 강압적인 제도를 운용하는 관료와 정치인, 공무원도 포함된다. 그러나 이런 사람들을 철저히 경멸하고 자본주의적 인간의 얼굴을 경멸했다고 해서 그들이 자본주의, 즉 생산적 경제체제로서 자본주의 자체를 경멸했다고 말하면 안 된다. 오히려 그 반대였다.

어떠한 선입견도 없이 『공산당선언』을 1848년에 쓰인 그대로 빠르게 읽으면, 마르크스와 엥겔스가 자본주의를 얼마나 경이롭게 생각했는지 알 수 있다. 이는 정말 놀랍다. 그들은 자본주의의 생산력과, 생산수단을 이런 식으로 정리한 경제구조에 내재한 변혁적 가능성에 경탄했다. 솔직히 그들은 자신들이 이 체제를 전복하기 위해 일으키려던 정치혁명 전까지 이 체제가 이룩한 성취, 즉 노동자 착취와 수탈을 통한 생산력에 압도되었다.

그들은 상대적으로 젊었을 때 위대한 혁명인 산업혁명을 직접 경험했다. 그들의 아버지 세대와 할아버지 세대도 산업혁명을 짧게나마 겪었을 수는 있다. 하지만 쉽게 알아볼 정도로 진짜 명백하게 변화한 것은 19세기 중반에 이르러서였다. 이 혁명의 동력은 자본주의 생산양식과 이윤의 추구였다. 이 혁명은 어떤 성과를 거뒀을까? 마르크스와 엥겔스가 『공산당선언』에서 이야기하고 있는 것처럼, 1848년의 우리 주변, 영국, 서유

카를 마르크스 · 프리드리히 엥겔스, 『공산당선언』, 1848

럽, 미국과 전 세계 점점 더 많은 지역에서 주변을 둘러보기만 하면 어떤 일들이 가능해졌는지를 알 수 있었다. 그리고 앞으로 가능해질 일들은 바로 몇 세대 전까지만 하더라도 상상조차 못하던 것들이었다. 그들은 이를 다음과 같이 설명한다.

> 부르주아는 100년도 채 안 되는 그들의 지배기간 동안 지나간 모든 세대가 창조한 모든 것들보다 더 많고 더 거대한 생산력을 창조했다. 자연력의 정복, 기계, 공업과 농업에 응용한 화학, 증기선 항해, 철도, 전신, 경작을 위해 개간한 대륙, 운하로 바꾼 하천, 마치 땅 밑에서 갑자기 솟아난 듯한 전체 인구 등이다. 이전의 어느 세기에 이런 생산력이 사회적 노동의 무릎을 베고 잠들어 있다고 예상이라도 했겠는가?

여기서 마르크스와 엥겔스는 자본가들인 부르주아가 이 모든 것을 해냈다고 암시하지만, 실제로는 다른 것을 의미했다. 그들은 이 모든 것을 자본주의가 해냈다고 보았다. 그렇다면 자본가들을 제거할 경우 자본주의가 어떤 일을 해낼 수 있을지 상상해보라. 마르크스와 엥겔스는 이처럼 엄청난 변혁적 힘을 마법으로 묘사했다. 그들은 이 힘을 매우 가늠하기 어려운 마법과 같다고 생각했다. 이 마법을 부린 사람들조차도 거의 전적으로 이해할 수 없다는 사실을 그들이 알고 있었다는 점이 중요하다.

생산, 교환, 사유재산과 현대 부르주아 사회의 관계, 이처럼 거대한 생산과 교환 수단을 마법처럼 소환해낸 사회는 마치 자기가 주문으로 소환한 지하세계의 힘을 더 이상 통제할 수 없게 된 마법사와 같다.

자본가들은 자기가 부린 마법에 대한 통제력을 상실했다. 그들은 자신들이 세상에 풀어놓은 힘을 이해하지 못한다. 자본주의의 불가피한 순환적 특징 가운데 하나인 그 힘을 이해하지 못하기 때문에 자본주의가 끊임없이 위기에 처할 수밖에 없다. 자본주의는 이 체제를 운영하는 사람들이 다룰 수 없을 정도로 더 힘이 세기 때문에 때문에 계속해서 위기를 맞게 된다. 이는 훨씬 더 생산력이 강력하기 때문에, 그 결과 이 체제에서 실제로 착취하는 것보다 생산량이 훨씬 많아진다.

자본주의 사회에서는 생산량을 최대한으로 늘리기 위해서 노동력을 평가절하하고 착취한다. 이 때문에 노동자들의 구매력은 줄어들고 그들이 소비할 수 있는 양보다 지나치게 많이 생산되는 상황이 주기적으로 발생한다. 악순환이다. 자본주의 생산력을 책임지는 노동자들에게는 생산된 상품을 소비할 경제력이 없다. 그 결과 자본가들은 팔 수 없는 상품을 너무 많이 보유하게 된다. 그러면 상품의 가격이 하락하고 서로 먹느냐 먹히느냐의 경쟁이 시작되며 자본주의 기업들은 상대 기업을 시장에서 밀어내야 한다. 이렇게 되면 곧 노동자를 줄여야 한다. 그러면 노동자들은 더 가난해지며, 이는 곧 생산된 상품을 소비할 역량이 더 줄어든다. 이렇게 계속 비참한 상황이 이어지면서 사람들의 삶은 점점 더 비참해지

카를 마르크스 · 프리드리히 엥겔스, 『공산당선언』, 1848

고 결국 모든 사람이 비참해진다.

마르크스와 엥겔스가 말하는 혁명이란?

마르크스와 엥겔스는 자본주의를 과잉생산으로 인해 발생하는 위기와 절대 분리할 수 없었다. 위기가 닥치면 무슨 일이 벌어질까? 그 가능성 중 하나가 이제 이야기할 혁명이다.

그런데 위기를 맞으면 자본가들은 어떻게 대응할까? 그들은 특히 자신들이 풀어놓은 힘을 온전히 이해하지 못하기 때문에 그들에게는 사실 선택지가 거의 없다. 근본적으로 그들이 할 수 있는 일은 단 두 가지다. 둘 다 국가의 강압력에 의존하는 방법이다. 먼저 그들은 내부 질서를 유지하기 위해 강제력을 강화할 수 있다. 다시 말해 노동자들을 생산라인에 붙잡아 두고, 노동자들이 파업하고 저항하면 이를 진압하기 위해 군대를 동원할 수 있다. 또는 생산한 상품을 팔 다른 장소와 다른 소비자를 찾기 위해 다른 시장 정복에 나선다. 제국 건설이라는 방식의 해외 확장이 실제로는 잉여 상품을 팔아치우기 위한 자본가들의 식민지였다는 뜻이 아닐까?

부르주아 사회의 조건은 그들이 창조한 부를 차지하기에는 너무 제한되어 있다. 그렇다면 부르주아는 이러한 위기를 어떻게 극복할까?

한편으로는 대량생산력을 강제로 파괴하고, 다른 한편으로는 새로운 시장을 정복하며 기존 시장을 더 철저하게 착취한다. 다시 말해 더 큰 규모로 파괴적인 위기의 길을 닦고 위기를 예방할 수 있는 수단은 오히려 축소하는 방식으로 대응하는 것이다.

이러한 전략들 모두 장기적으로는 효과가 없다. 더 강한 내부 강제력, 더 심한 내부 억압은 현대 자본주의 사회의 거짓을 적나라하게 드러낸다. 그리고 폭력단의 갈취 행위와 다름없다는 사실을 폭로한다. 오늘날 전 지구적 자본주의라고 부르는 상호연결성이 더 높아진 세계에서 더 넓은 시장을 개척한다는 것은 앞으로 맞게 될 위기의 규모가 더 커진다는 뜻이다. 이러한 연결성으로 인해 위기가 발생할 것이고, 결국 필연적으로 무력을 행사하거나 정복해서 극복할 수 없는 위기를 맞게 될 것이다.

자본가들이 자기가 벌인 일을 이해하지 못한다면 누가 그 체제의 작동 원리를 이해할까? 마르크스와 엥겔스는 자신들이 이해하고 있다고 생각한다. 그들은 자본주의와 그 결과를 이해하며 『공산당선언』에서 기본 틀을 제시한다. 그들은 명제 하나로 정치를 계급투쟁의 역사로 해석한다("지금까지 존재한 모든 사회의 역사는 계급투쟁의 역사다"). 정치적 분쟁은 계급 분쟁이며 자본주의 사회의 본질적 분쟁은 부르주아와 프롤레타리아의 분쟁이다.

그렇다면 프롤레타리아계급은 자본주의를 이해하고 있을까? 노동자가 진정으로 자신의 상황을 알고 있는가라는 질문은 마르크스사상에서 심오하면서도 근본적으로 풀리지 않은 질문 가운데 하나다. 어떤 의미에서 그들은 피착취 계급이기 때문에 자본주의에 대해 알고 있어야만 한다. 그들이 자본가들의 거짓말을 믿는 것은 불가능하다.

그러나 다른 한편으로, 그들은 피착취 계급이고 착취는 맹목적인 상황을 초래하기 때문에 이를 진정으로 이해하지 못한다. 이는 후에 레닌이 생각한 것과 더 가깝다. 궁핍하고 착취당할 때 이들의 자원은 너무나 제한적이어서 실제로 무슨 일이 벌어지고 있는지 파악하는 일이 훨씬 더 어려워진다. 빈곤, 특히 극단적 빈곤은 상상력을 억압한다. 그럼에도 정치 행위자이자 변화의 동인으로서 프롤레타리아는 최소한 가장 덜 기만당한 사람들이다. 그들은 일상적으로 거짓말을 경험하기 때문에 그 거짓말을 전적으로 믿을 수가 없다. 착취의 경험은 곳곳에 널리 퍼져 있다. 프롤레타리아계급에게 국가는 분명히 강압의 도구다. 권리와 정의, 자유에 관한 말들이 압제자들의 손에 쥐어진 도구일 뿐이라는 사실을 깨닫는 순간, 이러한 말들은 더 이상 타당하지 않게 느껴질 것이다.

따라서 이때 프롤레타리아가 국가를 장악해야 한다. 강압의 도구가 압제자들을 향해야 한다. 그것이 혁명이다. 혁명은 자본주의를 뒤엎는다는 의미가 아니다. 분명 혁명은 생산력의 전원을 끄려는 것이 아니다. 마르크스와 엥겔스는 자본주의 생산력에 깊이 매료되어 있었으며, 그 엄청난 산업 역량을 유지할 수 있기를 열망했다. 다만 노동자들이 그 혜택을 향유할 수 있기를 바란 것이다.

혁명을 통해 체제를 운영하는 사람들이 체제에 착취당하는 사람들로 대체될 것이다. 노동자들이 이 체제를 지배할 것이다. 그때가 되면 모든 상황이 바뀔 것이다. 반드시 바뀌어야 하는 것 가운데 하나가 바로 국가의 역할이다. 어쨌든 국가는 노동자들을 강제하기 위해 존재하는데, 이제 노동자들이 국가의 통제력을 갖게 되었기 때문이다. 그렇다면 여전히 강압이 필요한 사람은 누구일까?

먼저 자본가들에게 강압이 필요할 것이다. 부르주아가 국가 권력을 쉽게 포기하지 않을 것이기 때문에 여전히 무력이 필요하다.『공산당선언』은 이처럼 권력을 남용해온 사람들과 싸우기 위해 국가 권력이 필요할 것이라는 점을 분명하게 이해하고 있다. 이제 총구를 돌려서 상대방을 겨냥해야만 한다.

그러나『공산당선언』은 또 다른 가능성도 암시한다. 착취당했던 사람들이 국가 권력을 잡게 된다면, 궁극적으로 국가가 노동자들을 착취하고 억압하는 것이 아니라 산업 경제 생활을 규제하기 위해서만 존재한다면, 국가는 전혀 필요 없을지도 모른다. 국가의 본질이 더 이상 마르크스와 엥겔스가 이해한 계급 억압의 도구나 수단이 아니라면, 억압 계급인 부르주아가 제거된 후 국가는 왜 존재해야 할까? 마르크스주의 혁명 사상에서 때로는 전면에, 보통은 그 배경 깊은 곳에는 국가가 완전히 사라진 세계에 대한 이루어질 수 없는 꿈이 있을 수도 있다.

카를 마르크스 · 프리드리히 엥겔스,『공산당선언』, 1848

마르크스사상과 국제주의

『공산당선언』에 제시된 마르크스주의의 네 가지 구성요소는 자본주의, 위기, 계급, 혁명이다. 그러나 이 요소들로 전체 그림이 구성되지는 않는다. 거의 대부분 포함되지 않지만, 어쩌면 가장 중요한 사상 한 가지가 빠져 있다. 『공산당선언』의 또 다른 핵심 개념인 바로 국제성이다. 이 개념은 국제적인 운동이 되어야 한다는 뜻이다. 국제적인 프로젝트가 되어야만 하며, 또한 국제 정치를 이끌어야 한다.

초월하고 극복해야 할 국가는 개별 단위의 국가다. "전 세계 노동자여 단결하라"라는 구호는, 계급이 국가의 경계를 초월하기 때문에 전 세계 노동자가 단결해야 한다고 촉구한다. 그 구상이 제1차 세계대전이 발발한 1914년 소멸될 뻔했다. 이 꿈은 절대 완전히 사라지지 않기 때문에 거의 죽을 뻔했지만 완전히 죽지는 않았다. 국제 연대의 힘은 이토록 강력하다.

이 모든 생각들, 즉 자본주의 위기가 국제 프롤레타리아 혁명으로 이어진다는 마르크스사상의 전체 구상을 종합하면 강력한 조합이 된다. 마르크스와 엥겔스는 이러한 구상이 함께 진행되어야 한다고 생각했다. 이러한 사상적 종합은 매우 강력하며, 다양한 맥락에서 다양한 방식으로 사람들에게 그 필요성을 호소하기 때문에 지금까지 지속되어 왔다. 그러나 특히 오늘날에는 전체 사상이 조명받는 경우는 매우 드물다. 사상의 역사에서 가장 영향력 있다고 평가받는 대부분의 저작들과 마찬가지로, 『공산당선언』에서도 선별적으로 받아들이고 불편한 내용들은 제외하기도 한다. 독자는 자신이 처한 상황에 적절한 생각만을 선택한다.

그중에서 가장 먼저, 가장 빨리 사라지는 생각이 바로 국제주의다. 심지어 마르크스와 엥겔스도 그랬다. 『공산당선언』의 명성과 함께 그들의 명성도 높아지면서 이 글은 수많은 국가에서 다양한 언어와 판형으로 출간되었다. 엥겔스는 새 판이 나올 때마다 서문을 새로 썼는데, 이때 민족주의운동에 맞춰 내용을 바꿨다. 『공산당선언』의 폴란드어판은 폴란드 민족주의와 일치하는 것처럼 포장되었다. 또한 이탈리아어판은 이탈리아 민족주의 역시 공산주의의 명분이 될 수 있다고 포장했다. 이러한 수정판들은 대체로 원서보다 더 잘 팔렸다.

국제주의는 1914년 결정적으로 쇠퇴했으며 1917년의 러시아혁명 이후에도 별로 회복되지 않았다. 이때 『공산당선언』 자체는 되살아났고, 계급을 기반으로 한 혁명에 대한 생각은 확실히 그랬다. 그러나 러시아혁명은 민족주의 혁명이었으며, 이를 통해 탄생한 볼셰비키 국가는 내전에서 살아남아야만 했다. 이 내전을 거치면서 볼셰비키는 새로운 민족국가를 수립했고, 이는 이후 새로운 제국, 이어서 익숙한 국제적인 제국이 되었다. 이는 마르크스와 엥겔스가 의도한 국제주의와 달랐다.

그렇다면 혁명에 대한 생각 자체는 어땠을까? 그 생각은 세월의 시험을 견뎌냈을까? 다시 말하지만 그 답은 우리가 자리 잡은 위치에 따라 달라진다. 혁명은 일어났다가 사라진다. 마르크스주의 혁명은 최소한 현재로서는 사라진 것으로 보인다. 변혁의 지속가능성을 성공의 기준으로 삼는다면, 내가 경험한 가장 성공적인 혁명은 1989년 동유럽에서 일어나 공산주의 체제를 무너뜨린 혁명들이다. 이 혁명들은 엄밀히 말하면 반혁명 운동은 아니었지만, 그래도 수레바퀴를 완전히 한 바퀴 돌려놓았다.

동유럽과 서유럽으로 분단된 지 40년 만에 1989년 이후 통일된 독일은 제1차 세계대전 이전과 거의 동일한 민족국가였다. 다만 훨씬 더 자유주의적이고 민주적이었다. 자본주의의 엄청난 생산력에 대한 헌사를 제외하면 21세기 독일에서『공산당선언』은 특별한 지침서가 아니다.

조금 더 최근에 또 다른 혁명들이 일어났다. 이는 심지어 수레바퀴가 더 폭넓게 돌아갈 수도 있음을 의미한다. 아랍의 봄은 지금으로부터 겨우 10여 년 전에 일어났으며, 이때는 위대한 혁명적 희망과 열정의 시기였다. 비록『공산당선언』의 이름으로는 아니지만 아랍 세계 전역의 권위주의적 정권들을 전복할 수 있을 것처럼 보였다.

많은 사람들은 이러한 변혁적 사건들과 비교할 만한 혁명을 찾기 위해 계속해서 과거를 들여다보았다. 이 사건이 제2의 1917년 러시아일까? 아니면 1989년의 벨벳혁명Velvet Revolutions(피를 흘리지 않고 이루어진 시민 혁명— 옮긴이 주)과 더 유사할까? 1917년은 확실히 아닌 것 같지만, 여전히 우리는 그 답을 알지 못한다. 그럼에도 역사적 사건들과 비교해 본다면 1848년이 아마도 가장 가능성이 높은 해일 것이다.

『공산당선언』이 출간된 해에 유럽에서 일어난 혁명들의 결과에 혁명주의자들은 굉장히 실망했다. 이 혁명들은 반작용과 탄압으로 이어졌으며, 혁명주의자들이 전복하려 했던 것보다 더 강압적인 정권이 복귀하기도 했다. 아랍의 봄은 이와 유사한 과정으로 진행된 것 같았다. 그러나 1848년 혁명은 유럽의 정치적 삶과 사회에 더 장기적으로 심각한 영향을 미쳤다. 이후 20세기 민주 정치가 궁극적으로 성공할 수 있었던 기원을 1848년 혁명에서 찾을 수도 있다. 그렇다고 해도 그 결과가 나올 때까지 기다리기에는 지독히도 오랜 시간이 필요했다.

새로운 계급의 등장

그렇다면 계급에 대한 생각은 어떨까? 많은 사람들은 여전히 정치가 주로 계급을 둘러싸고 이루어지는 경쟁이라고 생각한다. 이 생각은 단 한 번도 사라진 적이 없다. 그리고 오늘날 이를 가장 열렬하게 주장하는 많은 이들이 지금도 스스로 마르크스주의자라 부른다. 마르크스와 엥겔스에게 진짜 중요한 단 하나의 계급투쟁은 노동자와 자본가 사이의 투쟁이었다. 이는 우리 시대에도 여전히 핵심 투쟁일 수 있다. 그러나 점점 더 보편적으로 계급정치를 다른 용어로 설명한다.

새로운 계급이 등장하거나 새로운 계급 분열이 일어날 가능성이 있다. 모든 정치적 갈등의 범위를 프롤레타리아 대 부르주아의 갈등으로 좁히면, 마르크스와 엥겔스는 이러한 분열이 시간이 지날수록 더 선명해지고 더 깊어져야 한다고 생각했다. 그러나 자본주의의 최근 역사를 보면 그 분열은 점점 불분명해졌다. 오늘날 프롤레타리아는 누구인가? 노

카를 마르크스 · 프리드리히 엥겔스, 『공산당선언』, 1848

동의 성격이 바뀌는 경향을 고려한다면, 여전히 노동자가 프롤레타리아라고 할 수 있을까? 로봇이 산업 노동을 대체한다면 어떻게 될까? 중산층의 상당수가 컴퓨터에 일자리를 빼앗길 수 있다면 그들은 어디로 가야 하는가? 어떤 사회든 의심할 나위 없이 누군가는 맨 밑바닥에 있기 마련이다. 또 다른 누군가는 의심할 나위 없이 가장 높은 자리에 있는 것을 확인할 수 있다. 그러나 이 두 가지 범주로 구분하기가 어려운 아주 많은 사람들이 그 사이에 있다.

교육으로 새로운 계급을 나눌 수 있다. 민주주의 정치는 고등교육을 받은 사람들과 받지 못한 사람들 사이에 깊은 균열을 만들었다. 이 균열은 투표하는 성향, 정치적 태도, 자신을 표현하는 방법, 동일시하는 정치 문화에 반영되어 있다. 이제는 이러한 분열들의 뿌리가 대부분 더 깊다. 예를 들어 브렉시트Brexit와 관련된 문제에서는 소득이나 계급보다 대학 교육 여부가 투표 성향을 파악하는 데 더 좋은 지표였다. 가난한 학생들도 부유한 졸업생들과 같은 의견으로 투표했다.

연령이 새로운 기준이 될 수 있다. 현대 서구 사회의 정치를 들여다보면, 가장 중요한 많은 문제들에 대한 노년층과 젊은 층의 생각이 본질적으로 분열되어 있다는 것을 알 수 있다. 노년층과 젊은 층은 정치를 점점 더 다르게 생각하며, 결과적으로 다르게 투표한다. 연령 역시 소득이나 계급보다 브렉시트 국민투표에서 투표 성향을 파악하는 데 더 적절한 지표였다(대학교육을 받지 않은 사람들과 마찬가지로 노년층 유권자들은 유럽연합European Union, EU 탈퇴에 찬성하는 경향이 훨씬 높았다). 영국의 노동당, 미국의 민주당, 독일의 사회민주당(기존의 마르크스주의 노선)을 비롯해 전 세계 여러 사회민주주의 성향의 정당들은 더 이상 노동자의 당이 아니다. 교육받은 자들이나 젊은 세대를 대변하는 당이다.

고학력자와 젊은 사람, 저학력자와 나이 든 사람을 계급으로 생각할 때는 문제가 있다. 마르크스와 엥겔스가 부르주아와 프롤레타리아, 착취자와 피착취자, 기만당한 자와 덜 기만당한 자에게 모두 부여했던 주체성이 대부분 결여되어 있다는 점이다. '젊은 사람들'이 단일 계급으로 정치적 행동을 할 수 있는 이유는 분명하지 않다. 누가 그들을 대변하는가? 실제로 젊은 사람들을 대변하는 의미 있는 정당은 하나도 없다. 노동당은 이제 노년층보다 젊은 층을 더 대변하지만, 그렇다고 해서 노동당이 '청년당'은 아니다. 노동당은 여전히 노동당이다.

젊은 사람들에게 주체성이 없다고 해도 마르크스와 엥겔스의 계급 갈등을, 연령을 중심으로 분석한 현대의 사회적 구분과 연관시킬 수 있다. 나는 마르크스주의자가 아니지만 『공산당선언』에는 내 머릿속에서 떠나지 않는 무언가가 있다. 마르크스와 엥겔스는 1848년 글을 집필할 때, 실제로 어떤 일이 어떻게 진행되는지 이해할 수 있는 유일한 계급이 바로 프롤레타리아라며 차별화했다. 그들은 본질적인 거짓말에 속을 이유가 없기 때문에 잘 현혹되지 않는다. 비록 그들에게 주체성이 없다고 해도(일부 마르크스주의자들이 프롤레타리아에게 주체성이 없다고 우려하지만), 그들에게 무엇이 지속될 수 있고, 무엇이 지속될 수 없는지와 관련해서 미래에 대한 지식이 없는 것은 아니다.

카를 마르크스 · 프리드리히 엥겔스, 『공산당선언』, 1848

현대 정치에서 더 젊은 유권자와 더 나이 든 유권자는 미래에 대한 관점이 본질적으로 다르다. 더 젊은 유권자는 기후변화를 훨씬 더 심각하게 받아들이고 그로 인해 초래될 결과를 두려워한다. 그 차이는 다양한 방법으로 해석할 수 있다. 어쩌면 이는 그저 개인의 욕심 때문일 수도 있다. 젊은 사람들은 나이 든 사람들보다 더 오랫동안 기후변화의 영향을 받으며 살아가야 하니까. 그러나 하나의 계급으로서, 즉 우리 사회에서 점점 더 피착취 계급으로 전락하고 있는 젊은 사람들이 나이 든 사람들보다 미래를 더 잘 이해하고 있을 가능성도 있다. 그들은 우리가 보지 못하는 것들을 본다. 그들은 앞으로 어떤 일이 닥쳐올지 알고 있고 거짓말에 현혹되기를 거부한다.

현대 자본주의의 위기를 어떻게 극복할 것인가

2008년에도 사람들은 왜 자본주의가 끊임없이 엄청난 위기를 겪게 되는지 이해하려 노력한다. 그러면서 『공산당선언』뿐만 아니라 『자본론』과 마르크스의 다른 저작들까지 포함해서 마르크스주의가 다시 대유행했던 것은 우연이 아니다. 마르크스의 분석 중 일부는 여전히 선견지명과 설득력이 있어 보인다. 자본주의가 그 체제를 관리하는 사람들이 통제할 수 없는 마법이라는 생각, 가장 성공한 자본가들은 실제로 그들이 세상에 무엇을 풀어놓았는지 이해하지 못한다는 생각은 특히 지난 10년을 겪은 오늘날 부정하기 어렵다.

  자본가들의 속임수가 실패했을 때, 그들은 착취할 만한 새로운 시장을 찾거나 더러운 일을 대신 처리해달라고 국가에 요청하는 것 말고는 할 수 있는 일이 없다. 자본가들이 스스로 무슨 일을 하는지 이해하지 못할 가능성, 특히 가장 성공한 자본가들이 이 사실을 가장 이해하지 못하고 있을 가능성은 디지털혁명의 시대에 큰 반향을 불러일으킨다. 실리콘밸리의 거대 기술 기업들은 자신들이 지하세계에서 소환해낸 힘을 어떻게 사용해야 할지 알고 있을까?

  이제 주기적으로 찾아오는 위기를 극복하고 다른 방향으로, 더 나은 세계로 자본주의를 관리할 수 있는 존재는 누구인가라는 근본적인 질문이 남는다. 마르크스와 엥겔스는 궁극적으로 피착취 계급이 되어야 한다고 대답한다. 아마도 그런 날이 올 것이다. 자본주의 최후의 위기를 맞아 가장 바닥에 있는 사람들이 이제 가장 높은 자리에 올라갈 수 있도록 수레바퀴를 돌리는 것 외에는 선택의 여지가 없는 날이 올 것이다.

  개인적으로 우리가 경험한 코로나 19 팬데믹 사태가 그 위기라고 생각하지는 않지만, 그건 아무도 모른다. 국경과 국가 간의 장벽을 극복하고 민족국가 정치의 한계를 넘어 가장 취약한 사람들이 국제적으로 연대하는 기회가 될 위기를 맞을 수도 있다. 어쩌면 머지않은 미래에 기후변화가 그 위기일 수도 있다. 그럼에도 현재로서는 자본주의를 파멸시킬 수 있는 위기를 맞을 때마다 국가 간의 구분은 더 견고해지고 그 장벽은 더 높아지는 것 같다.

카를 마르크스 · 프리드리히 엥겔스, 『공산당선언』, 1848

그러나 자본주의 세력, 주기적으로 위기에 빠지는 경향을 실제로 통제할 수 있는 유일한 제도가 이미 우리 곁에 있을 수도 있다. 바로 현대 국가, 홉스식 국가다. 강압적이기만 한 것이 아니라 인간 해방의 도구가 될 수도 있는 이 이중적 제도에는 여전히 차이를 만들어낼 수 있는 힘이 있다. 마르크스와 엥겔스가 자본주의에 대해 하려던 이야기들에 상응하는 방식으로 현대 국가를 이해할 수도 있다.

현대 국가 역시 때로는 경외심을 불러일으키는 마법 같은 측면이 있다. 자본주의가 기계장치인 것처럼 홉스의 리바이어던은 기계지만, 지하 세계에서 소환되어 생명력을 얻은 존재이기도 하다. 마치 살아 있는 것처럼 저절로 움직인다. 이 장치를 운영하고 관리하는 사람들, 즉 정치인들이 그 힘에 대해 온전히 이해하고 있는지는 명확하지 않다.

어쩌면 우리는 통제력을 갖기 위해 서로 경쟁하는 경제적인 힘과 정치적인 힘(현대 자본주의와 현대 국가)이 아무것도 온전히 통제할 수 없는 세계에 살고 있는 것인지도 모른다. 특히 위기의 순간마다 그 둘 사이에서 선택해야만 할 수도 있다. 둘 중 하나는 결국 우리가 완전히 현혹되지 않게 하고 다른 하나는 기만하는 존재이기 때문이 아니다. 모두 자기만의 방식으로 기만적이다. 그러나 둘 다 자기만의 방식으로 필수적이기도 하다. 그렇기 때문에 우리는 서로 다른 기만 사이에서 정치적으로 선택해야 하는 문제에 직면한 것일 수도 있다.

그렇다면 마르크스와 엥겔스가 어떻게 생각하든 우리는 현대 국가의 편, 정치의 편에 서야만 할 수도 있다.

제6장

간디와 자치

마하트마 간디, 『힌두 스와라지』, 1909

나의 삶과 공동체를
정부와 제도에만 맡겨도 될 것인가?

모한다스 간디 Mohandas Gandhi ('마하트마Mahatma', 1869~1948)

인도 서부 구자라트 지방정부 관리의 아들로 태어났다. 13세에 14세의 소녀와 결혼했으며 60년 이상 결혼 생활을 이어갔다. 18세가 되었을 때는 법을 공부하기 위해 영국 런던으로 갔으며 마침내 변호사가 되었다. 또한 채식주의자가 되었다.

   1893년에는 한 해운회사의 변호사가 되어 남아프리카공화국으로 이주했다. 보어전쟁에서는 영국군의 들것 운반병으로 복무했다. 남아프리카공화국에 있는 동안 인종차별에 반대하는 대표적인 인권운동가가 되었으며, 비폭력 저항이라는 자신의 철학을 발전시켰다. 또한 인도 독립운동가가 되었다. 1915년에 인도로 돌아와 제1차 세계대전 이후 영국 통치에 반대하는 비협조 운동을 시작했다. 1922년에 선동 혐의로 수감되었으며, 1924년 출소하면서 평화적 저항 활동을 시작했다. 그 정점은 1929년의 소금 행진Salt March이다. 이때 그의 수많은 추종자들은 제국주의 정권에 끊임없이 폭행당했다.

   간디는 1932년 식민 통치 종식을 준비하기 위한 영국 정부와의 협상에 참여하기 위해 런던으로 갔다. 제2차 세계대전 때문에 인도 독립은 보류된 것처럼 보였고, 간디는 다시 한 번 비협조 운동을 펼친 혐의로 1942년에 구속되었다. 건강 문제로 1944년 석방되었고 마침내 1947년 인도의 독립을 이끌어낸 협상에 참여했다. 분할에 반대하고 종파 폭력 사태의 증가를 막기 위해 노력하던 그는 기도회에 연설하러 가던 길에 힌두 민족주의자의 손에 암살당했다.

『힌두 스와라지』는 인도의 독립운동을 위한 사상적 기초를 제시한 책으로 서구식 문명과 근대화를 비판하고 인도적 방식의 자치(스와라지)를 주장했다. 이 책에서 간디는 영국식 가치와 생활방식, 근대 문명 전체가 인도를 지배하고 있다고 보았다. 따라서 진정한 독립은 단순한 정치적 해방이 아니라 자립과 자제, 도덕적 자각을 통한 영혼의 해방이라고 강조했다. 간디는 인도 사회가 내면의 힘으로 자율성과 공동체 정신을 회복해야 한다고 주장한다. 그는 서구가 만든 근대 문명이 비인간적이고 파괴적이라며, 이에 맞서는 인도의 전통적 가치, 즉 간소함, 공동체, 비폭력(아힘사), 자급자족(스와데시)을 대안으로 제시했다.

이 책은 당시 영국 지배에 저항하는 인도 사람들에게 정신적 지침서가 되었고, 이후 간디의 비폭력 저항 운동(사티아그라하)의 이론적 토대가 되었다. 오늘날까지 이어진 그 사상은 생태주의, 탈성장 운동, 공동체 민주주의 등에 영향을 주고 있다.

마하트마 간디, 『힌두 스와라지』, 1909

***

『힌두 스와라지』와 간디의 사상

지금까지는 모두 서구 전통에서 나타난 사상에 대해서만 이야기했다. 앞서 다룬 저자들은 한 명을 제외하고 모두 백인 남성이고 메리 울스턴크래프트만이 백인 여성이다. 자신들이 살고 있던 사회의 모든 질서를 전복하려 했던 마르크스와 엥겔스조차도 그 사회질서를 처음 만들어낸 지적 전통 내에서 활동했다. 그들은 휩쓸어버리려 했던 세계를 세운 현대 유럽 사상과 함께 그 사상을 바탕으로 행동했다.

이 장에서는 서구 출신이 아닌 사람을 다룬다. 모한다스(또는 마하트마) 간디는 영국의 식민지였던 인도에서 태어났으며, 우리가 지금까지 살펴본 사상가들과는 매우 다른 삶을 살았다. 그는 현대, 합리주의, 서구의 사고방식과 전혀 다르게 사고했고 그런 사상을 형성했다. 그러나 간디는 나중에 그가 도전하게 된 현대 정치사상에서 완전한 외부인은 아니다. 그는 변호사였으며 주로 런던에서 법률 교육을 받았다.

그는 런던대학교에서 공부했다. 그후 변호사가 되었으며 이너 템플 Inner Temple(영국의 4대 변호사협회 가운데 하나 — 옮긴이 주)에서 변호사 자격을 땄다. 이너 템플은 엄밀히 말해 외부인의 제도가 아니라 오히려 영국 법률제도의 핵심이며, 당시에는 대영제국의 심장부였다. 간디는 고대 문학을 비롯해 서구 문학을 두루 섭렵했다. 나와는 달리 간디는 플라톤에서부터 공부를 시작했다. 그는 소설도 읽었으며 레프 톨스토이Lev Tostoy와 디킨스를 열렬하게 흠모했다. 그는 서구의 관점 밖에서 가져올 수 있는 모든 것을 서구 자체에 대한 깊은 이해로 보완했다.

인도의 자치에 대한 선언문인 『힌두 스와라지Hindu Swarāj』는 1909년에 집필, 출간되었다. 이 글에는 『공산당선언』과 몇 가지 공통점이 있었다. 그중 하나는 이 글이 매우 짧은 시간에 쓰였다는 것이다. 『공산당선언』은 집필하는 데 두 달 정도 걸렸다. 『힌두 스와라지』는 겨우 2, 3주 만에 집필했다. 간디는 인도 학생들을 대신해 조직 활동을 하려고 방문했던 영국에서 남아프리카공화국으로 돌아오는 동안 배에서 이 글을 썼다.

당시 간디는 남아프리카공화국에서 살며 유명한 변호사가 되었으며, 오늘날 인권 운동가라고 부를 만한 인물이 되어 있었다. 그는 인도 독립에 대한 당면한 논쟁에 참여하는 방법의 하나로 『힌두 스와라지』를 썼다. 그런 점에서 이 글에도 『공산당선언』과 비슷한 긴급성이 있다. 당시 상황이 긴박했다. 또한 변화의 흐름이 감지되고 있었으며 사람들에게 그의 생각을 전달해야 했기 때문에 빠르게 집필했다. 게다가 그는 바다 위에 있었기 때문에 시간이 많았다.

『힌두 스와라지』는 『공산당선언』과 마찬가지로 매우 비타협적인 글이다. 가상의 대화 형태로 쓰였기 때문에 형식은 다르다. 『공산당선언』은 두 사람이 마치 한 사람인 것처럼 쓴 글이다. 『힌두 스와라지』는 한 사람이 마치 두 사람인 것처럼 썼다. 그러나 이 가상의 논쟁에서 간디가 어느 편인지는 분명하며, 그의 태도는 비타협적이다. 마르크스와 엥겔스는 자신들이 속한 급진적 노동자 동맹의 동지들에게 부르주아, 자유주의적 자본주의의 거대한 거짓말에 현혹되지 말라고 경고하려 했다. 이와 마찬가지로 간디는 영국의 제국주의가 통치하는 현실에서 인도의 독립을 위해 다양한 운동에 참여하고 있는 사람들에게, 그가 본 거대한 거짓말에 현혹되지 말라고 경고하려 했다.

그 거짓말이란 무엇이었을까? 간디의 관점은 거의 모든 면에서 마르크스와 엥겔스의 관점과는 달랐지만, 공통점이 하나 있다. 간디는 『공산당선언』의 저자들과 마찬가지로 현대 정치 생활의 이중성에 대한 깊은 의혹을 갖고 있었다. 그는 현대 국가가 단순한 양면이 아니라 두 얼굴을 갖고 있다고 생각했다. 그리고 그 두 얼굴은 모두 태생적으로 위선적이거나 그보다 더 나쁜 것이라고 생각했다. 간디는 필연적으로 악이 선을 몰아낼 것이기 때문에 이중성이 있는 정치체제와는 타협할 수 없다고 생각했다.

그는 영국 국가, 영국의 제국주의 지배와 타협하려는 시도에 대해 경고했다. 영국의 제국주의 통치에는 절대적으로 두 얼굴이 있으며 그 통치 방식은 매우 위선적이기 때문이다. 그 통치는 강압적이고 억압적이며 착취적이었다. 그러나 그 위선적인 얼굴들은 간디 자신도 훈련받았던 법적 원칙인 영국식 관습법과 법의 지배에 대한 사상을 포함해 법의 언어로 표현되었다. 영국은 인도를 통치하며 안보와 진보에 대한 약속으로 강압과 착취를 포장했다. 영국 제국주의자들은 제국주의 통치가 그들이 지배하는 사람들에게 도움이 되며, 그 혜택은 현대 자유주의 정치의 친숙하고 친절한 언어로 표현될 수 있다고 믿고 싶어 했다. 간디는 이러한 약속을 거짓말이라고 보았다.

영국 통치 중에서 만약 영국을 몰아낼 수 있다면 더 잘 작동할 수 있을 것 같은 부분만을 골라낸다. 그리고 그것을 인도의 문명과 전통 중 가장 좋은 부분과 결합한다. 일종의 하이브리드 영국-인도식 정치체제다. 간디는 이 같은 시도는 결코 성공하지 못할 것이라고 보았다. 마르크스와 엥겔스가 부르주아국가의 가장 좋은 요소만을 선별해서 혼합 사회민주주의를 정립하려는 시도는 성공하지 못할 것이라고 생각한 것과 마찬가지다.

혼합된 모든 형태는 현대 정치가 틀렸다는 사실을 보여주는 징후이므로 어떤 형태도 성공할 수 없다. 현대 정치는 기계적이며 인위적이기 때문에 잘못된 것이다. 간디가 거부한 이중성은 어떤 의미에서는 홉스식 이중성이었다. 현대 국가는 그저 영혼 없는 기계일 뿐이었다. 리바이어던을 실제 사람, 살아 숨 쉬는 신의 창조물로 포장할 수는 없다. 간디는 그러한 생각을 단호하게 거부했다.

우버와 딜리버루의 세계를 예측한 간디

그러나 간디 역시, 아니 어쩌면 마르크스와 엥겔스보다 훨씬 더 이러

마하트마 간디, 『힌두 스와라지』, 1909

한 기계적이고 인위적인 사회조직 방식, 현대 국가의 힘과 생산 산업의 힘을 결합해 변혁을 일으킬 수 있는 가능성을 선지자처럼 예상했다.『공산당선언』에서 마르크스와 엥겔스가 자본주의의 역량과 땅에서 뽑아낼 수 있는 모든 것, 즉 전체 생태계와 인구, 새로운 교통수단과 통신수단에 경탄했던 구절과 비슷한 문장이『힌두 스와라지』에도 담겨 있다.

『힌두 스와라지』에서 간디는 우리가 현대성의 여정을 계속 따라가면 도래할 것이라고 생각하는 세계를 이렇게 묘사한다. 그 여정은 현대 국가로 시작해서 다음과 같이 끝난다.

> 과거 사람들은 마차를 타고 이동했다. 오늘날 사람들은 하루에 600킬로미터가 넘는 거리를 하늘을 나는 것처럼 이동한다. 이는 문명의 정점이라고 생각한다. 인간이 진보하면 비행선을 타고 이동하고 몇 시간 만에 세계 어느 곳에든 닿을 수 있을 것이라고 말해왔다. 인간은 더 이상 손발을 써서 일할 필요가 없게 될 것이다. 버튼 하나만 누르면 갈아입을 옷이 척 나올 것이다. 또 다른 버튼을 누르면 신문이 준비될 것이다. 세 번째 버튼을 누르면 자동차가 대기하고 있을 것이다. 온갖 산해진미가 눈앞에 차려질 것이다. 이 모든 것이 기계의 힘으로 가능해질 것이다.

간디는 이 글을 1909년에 썼다. 20세기 초에 나온 21세기를 가장 정확하게 예상하고 묘사한 글 가운데 하나다. 무엇보다도 이 글은 승차 공유 서비스인 우버와 음식 배달 플랫폼 딜리버루의 세계를 아주 정확하게 묘사했다. 버튼만 누르면 자동차가 대기한다. 또 다른 버튼을 누르면 누군가 산해진미를 가져다준다. 간디는 이처럼 엄청난 예지력이 있었음에도 이러한 미래가 놀랍기는 해도 불합리하다고 생각했다.

사실 이러한 생각은 온전히 간디 자신만의 예언으로 보기는 어렵다. 그는 유명한 영국 소설가인 에드워드 모건 포스터Edward Morgan Forster의 영향을 분명 받았을 것이다. 간디가 서구 지적 전통의 외부인인 동시에 내부 깊숙이 들어가 있는 방식을 보여주는 또 하나의 지표다. 포스터는 「기계가 멈추다The Machine Stops」라는 유명한 단편소설을 썼다. 이 소설은 처음 출간되었을 때보다 지금 더 유명해졌다. 포스터는 작은 캡슐 안에서 인간이 기계의 도움을 받아 서로 의사소통하는 세계를 그렸다. 그렇게 함으로써 완전히 외부와 단절된 자기만의 세계에서 가상연결뿐만 아니라 다양한 가상의 쾌락을 경험하는 세계를 예견했다. 이는 인간을 하나로 연결하는 서로 연결된 케이블 네트워크인 '기계'에 전적으로 의존하는 삶의 방식이다. 다시 말해 기계가 멈추면 인간의 의사소통도 멈추고 결국 생명도 멈춘다는 뜻이다.

포스터가 쓴 이 소설은 1909년 한 잡지에 실렸다. 간디가 사우샘프턴에서 케이프타운으로 돌아올 때 탄 배에 이 잡지가 비치되어 있었을지도 모른다. 이는 순전히 내 짐작이지만, 포스터가 이러한 세계를 예견했기 때문에 그 배에서 이 소설을 읽고 간디도 우버와 딜리버루의 세계를 생각하지 않았을까?

마하트마 간디, 『힌두 스와라지』, 1909

기계로 연결되고 기계에 의존하는 인간의 미래는 간디에게 악몽이었다. 그는 이런 세계가 본질적으로 비인간적이라고 생각했다. 거의 모든 면에서와 마찬가지로, 이 점에서도 간디는 마르크스와 엥겔스와 전혀 다르다. 실제로 간디의 인도 독립에 대한 비타협적인 호소인 『힌두 스와라지』를 가장 강하게 비판한 사람들 대부분이 마르크스주의자였다. 영국과 타협하기를 원했기 때문이 아니라, 사회가 작동하는 방식에 대한 간디의 근본적인 분석을 심각하게 의심했기 때문이었다.

마르크스주의 분석의 기본 단위는 간디의 분석과 달랐다. 간디에게 정치는 계급에 관한 것이 아니었다. 정치는 기본적으로 개인에 관한 것이었다. 마르크스주의는 정치가 작동하는 방식을 자기가 속한 계급이 언제나 개인을 초월한다고 분석한다. 이와는 달리 간디는 개인이 정치적 삶의 초월적인 단위이며, 개인으로서 우리 각자는 자신의 운명을 책임져야 한다고 생각했다. 인도 독립을 주장하는 『힌두 스와라지』는 개인의 독립, 개인의 자급자족, 개인의 자치에 관한 생각을 기반으로 한다.

우리는 다른 누군가를 지배하는 것을 전제하기 전에 우리 자신부터 지배할 수 있어야만 한다. 정치가 개인이 스스로 내리는 결정에 뿌리를 깊이 내리고 있지 않다면, 정치에는 아무 의미도 없다고 간디는 생각했다. 훗날 20세기에 페미니스트 운동은 "개인적인 것이 정치적인 것이다"라는 구호를 만들어낸다. 간디는 정치적인 것이 개인적인 것이라고 생각했다.

동시에 간디는 마르크스주의자들과 마찬가지로, 최소한 전통적 마르크스주의자라면 당연히 그래야 하는 것처럼 열성적인 국제주의자였다. 그는 자신이 생각하는 인도 문명의 미덕과 가치를 서구 문명의 결함과 대조했다. 서구 문명은 인위적이고 단편적이었다. 인도 문명은 유기적이고 총체적이었다. 그러나 인도 문명은 결코 모든 사람을 위한 것은 아니라 인도인을 위한 것이었다. 간디는 대부분의 마르크스주의자와 마찬가지로 의회 대의제가 지속가능한 정치를 실현할 수 있는 토대라는 생각을 거부했다. 그가 이를 거부하는 이유는 아주 분명했다. 이 제도가 너무 기계적이기 때문이었다. 마르크스와 엥겔스는 기계적인 것이 문제라고 생각하지 않았다. 그들은 기계를 좋아했다. 그들이 의회 대의제를 싫어한 이유는 이 제도가 자본주의사회에서 권력의 본질을 심각하게 왜곡해서 전달한다고 생각했기 때문이었다.

간디는 민주적 대의제가 개인으로서 우리는 누구인가에 대한 거짓말이라고 생각했기 때문에 이를 거부했다. 대의제, 특히 의회정치의 어머니로 여기며 다른 모든 의회정치에서 동경하는 영국 의회의 대의제는 살아있는 거짓말이었다. 거의 언제나 남성인 인간은 스스로에게 진실할 수 없기 때문이었다. 간디는 이렇게 썼다. "실제로 (의회의) 구성원들이 위선적이고 이기적이라는 사실은 보편적으로 인정한다. 이들 각자는 자신의 소소한 이해관계만 생각한다. 이런 생각이 이 사람들을 이끄는 동기가 된다는 것은 두려운 일이다. 지금 추진되고 있는 일이 내일은 백지화될 수도 있다."

선출된 정치인은 간디가 '정당 기계 the party machine'라고 부른 것을 섬겨

마하트마 간디, 『힌두 스와라지』, 1909

야 했다. 정치 자체가 기계적인 것이 되어버린 것이다. 그것은 간디가 사람들이 참된 자아로부터 멀어지게 만든다고 생각했던 다른 종류의 기계들과 다르지 않았다. 이 과정에는 이미 하루에 수백 킬로미터를 이동할 수 있는 기차와 머지않아 바다 건너로 승객들을 운송할 비행선이 포함되어 있었다. 개인들은 자신의 자연적인 능력과 자연적인 한계로부터 분리되고 있었다. 그들은 가공되어 포장된 상품이 되고 있었다. 간디는 현대 의학과 인간의 몸을 그저 수리해야 할 또 하나의 도구처럼 취급하는 방식에 의혹을 품었다. 그가 교육받았던 내용들을 포함해 현대적 법 관념에 대해서도 의혹을 갖고 있었다. 이들은 모두 어떤 식으로든 인위적인 삶을 대표하는 형태에 지나지 않기 때문에 진정한 인간의 경험에서 분리되어 있었다.

현대의 대의제 정치는 이러한 계략의 정점에 있었다. 간디는 정치 대표자들이 위선자들이거나 자기기만에 빠져 있다고 생각했다. 그들은 자신들이 하고 있는 말을 스스로도 믿지 않는 신뢰할 수 없는 사람들이거나 아니면 이런 사실 자체를 모르고 사기당한 사람들이었다.

정치가 진정으로 지속가능하기 위해서는 다른 정치를 할 수 있는 다른 방법이 있어야 했다. 정치는 정직해야 한다. 정치는 진실해야 한다. 이상적으로는 사람과 사람이 대면하는 상호작용을 기반으로 해야 했다. 개인이 대표들에게 그들을 대신해 결정할 판단력을 양도한다면 정치는 기능할 수 없었다. 따라서 간디의 관점에 따르면, 현대 국가의 형태에서 정치는 기능할 수 없었다.

개인의 고통으로 권리를 쟁취하라

간디와 그를 비판하는 마르크스주의자들의 가장 근본적인 차이는 대의제 국가나 자급자족할 수 있는 개인과는 상관이 없었다. 그 차이는 국가가 하는 일, 국가의 주요 기능인 강압과 폭력에 관한 것이었다. 무엇보다도 간디는 비폭력을 믿었다. 그는 비타협적 정치 변화를 주창했다. 그는 기존 질서를 전복하고 전혀 새로운 질서로 대체할 수 있다고 믿었다. 그 자체로 하나의 혁명이 될 인도 독립에 대한 생각을 확실하게 믿었다. 그러나 그 목표에 도달하기 위해 국가의 강압적 권력을 빼앗아 우리의 적에게 행사해야 한다고 생각하지는 않았다.

간디는 폭력 혁명을 믿지 않았다. 마르크스와 엥겔스는 비폭력 혁명이 이율배반적인 말이라고 생각했다. 엥겔스는 급진 노동자 동맹 내에서 평화적, 협조적 혁명 같은 방법을 원했던 비판자들에게, 정치 변화가 이루어지는 방식에 대해 터무니없이 이상적인 관점을 갖고 있다고 말한 적이 있다. 그는 "이 샌님들은 혁명을 경험해본 적이 있기는 할까?"라고 물었다. "혁명에는 분명 가장 권위적인 측면이 있다. 이는 인구의 한 집단이 다른 집단에게 총과 총검, 대포라는 수단으로 자신의 뜻을 강제하는 행위다." 엥겔스는 정치가 실제로 변화하는 모습을 보면, 이 과정에 강압적인 요소가 포함될 수밖에 없다는 점을 이해할 것이라고 생각했다. 그렇지 않다면 그것은 진정한 정치나 진정한 변화가 아닐 것이다. 그러나 누군가는 엥겔스에게 이렇게 말할 수 있다. 모든 혁명이 폭력적일 수밖에 없다고 믿는 사람은 간디를 본 적이 없는 사람이다.

마하트마 간디, 『힌두 스와라지』, 1909

비폭력 변화, 때로는 소극적 저항이라 불리고, 오늘날 시민불복종이라 부르는 개념은 간디의 사상에 필수적인 요소다. 그는 이 개념을 다음과 같이 정의했다. "소극적 저항은 개인의 고통으로 권리를 쟁취하는 방법이다. 이것은 무력 저항과 반대다." 그의 목표는 국가의 강압적 권력을 국가나 압제자들에게 사용하는 것이 아니었다. 소극적 저항의 목표는 진보적 자유를 가장한 국가의 권력이 감추고 있던 베일을 벗고 강압적인 속내를 드러내게 하는 것이다. 그럼으로써 진실이 드러난 뒤에도 압제자들이 살아남을 수 있는지를 시험하는 것이다.

그러므로 그들이 기만을 하는 자들인지 아니면 자기기만에 빠진 자들인지는 중요하지 않다. 어떤 경우든 그들이 무슨 일을 하고 있는지 보여줄 수 있다면, 더 이상 진짜 모습을 숨길 수 없다는 사실을 보여줄 수 있다면, 우리는 그 질문을 그들에게 돌려줄 수 있다. 이것이 정치라면, 이것이 국가의 권력이라면 어떻게 감내하고 살 수 있겠는가? 어떻게 자기 자신으로 살 수 있겠는가?

이러한 정치에 대한 이해는 내가 지금까지 한 이야기와는 완전히 다르다. 내가 지금까지 다룬 사상가들은 모두 정치적 삶의 핵심에 강압적인 요소가 있어야만 한다고 인정했다. 간디는 현대 국가의 이중성을 거부하며 '강압이 더 높고 더 고귀한 이상과 공존할 수 있으며, 그 이상을 오염시키지 않는다'는 생각을 받아들이지 않았다.

그는 수단과 목적을 분리할 수 있다고 생각하지 않았다. "수단과 목적이 관련되어 있지 않다는 믿음은 엄청난 오해다. … 우리는 정확히 뿌린

대로 거둔다." 그렇기 때문에 평화를 얻기 위해 공포를, 두려움을 몰아내기 위해 두려움을, 질서를 창조하기 위해 무력을 이용할 수는 없다. 수단이 목적을 오염시킬 것이고 그 공포와 두려움, 무력은 그 결과 안에 항상 존재할 것이기 때문이다.

진정하고 지속가능한 방향으로 정치가 변화하려면 수단과 목적이 일치해야 한다. 어떤 사회와 그 사회에 살고 있는 모든 개인을 위해 독립과 자치를 이루는 것이 목적이라면, 독립을 추구하는 운동과 그 운동에 참여하는 개인들 역시 독립과 자치를 반영하는 수단을 이용해야 한다. 말로는 충분하지 않다. 행동으로 실천해야만 한다. 저항운동이 운동으로 대체하려는 것을 모방해서는 안 된다는 점이 중요하다.

소극적 저항은 국가가 최악의 모습을 드러내게 하고 그 결과를 감내하는 것, 심지어 환영하는 것을 의미한다. 우리가 진짜 누구인지 보여주기 위해, 문제의 실체가 무엇인지 드러내기 위해, 폭력에 저항하지 않으면서 우리 자신에게 폭력을 행사하라고 요구하는 것이다. 그는 "내가 법을 지키지 않는다면, 그 결과로 처벌을 받아들인다면 나는 고결한 힘을 사용하는 것이다. 이 과정에는 자기희생이 따른다."

현대 역사에서 가장 효과적인 정치운동

실제로 간디는 스스로를 위험에 노출시키고 탄압을 부르는 단식투쟁과 시위, 행진을 통해 이런 정치를 자신의 삶과 실천으로 구현했다. 그러나 그를 따르는 사람들 역시 탄압받고 구타당하고 죽임을 당하고 구속되어 감옥살이를 했다. 그는 의회 모델과는 전혀 다른 대의정치를 제시했다. 이 체제는 지도자가 없는 정치와는 달랐다. 간디는 독립운동의 지도자가 되었으며, 결국 20세기에 가장 중요한 정치적 인물 가운데 한 사람이 되었다.

그러나 그는 다른 모든 사람을 대신해 결정할 자신의 권리를 주장하거나, 어떤 이유로든 의사결정권을 다른 사람에게 양도하기로 선택한 사람들을 대신하는 방식으로 운동을 이끌지 않았다. 이는 우리의 정치적 신념이 요구하는 삶을 실천하는 방식의 대표성이었다. 간디는 무언가를 대표한다는 것이, 다른 사람들에게 우리가 기대하는 행동을 내가 먼저 실천한다는 것이라고 생각했다. 즉 우리 스스로 할 수 있다는 모범을 보여줌으로써 다른 사람들도 그렇게 할 수 있을 것이라고 기대하게 만드는 것이다. 이는 홉스식 대의제와는 완전히 다르다. 이는 의회 대의제와도 전혀 다르다. 또한 오늘날 우리가 이해하는 민주적 대의제와도 전혀 다르다. 이 방식에는 매우 정신적인 요소가 있었다.

간디의 정치사상을 묘사할 수 있는 또 하나의 단어는 전체론이다. 이 개념은 정치를 초월하는 것이었으며, 자유와 법을 통합하려는 단순한 시도가 아니었다. 이는 우리를 완전하게 만들기 위해 인간이 경험하는 다양한 요소들을 통합하려는 시도였다. 이 개념은 우주적 관점과 개인적 관점을 통합했다. 간디는 전 우주적 관점을 두려워하지 않았다. 대부분의 현대 정치사상과 달리 그는 종교의 신비로운 힘에 한계를 정하려 하지 않았다. 오히려 포용하려 했다.

이러한 이유들 때문에 간디의 정치를 비정치적인 것, 정치를 넘어서거나 어떤 식으로든 결코 정치의 수준에 도달하지 못한 것으로 평가하기도 한다. 정치라고 하기에는 너무 착하고 너무 순수하다. 하지만 이는 사실과 다르다. 간디는 매우 정치적이었다. 그의 정치적 목표는 분명했다. 그 목표는 바로 힌두 스와라지, 즉 인도의 독립이었다.

그리고 그 목표를 실현했다. 정치운동을 평가하는 기준 가운데 하나가 목표 달성의 효과라고 한다면, 이는 현대 역사에서 가장 효과적인 정치운동 가운데 하나였다. 영국은 인도를 포기했다. 이는 전적으로 간디의 업적만은 아니었다. 그는 그 목적을 이루는 데 충분조건이 아니었다. 그러나 그가 꼭 필요했다는 점은 거의 확실하다. 간디의 길었던 생의 마지막에 인도는 독립했다. 수십 년에 걸친 소극적 저항운동 끝에 이루어졌다.

이 과정에는 수많은 다른 요소들 역시 작용했다. 제2차 세계대전의 영향, 영국의 상대적 파산, 새로운 노동당 정부의 등장도 모두 인도의 독립에 기여했다. 그러나 간디는 확실히 영국 국가의 힘을 약화시켰다. 그의 운동이 의도했던 효과는 제국주의 탄압의 가해자들에게 그저 권력을 유지하기 위해 그들이 어떤 짓을 하고 있는지 폭로하고 다음과 같은 질문을 던지는 것이었다. 과연 그럴 만한 가치가 있는 일인가? 오로지 당신들의 제국을 유지하기 위해 우리를 곤봉으로 때리고 잡아 가두고 죽이기까지 해야 한다면, 진보적 양심인이라 자랑하는 당신들은 스스로를 용납할

마하트마 간디, 『힌두 스와라지』, 1909

수 있는가?

　간디를 위해서나 진보적 양심에 대한 호소 등에 시간을 많이 할애하지 않았던 윈스턴 처칠Winston Churchill을 포함해 이러한 공격에 상대적으로 익숙한 영국 정치인들도 꽤 있었다. 그러나 대부분은 그렇지 않았다. 결국 그 공격에 무너졌다.

간디의 투쟁과 그 유산

　간디의 오랜 투쟁은 매우 효과적이었지만 한계도 있었다. 그의 투쟁은 일관되게 정치적이었지만, 소극적 저항으로만 정치를 할 수는 없다. 정치가 폭력적이어야만 하기 때문이 아니라, 비폭력 저항을 쉽게 압도하는 폭력의 형태가 있기 때문이다. 간디의 사후에 발표된 유명한 수필에서 조지 오웰George Orwell은 간디의 정치철학을 나치주의에 적용할 때 나타나는 모순에 주목했다. 간디는 유럽의 유대인들이 어차피 결국에는 다 죽임을 당할 것이었다면, 그들의 압제자들을 통렬하게 비난하는 방법으로 집단자살을 했어야만 했다고 말한 적이 있다. 양심이 없는 사람들의 양심에 호소하느라 시간을 낭비할 이유가 없다. 마찬가지로 날것 그대로 표출되는 집단적 분노 앞에서 소극적 저항은 때로 아무런 쓸모가 없다.

　간디는 인도의 독립이 실현된 그의 생애 마지막 순간에 그 한계를 발견했다. 인도의 독립과 함께 인도-파키스탄 분열을 둘러싼 폭력 사태와 엄청난 종파적 폭력이 발생했다. 간디는 이러한 상황에 대해 매우 한탄했으며 개인적으로 모범을 보임으로써 그러한 폭력 사태를 막으려 노력했다. 그는 최후의 단식투쟁을 시작했다. 그는 자신의 목숨을 걸고 이러한 폭력에 맞선 방패가 되기 위해 노력했지만 충분하지 않았다. 결국 암살자의 총알이 그의 목숨을 앗아갔다.

인도가 독립하고 나서 탄생한 국가는 간디식 국가가 아니라 홉스식 국가였다. 극단적인 강압 수단을 사용할 재량이 있는 현대 국가의 양식을 따랐다. 대부분은 평화를 유지하기 위한 것이었다. 이 국가는 전쟁을 했고 파키스탄을 비롯한 적들에 맞서 인도를 방어했다. 또 개발, 산업생산, 경제성장이라는 현대 국가의 전형적인 발전 과정에 들어섰다.

간디는 서구의 사상과 현대의 사상, 고대의 사상에서 도출한 개념들로 새로운 개념을 만들어내기 위해 비서구적 정치 이해와 결합한 새로운 국가 체제를 구상했다. 이 체제는 홉스식의 혼종 국가가 아니었다. 이 중성이 있는 정치 형태가 아니라 오히려 다양한 정치 형태가 함께 뒤섞인 체제였다. 간디는 더 지역적이고 더 개인적이며 사람과 사람이 직접 대면하는 것이 중심이 될 수 있는 정치, 소규모 지역 공동체가 모여 더 큰 공동체를 이루는 동심원이 될 정치를 상상했다. 이런 체제에서 대표성은 인위적인 것이 아니다. 사적인 의사소통과 인간의 경험이 사슬처럼 연결되어 자연스럽게 위아래로 움직일 것이었다. 이는 개인에서 공동체로, 우주로 나아가고 다시 돌아오는 통합적 국가에 대한 구상이었다. 이 구상은 결코 실현되지 못했다. 심지어 비슷하게 이루어지지도 않았다. 현재의 인도는 그러한 국가가 아니다.

간디와 그의 정치는 그의 인생 말년에, 주요 정치 목표를 달성한 뒤 그 한계에 이르렀다. 하지만 간디의 정치철학은 자기만의 생명력을 얻고 그보다 오래 이어졌다. 소극적 저항은 20세기 후반 수많은 정치운동에 엄청난 영향력을 미쳤다. 간디는 미국 남부의 짐크로법Jim Crow law에 맞선 마틴 루서 킹Martin Luther King의 소극적 저항과 시민불복종 운동에 영감을 주었다. 이때는 그 방법이 실제로 효과가 있었다.

간디는 또한 넬슨 만델라Nelson Mandela에게 영감을 준 한 사람이었다. 만델라는 비폭력 정치의 옹호자는 아니었다. 만델라가 속해 있던 정치운동 단체인 아프리카민족회의African National Congress, ANC는 적을 상대하기 위해 폭력을 사용할 의사가 있었다. 그러나 투옥되었을 때 만델라는 주어진 형벌을 어떻게 받아들이느냐가 정말로 중요하다는 교훈을 간디에게서 배웠다. 그리고 우리가 그러한 형벌을 요구하거나 기꺼이 받아들이지 않아도, 그 형벌을 존중하고 받아들일 수 있다면 압제자에게 되돌려줄 수 있다.

아무리 독단적인 결정에 따라 형벌을 받더라도 압제자들에게 그들이 우리에게 무슨 짓을 하고 있는지 그대로 보여줄 수 있다. 그렇게 해서 우리가 당면한 탄압의 본질을 폭로하는 방식으로 그 형벌을 감내할 수 있다면 승리할 수 있다. 그리고 실제로 만델라는 승리했다. 어느 정도는 그가 자신의 형벌을 감내해낸 방식들 덕분에 만델라는 승리할 수 있었다.

간디는 좀 더 최근의 시민불복종 운동에도 영감을 주었다. '월 스트리트를 점령하라Occupy Wall Street' 시위가 그랬고, '멸종 저항Extinction Rebellion' 운동이 그렇다. 그들은 간디의 얼굴이 그려진 티셔츠를 입었고, 간디의 어록은 이 운동들을 주도하는 단체의 홈페이지에 올랐다. 단순히 효과적인 구호로만 사용된 것은 아니다. 간디의 생애와 사상, 국가 폭력과 국가가 지키는 사회경제 체제에 맞서기 위해 평화적 저항의 힘을 이용하려는 정치운동 간에는 전 세계를 관통하는 깊은 연관성이 있다.

소극적 저항과 시민불복종 운동

더 최근의 사례에서 간디 정치의 한계도 보게 된다. 소극적 저항이 항상 효과적인 것은 아니다. 이 저항이 효과적인 이유와 방식은, 성공적인 시민불복종 운동을 뒷받침하는 근본적인 정치관계가 양자관계가 아니라 삼자관계를 이룬다는 점으로 설명할 수 있다. 소극적 저항은 피압제자와 압제자 사이의 관계에 그치는 것이 아니다. 이는 비무장한 시위대들이 경찰 저지선 앞으로 행진해서 그저 존재만으로 경찰과 대치하는 상황에 그치는 것이 아니다. 이것이 소극적 저항의 과정이다.

그러나 모든 성공적인 시민불복종 운동에는 제3의 존재가 있다. 바로 이 상황을 보고 듣는 사람들이다. 압제자가 있고 피압제자가 있다. 그리고 그 관계를 지켜보는 사람들이 있다. 그리고 많은 경우 이를 지켜보고 있는 사람들이 결정적인 주체다. 우리가 마음을 돌려놓아야 할 사람들이

마하트마 간디, 『힌두 스와라지』, 1909

바로 그들이다. 압제자들은 이미 그 사실을 알고 있을 것이다. 그리고 실제로 언젠가 그들이 총이나 곤봉을 들거나, 개와 함께 그 자리에 서 있다면 분명히 그 사실을 알고 있어야만 한다. 이 때문에 우리가 압제자들에게 폭로하는 내용이 꼭 그들이 압제자라는 사실일 필요는 없다. 진심으로 자기기만에 빠져 있지 않는 한, 누군가를 곤봉으로 때릴 때 자신이 억압적 무력을 사용하고 있다는 사실을 모를 수는 없다.

특히 현대 국가의 복잡한 대표 관계에서는 이러한 폭력이 다양한 사람들의 이름으로 자행되는 경우가 많다. 자신이 이러한 날것 그대로의 물리적 강압과 관련되어 있다는 사실을 믿고 싶지 않은 사람들, 자신들의 정치질서가 결국 거짓말 위에 세워졌다는 사실을 믿고 싶지 않은 사람들, 자신들의 대표자가 무슨 짓을 하고 있는지 스스로도 알고 있다고 믿고 싶어 하는 사람들 말이다. 이러한 사람들 가운데 누군가는 정치인이다. 누군가는 유권자다. 누군가는 그저 구경꾼이다.

그러나 국가 폭력의 잔혹한 현실을 그대로 폭로한다면 자신들의 정치제도에 대한 확신이 흔들릴 것이다. 구경꾼들, 그들의 이름으로 폭력을 자행하는 사람들은 총과 곤봉과 개로 무장한 국가의 하수인들을 향해 평화적으로 행진하는 사람들을 보면서 부끄러움을 느낄 수 있다. 또 충격을 받을 수도 있다. 자신들의 편안한 착각이 깨지는 진실을 직면해야만 할 것이다.

간디가 영국을 상대로 벌인 소극적 저항은 한편으로 인도에서 현실에 안주한 영국인들이 깨어날 수 있도록 충격을 주려 했다. 그러나 영국의 인도 통치 정부 관리들은 대부분 현실에 안주하고 있지만은 않았다. 그들은 자신들이 무슨 일을 하고 있는지 정확하게 알고 있었다. 그런 점에서 이 운동은 최소한 영국에 있는 영국인들에게 충격을 주기 위해 기획된 것이기도 했다. 즉 제국이 누구의 이름으로 통치하고 누구를 대신해 이러한 선택들을 하고 있는지 사람들에게 알리고 충격을 주기 위한 것이었다. 이 운동을 통해 그들에게 인도를 그렇게 지배하기 위해 어떤 대가를 치러야 하는지 보여주었으며, 그들이 이런 사실을 기꺼이 용납할 수 있는지 물었다.

미국 남부의 인종차별 탄압에 맞선 마틴 루서 킹의 운동 역시 그곳에 거주하는 사람들에게 수치심을 느끼게 하고, 이러한 제도가 수십 년 동안 살아남도록 그들이 묵인함으로써 어떤 일이 벌어졌는지 깨닫게 하려는 기획의 일부였다. 마찬가지로 그들 대부분이 속고 있을 가능성은 낮아 보였기 때문에 그 부분만 알리려고 의도한 것이다. 그 체제 안에서 살며 그 체제를 운영하고 작동시킨다는 것은 그것이 어떻게 기능하는지 알고 있다는 의미일 테니 말이다.

그렇기 때문에 마틴 루서 킹의 운동은 미국 북부 사람들에게 그들이 어떤 나라에 살고 있는지를 알리려는 것이기도 했다. 현실에서는 그렇지 않다 해도 최소한 이론적으로 남부와 북부는 한 나라이기 때문이다. 그리고 북부에서 이를 지켜보고 있는 사람들, 대통령 선거와 의회 선거에서 남부 사람들과 똑같이 투표한 사람들 역시 이러한 질서가 유지되는 데 부분적으로 책임이 있었다.

마하트마 간디, 『힌두 스와라지』, 1909

1960년대 민권운동 시위가 벌어지던 남부에서 촬영해서 북부의 신문에 게재되고 텔레비전에 방송된 사진과 영상들은 이러한 인종차별, 인종분리 질서를 유지하기 위해 어떤 일들이 벌어지는지 폭로하는 데 도움이 되었다. 이러한 이미지들은 미국 전역의 구경꾼들이 수치심을 느끼게 했다는 점에서 매우 강력한 효과가 있었다.

넬슨 만델라의 존엄성이 남아프리카공화국에서 그의 추종자들은 물론 그를 반대하는 사람들에게도 강력한 모범이 되었던 것은 확실하다. 그러나 가장 효과적이었던 것은 국제사회에 대한 영향이었다. 국제사회도 설득해야 했다. 미국이나 유럽에 있는 사람들, 아파르트헤이트apartheid 체제가 자신들과는 아무런 상관도 없다고 생각했을 사람들이 만델라의 활동에 관심을 갖게 되었다. 넬슨 만델라 석방 운동은 그의 성품과, 형벌을 받아들이는 고귀한 대응에 영감을 받아 전 세계적인 운동으로 확산되었다. 남아프리카공화국 밖의 많은 사람들이 그가 수감된 사실에 수치심을 느끼게 만들었다. 결국 이러한 구경꾼들의 압력이 압제자들을 움직이는 힘이 되었다. 그들의 감정을 움직이지는 못해도 현실에서 이들이 다른 방식으로 행동하게 할 수는 있다. 압제자들은 이 압력을 버텨낼 수 없다. 잃을 것이 너무 많기 때문이다.

소극적 저항의 목표와 한계

'월 스트리트를 점령하라' 시위와 '멸종 저항' 운동은 저항운동의 범위가 더 넓어지고 그들의 목표가 확대될 때 이 삼자관계를 유지하는 일이 매우 어렵다는 사실을 보여준다. 간디와 마틴 루서 킹, 넬슨 만델라 모두 정치적 목표가 분명했다. 억압적인 정권을 전복하고 억압받으며 살아야 했던 사람들을 해방하는 새로운 체제를 세우는 것이다. '월 스트리트를 점령하라' 시위에서 요구한 것은 무엇일까? 나는 잘 모르겠다. 이 시위는 특정 정치질서와 전체 사회경제 체제의 종식을 포함해 많은 것을 요구하는 것으로 보인다.

'월 스트리트를 점령하라' 시위에서 이 소극적 저항의 제3자는 누구일까? 누가 압제자인가? 누가 피압제자인가? 누가 구경꾼인가? 이 역시 분명하지 않다. 광장을 정리한 경찰, 곤봉이나 개, 총이나 헬리콥터, 심지어 탱크로 무장하고 사람들을 밀어낸 국가의 관리들은 압제자가 분명하다. 그러나 원래 목표 대상은 월 스트리트였다. 그렇다면 압제자는 월 스트리트인가 아니면 경찰국가인가? 둘 다일 수도 있다.

그런데 여기서 구경꾼은 월 스트리트와 미국, 더 나아가 전 세계의 더 폭넓은 대중이다. 시위의 대표적인 구호는 "우리가 99퍼센트다"였다. 대부분의 사람이 피압제 계급에 속한다. 따라서 점령 운동에 참여하는 사람들이 나머지 사람들을 위해 이 시위를 벌이고 있다는 것을 알리는 구호였다. 그런 점에서 구경꾼은 피압제자이기도 하고 피압제자는 구경꾼이기도 하다. 어쩌면 이렇게 광범위한 호소력이 이 시위를 더 강력하게

마하트마 간디, 『힌두 스와라지』, 1909

만들 수도 있다. 그런데 실제로는 이러한 정치 형태가 시위를 훨씬 더 산만하게 만든다. 피압제자, 압제자, 구경꾼을 구분하지 않는 한 소극적 저항을 통해 목표를 달성하는 것이 훨씬 어려워진다.

기후변화라는 재앙을 인정하고, 이를 막기 위한 '멸종 저항' 운동도 마찬가지다. 이 운동은 범위가 매우 넓고, 그 목적은 거의 모든 주제를 포괄하며, 지향하는 목표들이 너무 다양하다. 압제자는 누구인가? 피압제자는 누구인가? 기후변화 앞에서는 우리 모두에게 책임이 있는 것처럼 느껴진다. 때로는 나쁜 기업들과 나쁜 행위자들, 나쁜 정부들 같은 상당히 좁게 정의된 집단의 책임으로 느껴지기도 한다. 그렇다면 시위대의 구경꾼은 누구인가? 우리 모두인가 아니면 차이를 만들어낼 힘이 있는 사람들인가? 기후변화에 대처할 수 있는 권력는 누구에게 있는가?

시민불복종은 세계의 종말에 관한 문제의 규모를 감당할 수 없는 것처럼 보인다. 멸종 저항의 목표는 관객이 연민을 느끼는 것이다. 다가오는 재앙 앞에 놓인 우리 자신에 대한 연민, 지구에 대한 연민 말이다. 그러나 열차 지붕에 몸을 묶는 시위대의 저항 방식은 오히려 진부해 보일 수도 있다. 기후변화의 정치에 대한 이러한 접근법이 의미가 없다는 뜻은 아니다. 그리고 기후변화의 정치에 관한 한 진짜 효과적인 방법은 없으며 효과적인 다른 방법이 있을 것이라는 뜻도 아니다. 그러나 소극적 저항은 이러한 임무에 적합하지 않다. 목적이 더 광범위할수록 이에 연루된 사람들의 집단이 더 클수록 누가 어떤 역할을 하는지 구분하는 일이 더 어려워진다.

간디의 사상이 21세기에도 답을 줄 수 있을까?

제4장에서, 민주주의 미국과 독재적 러시아 사이에 거대한 전 세계적 분열이 발생하는 시대가 다가올 것이라고 생각한 토크빌의 예지력에 대해 이야기했다. 이를 오늘날의 상황에 맞춰 재구성해보면, 미국과 중국을 중심으로 한 거대한 분할의 시대라 할 수 있다.

그러나 21세기의 거시적 질문은 미국이냐 중국이냐가 아니다. 어쩌면 인도냐 중국이냐가 될 수도 있다. 두 나라 모두 인구가 10억 명 이상이며 엄청난 생산력과 잠재적 정치력을 갖고 있다. 그렇다면 여기에 아이러니가 있다. 현재의 인도와 중국 모두 현대 국가라는 개념에 매우 비판적이고, 지금의 국가와는 전혀 다른 건국신화를 기반으로 한다.

간디는 여러 측면에서 지금도 인도 국민, 인도 국가의 아버지 같은 존재다. 숭배의 대상이고 그의 이름은 자주 거론되며 그의 업적을 부정하기가 쉽지 않다. 그러나 현재의 인도는 간디가 구상한 국가와는 전혀 다르다. 인도는 현대 국가다. 중국과 중국 공산당(여전히 이렇게 불린다)은 건국의 아버지들을 거론할 것이다. 마오쩌둥과 덩샤오핑, 마르크스와 엥겔스다. 마르크스와 엥겔스는 마치 그들의 생각과 사상이 현대 중국 이면의 어딘가에 있는 것처럼 지금도 언급된다. 그러나 중국은 마르크스주의 국가가 아니다. 완전히 자본주의적 국가이며 현대 국가다.

그런 점에서 인도와 중국 모두 일관되게 이중적이다. 인도는 간디의 이름으로 세워졌지만 간디가 실현하려던 국가와 전혀 다르다. 중국은 마르크스와 엥겔스의 이름으로 세워졌지만, 마르크스와 엥겔스가 실현하

마하트마 간디, 『힌두 스와라지』, 1909

려던 국가와 전혀 다르다.

그럼에도 현대 정치의 배경 깊은 곳에는 마르크스와 엥겔스, 간디로 대표되는 사상이 완전히 사라지지 않고 남아 있는 것도 사실이다. 이들은 완전한 변혁, 급진적 변화, 편리함과 안전함, 형식적인 명분과 영혼이 없는 이중적이며 기계적이고 인위적인 삶을 타협하지 않고 뒤엎어 완전히 다른 방식으로 살아갈 수 있는 가능성을 보여준다.

현재 우리는 다시 한 번 사람들에게 정치할 수 있는 다른 방법에 대해 생각할 기회를 주는 위기의 시대를 살고 있다. 코로나 19 팬데믹이라는 이 위기는 더 거대한 기후변화 위기의 그림자 속에 있다. 우리는 또한 국제 금융 체제가 반복적으로 휘청거리는 자본주의 위기의 시대를 살고 있다. 그리고 어떻게 이러한 상황에서 버틸 수 있을지 고민한다.

이러한 시기에 누군가는 마르크스와 엥겔스, 『공산당선언』에 손을 뻗는다. 또한 간디와 『힌두 스와라지』를 찾고 그의 업적뿐만 아니라 그의 삶을 통해 간디의 사례를 들여다본다. 아마도 간디의 사례는 21세기의 위기 상황에서 가장 많은 것을 말해줄 수 있을 것이다. 그는 더 총체적인 가능성을 제시한다. 좀 더 개별적인 동시에 좀 더 집단적인 것의 가능성을 제시한다. 그는 정치를 통해 사람들이 스스로에게 더 진실해질 수 있는 가능성을 시사한다. 우리 대신 움직이는 국가는 여전히 홉스식 국가다. 간디는 이 사실을 바꾸지는 않았다. 그러나 간디는 언젠가, 심지어 곧 이 사실을 바꿔야 하는 시기가 올 수 있다는 가능성을 보여준다.

제7장

베버와 리더십

막스 베버, 「직업으로서의 정치」, 1919

국가의 지도자는
어떤 자질을 갖춰야 하는가?

막스 베버 Max Weber (1864~1920)

독일 에어푸르트에서 태어났다. 그의 아버지는 변호사이자 국민자유당의 정치인으로 프로이센 의회와 독일 국회 의원을 지냈다. 베버는 하이델베르크대학교에서 법과 정치경제, 역사, 철학, 신학을 공부했다.

베버는 1896년 정치과학 교수가 되어 하이델베르크로 돌아왔다. 1897년 아버지가 돌아가신 후 오랜 정체기를 겪다가 1903년 하이델베르크대학교 교수직을 사임했다. 그는 여러 곳을 여행했고 이듬해에는 미국 세인트루이스에서 열린 만국박람회에서 강연을 했다. 말년에 왕성하게 집필 활동을 했으며 사회경제학 백과사전 기획의 핵심 필자 중 한 명이자 편집자로 일했다. 정치에도 점점 더 깊이 참여하기 시작했다. 제1차 세계대전 후에는 파리평화회의의 독일 대표로 활약했고, 『바이마르헌법』 제정위원회의 자문을 맡기도 했다.

정치적 노력이 좌절된 후 그는 죽기 마지막 해 빈과 뮌헨의 대학교에서 다시 교편을 잡았다. 1920년 스페인독감이 대유행하던 시기에 폐렴에 걸려 사망했다. 대표작인 『경제와 사회 Wirtschaft und Gesellschaft』는 그가 세상을 떠났을 때 미완성 상태였지만 아내 마리안네 Marianne가 보완해 세상에 나올 수 있었다.

「직업으로서의 정치」는 1919년 사회학자 막스 베버가 독일 패전 직후 혼란한 사회 상황에서 베를린대학교 학생들을 대상으로 진행한 강연을 정리한 글이다. 베버는 정치를 직업이자 '소명'으로 바라보며 진정한 정치인은 권력욕뿐만 아니라 책임감과 윤리적 신념을 함께 가져야 한다고 강조한다. 그는 정치의 본질을 권력의 획득과 유지로 정의하면서도 그 과정에서 신념 윤리와 책임 윤리를 조화시켜야 한다고 주장한다. 정치인은 도덕적 신념을 갖되 그 결과에 대한 책임을 외면해서는 안 된다는 것이다. 또한 현대 국가를 합법적이고 독점적으로 강제력을 행사할 수 있는 주체로 규정하며, 관료제와 정당 정치의 구조를 설명한다. 이 강연은 독일이 민주주의로 이행하는 시기에 정치적 책임과 리더십의 조건을 제시하며 큰 반향을 일으켰다. 현대 정치사상 역사에서 가장 중요한 연설로 꼽히기도 하며, 오늘날에도 정치가의 자세와 민주적 리더십에 대해 깊은 통찰을 주는 고전으로 평가받는다.

막스 베버, 「직업으로서의 정치」, 1919

***

불확실성과 베버의 정치사상

이 장에서는 또 하나의 강연에 대해 이야기한다. 콩스탕이 파리에서 1819년 '고대인의 자유와 현대인의 자유 비교'라는 강연을 한 지 정확히 100년 후에 나온 강연이다. 이 강연의 대상은 독일의 위대한 사회학자인 막스 베버가 1919년 1월 뮌헨의 학생들을 대상으로 한 것이었다. 강연의 배경도 내용도 콩스탕의 강연과 완전히 달랐다. 이 강연은 현대 정치사상의 역사에서 가장 중요한 연설로 꼽히기도 한다.

콩스탕은 강연 당시 프랑스혁명과 그 후유증에서 한 발짝 떨어져 생각할 수 있었다. 다시 말해 사건이 지나고 나서 깨달음을 얻을 수 있었던 것이다. 베버는 그러한 사후 고찰의 혜택을 누리지 못했다. 1919년 1월의 뮌헨은 태풍의 눈이었고, 베버는 그곳에서 직접 자신의 주장을 정립하고 있었다.

뮌헨은 바이에른주의 주도이며, 당시 러시아 볼셰비키의 영향을 받은 사회주의혁명을 겪고 있었다. 1919년 1월은 바이에른혁명이 일어난 지 겨우 두세 달 정도 지났을 무렵이었다. 그리고 조만간 반혁명counter-revolution으로 인해 혁명의 불꽃이 꺼지고 이어서 엄청난 유혈 사태가 일어날 운명이었다. 바이에른은 내전이 초읽기에 들어간 것으로 보이던 독일이라는 국가에 속해 있었다. 1919년 초, 독일 국가는 사실상 제 기능을 전혀 하지 못하고 있었다. 두 달 전 제1차 세계대전 끝에 독일이 항복하면서 체제는 이미 붕괴했다. 그런 점에서 홉스식으로 표현하면 정치 재앙의 세 가지 요소를 모두 갖춘 상황이었다. 군사적 재앙, 혁명, 막 시작된 내전이 바로 정치적 종말로 이끌 세 기사들이었다.

우리가 제1차 세계대전 이후 독일에서 정세가 얼마나 불확실하고 예측할 수 없으며 끝이 보이지 않았을지를 짐작하기는 매우 어렵다. 너무 오랜 시간이 지난 후에 과거를 돌아보고 있기 때문이다. 우리는 이미 그 결과를 알고 있다. 내전은 일어나지 않았다. 독일은 정상적으로 기능하는 헌법을 제정하고 제대로 작동하는 바이마르공화국을 세웠다. 그러나 얼마 지나지 않아 이러한 노력도 실패했다. 그러고 나서 다른 국가인 아돌프 히틀러Adolf Hitler의 나치 정권이 들어섰다. 우리는 그 후에 어떤 일이 벌어졌는지도 이미 알고 있다.

당시 베버는 앞으로 어떤 일이 벌어질지 알지 못했다. 앞에서 살펴본 재앙의 세 가지 요소 외에도, 종말의 원래 기사 중 하나인 전염병이라는 또 다른 힘이 바로 눈앞에서 작용하고 있었다. 이 때문에 그는 앞으로 무슨 일이 벌어지는지 살아서 보지 못했다. 스페인독감은 1918년에서 1919년으로 이어지는 겨울에 대유행했으며 18개월 동안 수천 만 명의 목숨을 앗아간다. 그리고 그중 한 명이 바로 베버였다.

베버의 강연에서 배경이 된 불확실성을 재현하기 위해 제1차 세계대전에 관한 다른 이야기를 생각해볼 수 있다. 우리는 제1차 세계대전을 한 편의 서사시이면서도 고되게 이어진 4년간의 투쟁으로 생각하는 경향이 있다. 비참할 정도의 소모전, 참호전으로 대표되는 교착상태, 막대한 인명 피해 끝에 승리했지만, 이는 이어진 징벌적 평화로 인해 빠르게 물거품이 되었다. 그러나 그 시절을 살아내야 했던 사람들에게 이 전쟁은 단순한 4년간의 고된 투쟁도 교착상태도 아니었다. 그보다 훨씬 극적인 것, 그보다 더 예측할 수 없는 것, 그보다 덜 헛된 것이었다. 마치 롤러코스터 타기와도 같았다.

제1차 세계대전의 전개와 결말

제1차 세계대전은 사실 두 전쟁을 묶어 하나의 이름을 붙인 것이다. 1914년 8월부터 1917년 2월까지 진행된 첫 번째 전쟁은 유럽 내전에 더 가까웠다. 영국과 프랑스, 러시아가 한편이 되고, 독일과 오스트리아·헝가리제국, 오스만제국, 불가리아 등 중유럽과 동유럽 열강들이 다른 한편이 되어 벌인 전쟁이었다. 이와 관련된 국가들이 전 세계 곳곳에 갖고 있던 식민지들로 전쟁이 확산되기는 했지만, 본질적으로 유럽 내부의 투쟁이었다.

심지어 관련국들도 이 전쟁의 이유를 이해할 수 없었다. 참전국들은 군사 논리의 부재를 과도한 애국심, 즉 전투적이고 민족주의적인 열정으로 보완했다. 이 전쟁은 끔찍한 교착상태로 빠져들었다. 전쟁이 일어난 지 2년 반이 지나자 더 이상 앞이 보이지 않는 것 같았다.

그러다가 1917년 봄, 전쟁의 성격을 진정한 국제 분쟁인 제1차 세계 대전으로 완전히 바꾼 두 가지 사건이 발생했다. 하나는 러시아혁명이었다. 입헌 자유민주주의와 유사한 정권을 수립하기 위해 2월에 일어났으며 러시아 제정 황제와 체제를 대체한 첫 번째 러시아혁명이다. 첫 번째 러시아혁명의 한 가지 효과는 이 혁명을 지켜본 대부분의 사람들이 제1차 세계대전을 이해하게 되었다는 점이다. 처음으로 민주주의에 의한, 민주주의를 위한 전쟁이라고 말할 수 있게 되었다.

전쟁 초기 유럽의 주요 민주주의 국가였던 영국과 프랑스는 민주주의와는 전혀 관련이 없었던 러시아와 동맹을 맺었다. 토크빌은 미래의 위대한 서사적 투쟁에서 민주주의와 러시아가 맞서 싸우는 상황을 상상했다. 러시아 체제는 현대 자유민주주의 국가보다는 중세의 신정국가에 더 가까웠다. 그러나 1917년의 끔찍한 겨울, 이 신비롭고 극도로 무능력한 신정 체제가 무너지고 민주주의로 대체되었다. 그러자 영국과 프랑스, 러시아는 마침내 전쟁에서뿐만 아니라 정치에서도 같은 편이라고 주장할 수 있게 되었다. 이 덕분에 세계 최대의 민주주의 국가였던 미국이 이 전쟁에 관심을 갖게 되었다.

1917년 봄에 발생한 두 번째 사건은 미국의 참전이었다. 당시 민주주의 초기였던 러시아를 방어할 필요도 일부 있었기 때문이다. 그러면서 새롭게 재편된 민주주의 세력은 순식간에 독일과 다른 중유럽 동맹국들에 대항하는 군사적 균형을 깨뜨리는 결정적인 위협이 되었다. 전 세계

민주주의 국가들은 이제 전제정치로 위협하는 중유럽 동맹국을 물리치기 위해 연합했다.

그러나 1917년 초에는 독일의 상황이 좋지 않았다면, 1917년 말쯤에는 첫 번째 러시아혁명이 두 번째 혁명으로 대체되면서 독일에 매우 유리한 상황으로 바뀌어갔다. 러시아에 자유민주주의 체제를 수립하려는 시도는 비참하게 실패했다. 그 체제는 뿌리를 채 내리기도 전에 시들어 사라지고 말았다. 제1차 세계대전의 재앙은 너무 심각했고, 민주주의라는 이름으로 이 전쟁을 수행하려던 시도는 그야말로 러시아의 민주주의를 함께 쓸어가버린 것이다.

볼셰비키는 정권을 잡은 뒤 가장 먼저 어떤 조건으로든 이 전쟁에서 벗어나기를 원한다고 선언했다. 이는 그들의 전쟁이 아니었고, 따라서 그들은 단순히 이 전쟁을 계속하고 싶지 않았다. 그들은 다른 전투를 앞두고 있었다. 레닌은 항복했다. 이는 완전한 항복이었고, 이로 인해 독일인들은 그들이 원했던 거의 모든 것을 얻었다.

동부와 서부 전선에서 동시에 싸우고 있었기 때문에 전쟁 내내 위협을 받았던 독일은 이제 서부전선에 관심을 가질 수 있었다. 그러나 이제 막 시작한 러시아 내전이 독일의 새로운 영토들로 확산될 수도 있다는 두려움이 항상 있었기 때문에 완전히 관심을 끌 수는 없었다. 동부의 질서 회복을 위해 독일 군대가 필요할 수도 있다는 의미였기 때문이다. 그러나 많은 병력은 최후의 결전이 될지도 모를 서구 민주주의 국가들과 벌일 결정적 대결을 위해 서부전선으로 이동할 수 있었다.

예정되어 있었지만 발생하지 않은 사건이 하나 더 있었다. 미국이 영국과 프랑스를 도우러 오지 않았던 것이다. 그들은 제때 도착하지 않았다. 병력은 부족했고 전세를 확실히 뒤집지 못했다. 따라서 1918년 봄쯤 독일은 전쟁에서 이기고 있었다. 1918년 초여름쯤에는 독일군이 서부로 진출해 파리를 거의 점령했다. 그리고 참호전의 교착상태를 깨고 승리를 눈앞에 두고 있었다. 이 때문에 런던, 파리, 심지어 워싱턴도 공포에 떨었다. 무의미한 소모전이었던 전쟁은 전혀 다른 양상으로 바뀌었다. 예상하지 못했던 사건들이 발생하고 전쟁의 판도는 극적으로 요동쳤다. 갑자기 모든 상황이 독일에 유리하게 전개되었다.

너무 오랜 시간이 지나 기억하기 어려운 일이 되었지만, 1918년 상반기만 해도 독일은 제1차 세계대전에서 승리하기 직전이었다. 그러나 몇 달 사이에, 아니 심지어 몇 주 사이에 판도가 바뀌었고, 얼마 지나지 않아 독일 국가가 무너졌다. 독일 군대도 부분적으로 붕괴되었고, 그렇기 때문에 군사적으로 결정적인 패배는 하지 않았다.

하지만 정치적으로 패배했다. 독일 지도부는 항복했다. 또한 사회적으로도 패배했다. 그 무렵 병들고 굶주리고 파산 직전이었던 독일 국민들은 지쳐버렸다. 독일 국가는 이 전쟁에서 승리하기 위해 더 이상 노력할 수 없었다. 그 노력이 실패하면서 독일은 아주 빠르게 무너져 내렸다. 1918년 말에 이르자 독일은 첫 번째 전면전에서 완전히 패배했다. 황제는 퇴임했다. 황제의 체제는 역사 속으로 사라졌으며 새로운 형태의 국가를 수립해야 했다. 베버는 이러한 거시적 배경에서 강연을 했다. 혼란스러웠다. 고통스러웠다. 또한 엄청난 충격이기도 했다.

전후 독일의 체제와 베버의 정치, 국가

새로운 국가는 아직 세워지지 않았다. 1월 독일 전역에서, 특히 바이에른에서 볼셰비키 체제의 공화국을 수립하려고 시도했다. 베를린에서는 새로운 현대 입헌 질서를 세우기 위한 토대를 마련하는 초기 단계들이 진행되고 있었다. 바이마르공화국 수립으로 이어지는 질서의 출발점들이었다. 베버는 자신이 중요하다고 생각하는 것에 대해 청중들과 직접 만나 이야기하고 싶었기 때문에 뮌헨으로 갔다. 그가 직접 이야기를 나눈 것은 사회주의혁명 과정의 한가운데에 있는 학생들이었다.

그러나 그는 간접적으로 베를린의 정치인들에게도 이야기했다. 그는 정치인들에게 무엇을 해야 하는지 말할 수 있다고는 생각하지 않았다. 앞으로 살펴보겠지만, 그 강연의 핵심은 가장 중요한 정치적 결정을 내려야 하는 사람들이 그렇게 결정한 이유를 절대로 말할 수 없다는 것이었다. 이는 개인이 선택할 문제이자 책임져야 할 문제이기 때문이다. 그러나 베버는 이러한 정치적 위험성과 불확실성이 심각한 상황에서, 책임 있는 정치인이라면 당연히 고려해야만 하는 수없이 다양한 요소들이 있다고 생각했다. 그는 이를 명확하게 설명하려 했다.

그가 한 강연의 독일어 제목은 '폴리티크 알스 베르푸Politik als Beruf'(「직업으로서의 정치」)로, 번역하기가 쉽지 않다. 베르푸Beruf에는 한마디로 표현할 수 없는 여러 의미가 있다. 직업, 즉 생계를 위해 하는 일, 돈을 버는 방법을 의미한다. 동시에 소명, 즉 소득뿐만 아니라 삶의 의미도 함께 얻는 것을 의미한다. 따라서 '전문직profession'과 '소명 의식vocation'으로 표현된다.

베버가 강연에서 명확하게 이야기한 것처럼 현대 국가에서 정치는 두 가지 모두를 의미한다. 정치는 직업의 잠재적 요소인 동시에 소명의 잠재적 요소다. 이러한 중복성으로 인해 정치는 이토록 분명하게 차별화되는 현대적 의미를 갖는다. 다른 무언가를 반영하기도 한다. 베버의 강연은 마지막에 설교처럼 바뀐다. 사람들에게 무엇을 할 것인지가 아니라 스스로를 돌아보고 주어진 소명과 그 의미가 무엇인지 생각해보라고 이야기한다. 현대 정치 역사에서 위대한 세속적 설교라는 측면도 있다.

독일은 1919년 초에 너무나 많은 분야에서 위태로운 상황에 처해 있었다. 그리고 혼돈의 위기와 추가 붕괴의 위험이 너무나도 높았기 때문에 홉스식 정치의 가장 원초적인 형태로 당시 상황을 묘사할 수 있다. 국가는 전쟁에서 패배했고 독감으로 피폐해졌으며 국민들은 굶주렸다. 또 정치인들은 공황에 빠졌으며 혁명주의자들은 가두 행진을 벌였다. 전쟁에서 돌아온 많은 병사들은 마음속으로 패배하지 않았다고, 정치인들에게 배신당한 것일 수도 있다고 생각했고, 대부분이 여전히 무장한 상태였다. 그렇기 때문에 더 대규모의 반혁명이 일어날 수도 있었다. 독일은 곧 정치적 재앙을 당할 것처럼 보였다.

막스 베버, 「직업으로서의 정치」, 1919

이는 현대 독일 정치 역사에서 분명하게 홉스식 순간이었다. 그런데 베버와 홉스의 연결고리는 이뿐만이 아니다. 베버의 초기 학술 저술들에서는 가장 유명하고 가장 명쾌하게 현대 국가를 정의했다. 이 정의는 확실히 홉스식이며 지금도 인정하는 방식이다.

베버는 국가의 특징을 몇 개의 단어로 요약하려고 했다. 그는 현대 국가가 "합법적 강제의 독점권을 성공적으로 주장"하는 연합체라고 말했다. 이 정의는 좀 더 직설적으로 '합법적 폭력의 독점'으로 번역되기도 한다. 이는 성공적, 주장, 독점, 합법적, 폭력의 다섯 단어로 이루어진 정의다. 가장 눈에 띄는 두 단어는 독점과 폭력이다. 국가는 폭력을 독점하는 단체다. 국가는 폭력 기계다. 그리고 이는 상상할 수 있는 가장 조잡한 리바이어던의 개념이다. 그러나 실제로 베버의 정의를 홉스식으로 바꾸고 힘을 더하는 것은 다른 단어들이다.

국가는 단순히 폭력의 독점을 주장하는 것이 아니다. 그 폭력은 합법적이어야만 한다. 어떻게 주장하든 어떤 형태로든 폭력을 행사할 수 있기 때문에 어느 누구도 글자 그대로 폭력의 독점을 주장할 수는 없다. 어떤 국가도 폭력을 완전히 철폐할 수는 없다. 가정폭력, 폭력범죄, 구조적 폭력은 집요하게 계속된다.

그러나 현대 국가에서는 오직 국가만이 원하는 대로 폭력을 행사하고 강압하며 필요하다면 총구를 겨누고 강제할 수 있다. 이 방식이 홉스식이다. 결정적으로 이는 주장일 뿐이다. 국가는 이렇게 할 수 있다고 주장하고, 제대로 작동하는 국가만이 이를 성공적으로 현실화할 수 있다. 독점은 그 폭력을 받아들일 수밖에 없는 사람들이 그 주장을 수용할 것인가에 달려 있다. 이 관계에는 주권 권력과 사람들이 서로 맞물려 있다. 국가의 권력은 그 주장을 사람들이 받아들이기 때문에 보장된다. 하지만 사람들은 그러한 주장을 수용함으로써 폭력으로 뒷받침되는 권력에 복종하게 된다. 결과적으로 국민들은 합당한 반론을 펼 수 없다. 이 주장이 홉스식으로 바뀌는 이유는 단순히 폭력이 독점되기 때문은 아니다. 국민들이 그 독점을 정당하다고 인정하는가에 따라 달라지기 때문이다. 그렇게 인정할 때 주권 권력과 국민은 그 안에 함께 묶이게 된다.

어떤 사람이 주권자가 되어야 하는가

베버는 민주주의를 훨씬 더 거친 방식으로 정의하기도 했다. 그때 그가 말한 민주주의는 단순히 우리를 대신해 결정할 누군가를 선택한다는 의미다. 일이 정말 잘못되면 "교수대로!" 보내는 것을 뜻한다. 주권자를 교수대로 보내는 것은 홉스식이 아니다. 그러나 우리가 직접 하지 않고 다른 누군가 대신 결정하도록 허용한다는 생각, 우리의 이름으로 권력을 무제한 행사하도록 허용한다는 생각은 지극히 홉스식이다.

또 하나의 연결고리는 홉스와 마찬가지로 베버도 과학자였다는 점이다. 베버는 사회과학자였지만 홉스는 스스로를 자연과학자에 더 가깝다고 생각했다. 물론 그가 생각하는 자연과학에는 사회도 포함되어 있었다. 그러나 그 둘 사이의 진짜 연결점은 두 사람 모두 과학이 정치과학의 한계를 드러낸다고 생각했다는 사실이다. 홉스식으로 표현하자면 과학이 이성의 한계를 드러낸다고 생각했다. 홉스의 주장으로 다시 돌아가 보자. 그는 본질적으로 우리가 정치에 대해 이성적으로 생각한다면, 그 이성적 주장이 한계에 도달했음을 깨닫는 순간이 올 것이라고 말했다. 궁극적으로 정치적 의사결정은 이성적일 필요가 없기 때문이다.

합리적 결정이 아니라 해도 정치적 결정을 받아들여야만 한다. 달리 표현하면, 홉스는 주권자가 합리적이어야만 한다고 주장한 적이 없다. 명확하게 생각할 수 있는 주권자들은 명확하게 생각할 수 없는 사람들보다 정치를 훨씬 잘할 수 있을 것이다. 그러나 주권자는 결정만 하면 된다는 것, 반드시 그 결정이 합리적일 필요는 없다는 것이 홉스의 주장에 절대적으로 필수적인 요소였다.

같은 주장을 베버식으로 표현하면, 사회학, 정치과학, 역사를 포함한 사회과학이 정치가 작동하는 방식에 대해 가르쳐줄 것이다. 그 제도가 어떻게 발전하는지, 한 제도가 다른 제도보다 더 나은가에 대해 굉장히 많은 것을 가르쳐줄 수 있다. 그러나 정치가 무엇을 해야 하는지에 대해서는 말할 수 없다. 조금 더 직설적으로 말하면, 베버는 사회과학이 사회과학자들이 통치하는 것이 더 낫다고 주장한다는 생각은 하지 않았다. 그의 생각은 사실 반대였다. 그는 정치와 과학자가 어울리지 않는다고 생각했다. 그리고 과학자는 정치인이 아니기 때문에 과학자가 의사결정하는 국가에 산다면 문제가 생길 것이라고 생각했다. 사회과학이 정치에 대해 알려주어야 하는 것은, 동어반복이기는 하지만 정치는 정치인이 해야 한다는 사실이다.

그는 과학자들만 경계한 것은 아니다. 베버가 정치와 근본적으로 어울리지 않는다고 생각한 직업군은 정말 다양했다. 학자도 그중 하나였다. 결정을 잘 내리지도 못하고, 결정적인 증거가 있거나 확실히 입증하지 못하면 계속 논쟁해야 한다고 생각하는 사람들에게 정치를 맡기면 안 된다고 생각했다. 학자들은 불확실한 상황에서 무언가를 결정하는 데 익숙하지 않다. 정치에 입문하기 좋은 조건이라고 생각한 직업군은 법조인과 언론인이었다. 변호사와 언론인은 즉흥적으로 무언가를 만들어내는 데 꽤 능숙하기 때문이다. 그가 정치에 잘 어울리지 않는다고 생각한 또 다른 집단에 대해서는 곧 이야기할 것이다.

정치를 과학적으로 생각한다는 것은 과학자에게 정치를 맡기면 안 된다는 사실을 깨닫는 것이다. 그러나 베버와 홉스에게는 차이점도 많았다. 두 사람 사이에 거의 3세기 가까운 시기 차이가 있기 때문이다. 1919년 독일의 상황은 17세기 중반 영국의 상황과 전혀 달랐다. 1919년 초 독일에서 발생할 수도 있었던 내전은 양자 구도가 아니었다. 또한 양자택일의 선택지를 제시하지도 않았다. 이 점이 그러한 차이다. 1919년 1월 독일에서 선택할 수 있었던 한 방향은 현대 국가 그 자체의 원인이었기 때문에, 적어도 삼자 대결 구도에 처해 있었다.

기계적 정당정치와 그 위에 선 지도자

당시 독일에는 혁명적 변혁을 추진하려 하지도 않고, 겨우 몇 달 전에 폐기되었다고 생각한 구세계로 돌아가려하지도 않는 사람들이 있었다. 이 두 가지 집단을 후현대와 전현대라 부르자. 첫 번째 집단에는 볼셰비키, 스파르타쿠스단과 그 밖의 사회주의 몽상가들이 포함되어 있었다. 두 번째 집단에는 일부 초기 파시스트가 포함되어 있었다. 이 집단에는 황제의 복권을 바라거나, 지난 4년 동안 싸운 목표라고 생각한 모델을 토대로 독일의 제국주의 세력을 재창조하려던 사람들도 포함되어 있었다. 그들은 아직 패배하지 않았다고 생각하고 있었다. 이처럼 독일에는 시곗바늘을 앞으로 돌리려는 사람들도 있었지만 거꾸로 돌리려는 사람들도 있었다. 또한 현상을 유지하고 좋든 싫든 현 상태에서 독일을 재건하려는 사람들도 있었다. 이들을 현대주의자라 부르자. 베버는 그들 가운데 한 명이었으며, 바이마르공화국을 세울 사람들이었다.

베버와는 달리 그들 대부분은 사회주의자였다. 실제로 그들 대부분은 이론적으로 공산주의 혁명의 변혁적 힘을 믿는 마르크스 사회주의자들이었다. 그러나 제1차 세계대전이라는 재앙을 겪은 후, 이 정치인들 가운데 일부는 당시 상황을 현실적으로 평가하면 독일에는 자유 입헌 국가 같은 체제가 필요하다고 이해했다. 그리고 그들은 이 체제를 수립하기 위해 가능한 일들을 했다.

베버는 강연에서 이러한 정치인들에게도 말을 건넸다. 용기를 내라고, 해야 할 일을 하라고, 정치에는 절대 단순하거나 순수하거나 도덕적인 것은 없음을 기억하라고 말했다. 그는 홉스와는 달리 한 쪽을 선택했다. 베버는 현대 국가의 편을 들었다. 이는 우리가 오늘날 국가 건설이라고 부를 수 있을 만한 실천적 작업에 훨씬 더 근접했음을 의미한다.

17세기를 지나 시간이 흐름에 따라, 현대 국가에 대한 글을 쓰고 현대 국가의 미래를 상상하는 사람들에게는 관찰하고 연구하며 교훈을 얻을 수 있는 현대 국가의 수가 점점 더 많아졌다는 점도 큰 차이였다. 사례가 많았고 1919년이 되자 베버는 가장 성공적인 현대 국가의 사회학적 역사에 대한 글을 쓸 수 있었다. 그의 강연에서 초반의 3분의 2는 이론이 아니라 현실에서 현대 국가가 작동하는 방식에 대한 역사적 증거를 바탕으로 설명했다. 그런 점에서 상당히 일반적인 학술 강연이었다.

베버는 특히 현대 영국 국가에 관심이 있었다. 영국이 가장 성공적인 사례가 될 수 있다고 생각했다. 베버가 그의 생애에서 직접 목격한 사례이기도 했고, 한두 세대에 전부터 지켜본 거대한 정치적 변화, 즉 그가 정치의 전문화라 부른 과정이 이루어졌기 때문이다. 정치의 전문화를 통해 만들어진 제도 가운데 하나가 바로 정당이었다. 정당은 지금까지 거의 다루지 않았지만 현대 정치의 가장 중요한 제도로 꼽을 만했다.

정치는 정당정치가 되었고, 베버의 표현에 따르면 정당은 기계였다. 정당을 기계라고 부른 사람이 베버만은 아니었다. 미국에서 정당은 정당기계로 알려져 있었으며, 미묘한 윤리적 문제에 대해서는 무자비할 정도로 무관심하게 작동했다. 정당 자체가 또 하나의 사업이었으며 매우 더럽고 기계적인 임무를 수행하도록 많은 사람들을 고용했다. 그중 가장 중요한 임무는 선거기간에 표를 얻어내는 것이었다.

기계 정치는 간디가 현대 대의제 국가에서 혐오하던 점이었다. 베버는 현대 정치의 뚜렷한 특징이 기계 정치에 있다고 보았다. 그렇기 때문에 그가 현대 국가의 편이었다면, 어느 정도는 그 기계의 편이었어야 한다. 그는 또한 정치가 단순히 기계적인 것이라면, 정치에는 진정으로 영혼이 없다는 점을 이해하고 있었다.

이러한 조건에서 「직업으로서의 정치」는 가장 좁은 의미에서 전문화, 즉 판에 박혀 있고 타산적이며 상상력이 부족한 전문화를 가리킨다. 그리고 베버에게 정치는 언제나 그 이상의 것이어야 했다. 누군가는 미래를 제시해야만 한다. 누군가는 명분을 믿어야 한다. 누군가는 일어나는 모든 일에 어떤 의미가 있는지를 알고 있어야 한다. 그 사람이 바로 지도자다. 당의 지도자, 국가의 지도자다.

베버는 영국의 의회정치는 기계에서 지도자를 산출해내는 데 매우 뛰어나다고 생각했다. 기계를 조종하는 지도자, 정치에서 지저분한 일로 자신의 손을 더럽히지 않는 지도자가 아니다. 정치가 기계적이라는 것을 이해하면서도 당을 뛰어넘어 국민 전체에게 이야기할 수 있는 지도자다.

그가 염두에 두고 있었던 정치인들 중에는 위대한 빅토리아시대의 총리 윌리엄 글래드스턴William Gladstone도 있었다. 베버는 강연에서 글래드스턴을 민주적 독재자, '선거라는 전장의 독재자'라고 높이 평가했다. 글래드스턴은 국가의 궁극적인 미래를 제시해줄 수 있는 정치인이었다. 그가 정치 외부에서 내려온 기계의 신deus ex machina이어서가 아니라 정치 내부에서 배출한 사람이었기 때문이다. 글래드스턴은 그의 라이벌 벤저민 디즈레일리Benjamin Disraeli가 기름 바른 장대라 표현할 만큼 힘든 과정을 거쳐 자기 힘으로 최고의 자리에까지 오른 사람이었다. 최고의 자리에 오른 그는 자신의 정치적 출신에 얽매이지 않고 더 멀리 내다볼 수 있었다.

베버가 경쟁하는 정치체제들 가운데 어떤 압박 속에서도 가장 훌륭하게 작동하는 체제는 무엇인지 살펴볼 수 있었던 훨씬 더 가까운 시기에 충격적인 자연적 실험이 있었다. 바로 제1차 세계대전이었다. 그는 4년 동안 경쟁하는 정치체제를 파괴하는 실험이 진행되는 과정을 직접 지켜보았으며 1919년 1월 즈음에는 그 결과가 명확해졌다. 승자인 미국, 영국, 프랑스는 전문 정치인이 지도자인 국가들이었다.

전쟁이 끝났을 때 승전국인 미국의 대통령은 우드로 윌슨Woodrow Wilson이었으며, 영국의 총리는 데이비드 로이드 조지David Lloyd George, 프랑스의 총리는 조르주 클레망소Georges Clemenceau였다. 이들은 모두 전문 정치인이었다(윌슨은 한때 정치과학자였고, 이 사실이 베버의 심기를 매우 불편하게 하긴 했다). 이들 모두 정당제도를 통해 최고의 권력을 쥔 자리까지 올라갔다. 그들은 미래 구상에 대한 힘뿐만 아니라 현대 정치의 시스템을 관리하고 이 조직에 필요한 전문성과 상상력을 제공할 수 있는 능력을 갖추고 있었다.

이 세 명의 전시 지도자들은 아이러니하게도 일찍이 정당정치에서 전쟁에 반대하는 활동으로 명성을 얻은 정치인들이었다. 윌슨은 미국이 절대로 제1차 세계대전에 참전하지 않겠다는 공약으로 1916년 선거에 승리했다. 바로 그 몇 달 후에 자신의 공약과 정반대의 행보를 보였지만 말이다. 그런 점에서 그들은 또한 위선자였으며 표리부동했다. 그들은 모두 다양한 역할을 수행하는 이중적인 사람들이었다. 이들이야말로 간디가 절망스럽다고 생각한 유형의 정치인들이었다.

정치는 머리와 심장으로 해야 한다

제1차 세계대전 기간 동안 민주 지도자들은 전문 정치인이 없는 독일의 국가에 반대하고 나섰다. 당시 독일의 국가에서 지도체제는 두 종류였다. 한편에는 베버가 보기에 아마추어인 황제가 있었다. 정치는 황제의 전문 분야가 아니었다. 그는 직업으로서 정치를 시작하지 않았다. 그 정치체제에서 태어났지만 실력은 정말 형편없었다. 그는 수많은 실수를 저질렀으며 어리석고 무절제했다. 그 자리에 적합한 인물인지 이미 너무 늦어서 돌이킬 수 없을 때까지 단 한 번도 시험받지 않았다는 점이 가장 중요한 문제였다.

의회제도는 정치인들을 시험한다. 의회제도는 제도를 이끌 수 있는 단 몇 명의 지도자를 찾을 때까지 정치인들을 선별한다. 글래드스턴과 로이드 조지가 그 증거였다. 황제는 직위에서 해제할 수 없으며 그렇기 때문에 글자 그대로 파멸의 시험대에 오르기 전까지 단 한 번도 시험받지 않았다.

제1차 세계대전 기간 동안 독일의 운명은 궁극적으로 다른 지도자 계급의 손에 달려 있었다. 1916년부터 독일의 정치적 향방은 두 명의 장성인 파울 폰 힌덴부르크Paul von Hindenburg와 에리히 루덴도르프Erich Ludendorff의 손에 맡겨졌다. 그들은 군부 독재 체제를 세웠고, 당시에는 그런 결정이 나름 합당했다. 최후의 전쟁을 치르고 있다면 무엇보다 전쟁을 잘 이해하는 지도자가 필요하지 않겠는가? 군 지도력과 가장 근접한 지도력을 가진 사람들이 승리하지 않겠는가? 베버의 답은 그렇지 않다는 것이었고, 제1차 세계대전이 그 증거였다.

군인은 정치인이 아니기 때문에 군인이 권력을 잡는다고 해서 전쟁에 승리하는 것은 아니다. 그리고 이 전쟁의 성격은 다른 어떤 전쟁보다도 정치적이었다. 가장 막강한 정치제도에서 군사적으로 승리할 수 있는 결정을 내릴 수 있다. 이러한 결정 과정은 단순히 군대를 운영하는 것보다 훨씬 더 많은 요소들에 따라 달라지기 때문에 정치제도가 막강한 쪽이 승리할 것이다. 의사소통, 조직, 운송, 조세, 대의제 같은 현대 국가의 총체적 관리 업무에 따라 전쟁의 결과가 달라지는 것이다.

그런 점에서 베버의 강연은 한편으로 현대 국가의 이중적 언어로 전문 정치사상을 옹호했다. 전문 지도자가 되기 위해서는 전문가 이상의 자질을 갖추어야 한다. 직업으로서 정치를 한다는 것은 주권국가에서 정치적 지도력을 발휘하라는 요청을 받은 소수의 사람들이 국민을 위해 미래를 제시하라는 요구를 받는다는 뜻이다. 그러나 베버와 홉스의 결정적인 차이점은, 홉스가 절대 하지 않았던 일, 어떻게 하는지 몰랐던 일을 베버가 하고 있었다는 것이다. 베버는 우리를 지도자의 정신과 마음속으로 안내하려 한다. 그는 주권자의 지위에 있는 정치인, 최종적으로 전쟁의 승패에 대한 결정, 궁극적으로 생사를 결정해야만 하는 정치인의 머릿속에서부터 현대 정치의 이중성을 이야기하려고 시도한다. 베버는 현대 정치, 다시 말해 전문 정치는 머리와 심장으로 해야 한다고 말했다.

강연 후반부, 그의 어조가 바뀌기 시작한다. 그는 악마와 유령, 저주 같은 종교적 언어를 사용한다. 머리와 심장, 이성과 열정, 책임감을 모두 갖고 살기 위해 노력하며 느끼는 압박과 부담감에 대해, 심리학과 신비주의로 설명한다. 베버의 표현에 따르면, 전혀 다른 두 가지 윤리에 따라 사는 것이다. 그 결과를 기반으로 어떤 일을 하는 책임의 윤리와, 옳은 일이라고 믿기 때문에 그 일을 하는 신념의 윤리다.

콩스탕이 파리에서 고대인의 자유와 현대인의 자유에 대해 청중에게 이야기했던 것처럼, 이는 선택의 문제가 아니다. 두 가지 모두 해야 한다. 결과만 생각할 수는 없다. 그리고 우리의 신념만 생각할 수도 없다. 우리의 신념과 결과를 일치시켜야 한다. 이는 우리가 무엇을 믿든, 얼마나 열정적으로 확신하든 우리의 정치적 양심과 맞지 않는 결과가 발생할 수도 있다는 사실을 받아들인다는 뜻이다. 정치는 힘든 직업이고 우리는 그 사실을 감수하며 살아야 한다. 그는 이렇게 말했다.

정치가 머리로 해야 하는 일이기는 하지만 머리만으로는 절대 가능하지 않다. … 그러나 확신의 윤리를 토대로 움직여야만 하는가? 책임의 윤리에 따라 움직여야만 하는가? 다른 윤리가 아닌 그 윤리에 따라 움직여야만 하는 시기는 언제인가? 이러한 문제들의 답은 누군가 가르쳐줄 수 있는 것이 아니다.

이는 1919년 초 독일에서 베버가 주변에 있던 모든 사람들, 그가 신념과 책임 사이의 연결고리를 없애버렸다고 생각한 모든 사람들을 향한 암시적 비난이었다. 또한 뮌헨에서 그의 강연에 참여한 젊은 혁명주의자들, 특히 혁명론자들에 대한 질책이었다. 이 혁명론자들은 더 나은 세계를 믿는 사람들, 현대 국가를 넘어서 공산주의 유토피아 같은 것으로 정치를 변혁할 수 있다고 믿는 사람들, 이를 위해 치러야 하는 대가가 유혈과 폭력, 고통이라 해도 그 목표를 이룰 수 있다면 대가를 치러야 한다고 생각하는 사람들이었다. 약속된 땅에 도착하면 공포는 곧 사라지고, 모든 것을 잊고 새출발할 수 있는데 수천 명 죽는 것이 큰 문제가 되겠는가?

이 정치인 지망생들은 책임보다 신념이 우선한다고 생각했다. 베버는 그런 태도로 정치에 입문한다면 그들은 극도로 무책임해질 것이라고 주장했다. 그들에게는 목표 성취가 중요하며 그들이 초래한 죽음과 폭력은 자신들의 책임이 아니라고 생각할 것이기 때문이다. 만약 결과보다 희망이 더 중요하다고 생각한다면 이미 길을 잃은 것이다.

막스 베버, 「직업으로서의 정치」, 1919

정치는 위험한 동시에 사악한 일

또한 베버는 정치는 성자를 위한 것도 아니라고 분명하게 이야기한다. 정치는 수단과 목적이 항상 함께해야 한다고 생각하는 사람들에게는 맞지 않는 일이다. 이러한 사람들 가운데 한 명이 정치에서 수단과 목적이 함께해야만 한다고 명시적으로 주장했던 간디였다. 그렇지 않다면 수단이 목적을 오염시킬 것이다. 베버는 실제로 수단이 목적을 오염시킬 것이라는 생각에 동의했지만, 그것이 정치의 대가라고 생각했다. 이것이 정치적으로 살기 위해 우리가 치러야 하는 대가다.

> 세상 어떤 윤리도 '선한' 목적을 달성하려면 도덕적으로 의심스럽거나 최소한 도덕적으로 위험한 수단을 사용해야 하는 경우가 많다는 사실을 피할 수 없다. … 또한 세상 어떤 윤리도 윤리적으로 선한 목적이 언제, 어느 정도까지 윤리적으로 위험한 수단을 '정당화'하는지 판단할 수 없다.

어떤 목적이든 항상 이러한 얼룩이 있게 마련이다. 우리는 무엇이든 목적으로 삼을 수 있다. 평화가 그 목적일 수도 있다. 홉스가 그랬듯이, 베버 역시 어느 정도까지는 평화가 목적이 되어야 하지만 이는 폭력을 통한 평화다. 따라서 폭력을 통해 달성된 모든 평화에는 항상 폭력의 얼룩이 남아 있다고 믿었던 것 같다. 이것이 현대 정치의 역설이며 이를 감당할 수 없는 이들은 노력하는 척 해서는 안 된다.

또한 베버는 정치에 또 다른 유혹이 있다고 생각했다. 지나치게 많은 신념뿐만 아니라 지나치게 많은 책임감을 갖는 것이다. 다시 말해 신념의 결여, 믿음이나 확신, 열정, 명분을 갖는 것이 아니라 그저 기계처럼 움직이는 것, 공무원이나 관료화되는 것이다. 현대 국가는 공무원과 관료가 운영한다. 베버도 이를 잘 이해하고 있었다.

그는 관료주의에 대해 많은 글을 썼다. 그러나 학자, 과학자, 군인만큼이나 관료는 정치 지도자가 될 수 없다고 생각했다. 정치 지도자가 되려면 단순히 예상되는 결과 이상을 생각할 수 있어야만 한다. 자신이 생각한 모델이나 표에 있는 수치들을 토대로 정치적 결정을 할 수는 없다. 특정 결과를 이끌어내기 위한 대가로 얼마나 많은 목숨을 희생해야 하는지 계산할 수는 없다. 그 결과에 삶과 죽음에 대한 계산을 넘어서는 가치가 있어야만 한다. 베버에게는 이것이야말로 현대 정치의 도전과제였다. 우리는 어떤 식으로든 결과 이상의 것을 계산해야만 하며, 신념이 있는 사람이 되어야 한다.

베버에게 정치적 지도력이 마주한 최후의 가장 큰 유혹은 '의도하지 않은 결과'를 무시하는 것이었다. 그것은 너무도 쉬운 일이고 지극히 위험한 일이었다. 정치인은 자신의 정치 인생에서 꼭 이루고 싶은 어떤 목표를 정하고, 그것을 달성했을 때 어떤 일이 일어날지를 계산한다. 그런데 그때 자신이 원하지도 않았고, 자신의 목적이나 대의와는 무관한 결과들이 발생할 가능성에 대해서는 충분히 깊이 생각하지 못한다. 그들은 우연을 무시함으로써 큰 위험을 자초한다.

막스 베버, 「직업으로서의 정치」, 1919

정치가 어떤 목적을 달성하고자 할 때는 거대하고 괴물 같으며 투박한 도구, 즉 현대의 강압적 국가를 이용해야만 하기에 의도하지 않은 부작용이 생기는 것은 피할 수 없는 일이다.

특히 혁명적이거나 사회를 근본적으로 바꾸고자 하는 정치인일수록, 정치에서 일어나는 가장 중요한 일들 중 많은 것이 사실은 누구의 의도도 아니었다는 점을 쉽게 잊는다. 그 누구도 원하지 않았으나 현대 국가의 도구를 이용하면 그런 안 좋은 일은 일어나기 마련이다. 나쁜 일은 그런 방식으로 벌어진다. 그래서 정치는 위험하며 사악하다.

어떤 식으로든 정치를 하려는 사람, 특히 정치를 직업으로 삼으려는 사람은 누구든 이러한 윤리적 역설을 자각하고 있어야 한다. 그들이 감당하도록 압력을 받게 될 책임을 의식해야만 한다. 다시 말하지만 모든 폭력에 도사리고 있는 사악한 힘에 엮이게 되는 것이다.

베버가 생각한 가장 이상적인 지도자

베버의 강연은 내가 시작하면서 언급했던, 어떤 결말로 이어졌는지 너무나 잘 알고 있는 그 이야기로 향하는 것으로 보인다. 이 이야기는 1919년 1월에서 1919년 여름으로, 즉 바이마르공화국이 법제화되고 독일이 간발의 차이로 완전히 와해될 위기에서 벗어난 때, 내전을 피하던 때로 빠르게 넘어간다. 그리고 몇 년 후 심각한 인플레이션이 경제를 휩쓸면서 거의 붕괴 직전까지 가지만 곧 안정된다. 이어서 대공황으로 다시 완전히 실패한다. 그리고 이는 뮌헨에서 시작해서 1919년 이래 문제를 일으키고 있었던 히틀러가 부상하는 토대가 된다.

베버는 1919년 상반기 동안 독일 국가가 제대로 기능하는 현대 국가로서 스스로 일어서기 위해 노력하는 과정에서 실수하게 될 것이라고 깊이 우려하고 있었다. 이런 우려는 그다음 해 세상을 떠날 때까지 이어졌다. 그는 충분히 강력한 정치 지도력이 없는 상황을 두려워했다. 그가 영국 총리들과, 그 정도는 약하지만 미국 대통령들에 대해 감탄한 이유는 국가를 대변해 말할 수 있는 그들의 능력 때문이었다.

글래드스턴은 국가 전체를 대변하기 위해 노력했던 정당정치인이었으며 가장 성공적인 미국 대통령들도 마찬가지였다. 그들은 더 좁은 기반에서 선출되었다는 한계를 초월해 국가의 대변자가 되었다. 베버는 현대 국가의 정치 지도자가 되려면 이러한 초월적 자질을 갖춰야 한다고 생각했다. 그는 비례대표제 원칙에 따라 제정된 『바이마르헌법』이 권위를 차지하려 다투는 경쟁의 장을 만들어내지 않을까 우려했다. 즉 수많은 정치인들이 자신들의 특별한 이해관계와 파벌의 편협하고 종파적인 집단의 지도자라고 주장하는 의회를 만들어낼 수도 있다고 우려한 것이다. 이는 베버가 항상 두려워했던 편협하고 기능적이며 상상력이 없는 직업적인 의회가 될 것이었다.

그는 새로운 헌법에 따라 독일에 단일한 지도력을 배출할 가능성이 있기를 바랐다. 그렇기 때문에 이 헌법의 구체적 특징 가운데 『바이마르 헌법』 제48조에 명시된, 위기 상황에서 독재적 권력을 행사할 수 있는 대통령의 권한을 적극 지지했다. 이 조항은 의회가 더 이상 제 기능을 하지 못할 때, 파벌이나 분열 또는 합의를 이끌어내지 못하고 이로 인해 어느 누구도 아무런 결정을 하지 못하는 상황에서만 발동하도록 되어 있었다. 제48조에 따라 대통령은 의회를 정지시키고 스스로 권력을 잡을 수 있었다.

바이마르공화국의 마지막 대통령은 전직 장군 출신 정치인 힌덴부르크였다. 그리고 이 군인 출신 정치인이, 독일 국가를 완전히 파멸하에 이르게 만드는 히틀러가 등장할 수 있는 길을 열었다. 베버는 다가오는 나치즘의 재앙에 대한 책임론에 휘말리곤 한다. 바이마르공화국 탄생 초기 위기 상황에서 강력하고 거의 무제한적인 대통령의 권한이 필요하다고 주장했던 사람이라면 누구나, 이 때문에 결국 히틀러가 등장하는 문이 열린 것에 책임을 져야 한다고 말할 수도 있다. 그러나 베버는 이후에 무슨 일이 벌어질지 알 수 없었기 때문에 그러한 비판은 부당하다. 히틀러는 베버가 사망한 해에 비로소 뮌헨에서 지역적으로 이름을 알리기 시작했을 뿐이다. 따라서 베버는 히틀러에 대해 전혀 모르고 있었다.

나는 베버식 정치인의 모델은 다른 곳에서 찾아야 한다고 생각한다. 히틀러는 절대 아니며, 힌덴부르크도 아니라는 것을 우리는 잘 알고 있다. 베버는 군인 출신 정치인을 경멸했다. 베버는 정치인다운 정치인을 좋아했다. 그는 글래드스턴을 깊이 존경했다. 하지만 베버 자신이 직접 않았어도 다른 누구보다도 베버가 생각하는 정치 지도자의 이상적 유형에 가장 가까운 정치인은 따로 있다. 그리고 우연히도 이 사람은 대부분의 사람들에게 지금도 가장 위대한 현대 정치인으로 꼽힌다. 베버가 생각한 이상적 지도자는 에이브러햄 링컨 Abraham Lincoln 이었다.

링컨은 모든 조건에 맞는 정치인이었으며, 기계 정치인이었다. 그는 심지어 어떤 면에서 닳아빠진 정치인이었다. 그는 공화당에서 정치 경력을 쌓았다. 그리고 대통령이 되는 과정에서 수많은 패배를 경험했다. 그는 선거에서 승자인 경우보다 패자인 경우가 더 많았는데, 이 점도 베버가 영국과 미국 민주주의를 좋아했던 한 가지 이유였다. 정치인들은 이를 통해 이기는 방법뿐만 아니라 지는 방법도 배웠다.

독일의 황제는 지는 방법을 전혀 배우지 못했다. 루덴도르프 역시 지는 방법을 전혀 배우지 못했다. 그래서 그들은 패배했을 때 모든 것을 잃었다. 링컨은 계속 더 많은 것을 추구하며 돌아왔다. 그러나 마지막에는 진부한 정치인, 정당정치인, 변호사(베버가 정치에 가장 적합한 직업이라고 생각했던)라는 자신의 출신을 넘어서서, 당파를 초월해 국가 지도자가 되기를 열망하는 초월적인 인물로 거듭났다. 링컨에게는 대의가 있었다. 링컨이 열정적으로 믿었던 대의는 도덕적인 것이 아니었고, 그 자신도 결코 성자는 아니었다. 그는 연방을 믿었다. 링컨은 미국을 선한 힘이라고 믿었으며, 이를 지키기 위해서는 어떤 일이든 할 가치가 있다고 생각했다. 다시 말해 연방을 지키는 과정에서 가장 극단적인 형태의 폭력이 수반될 수 있다는 사실을 이해하고 있었다는 뜻이다. 결국 정말 그런 상황이 발생했고, 링컨은 대통령으로서 이를 감내해야 했다.

제1차 세계대전 전까지 현대 역사에서 가장 피비린내 나는 최악의 전쟁이었던 미국 남북전쟁은 링컨 자신의 전쟁이었다. 그는 상상력을 발휘하고 충분히 계산하며 무자비하고 열정적으로 이 전쟁을 치렀다. 이는 절대적인 대학살이었다. 링컨은 자신이 대량학살에 책임이 있다는 사실을 결코 외면하지 않았다. 그는 자신의 결정에 따라 사람들이 죽을 수 있다는 사실을 알고 있었지만, 정치란 그런 것이고 그러한 결과도 감당해야만 한다는 것을 알고 있었다.

베버의 강연 주제는 모든 사람을 위한 지도부는 없다는 것이었다. 또한 현대 국가의 정치적 지도력은 이중적 삶의 심리적 얼룩을 감당할 수 있는 아주 작은 집단의 사람들만을 위한 것일 수도 있다는 사실이었다. 좋은 사람인 동시에 나쁜 사람으로 사는 이중적 삶이다. 폭력을 통해 고결한 목적을 실현하는 삶이다. 손에 피를 묻힌 채 새출발하려고 노력하지 않는 삶이다. 베버는 이를 악마와 거래하는 것이라고 말했다.

베버는 대부분이 이 때문에 미쳐버릴 것이라고 생각했다. 그러나 극소수는 이러한 상황에서 살아남을 것이다. 링컨은 남북전쟁 기간 거의 미쳐버리기 직전까지 갔다. 그러나 그는 스스로를 지켜냈다. 아들을 잃는 슬픔마저도 이겨냈다. 그리고 최종적으로 생을 마감하기 전, 링컨은 정치라는 직업과 소명을 진정으로 이해하고 있음을 증명하는 일을 해냈다. 베버가 정치인들이 이루어야만 한다고 생각한 일이었다. 그는 승리했다.

― 제8장 ―

하이에크와 시장

프리드리히 하이에크, 『노예의 길』, 1944

국가 권력은 자유를 얼마나 쉽게 위협할 수 있는가?

프리드리히 하이에크 Friedrich Hayek(1899~1992)

오스트리아 빈의 의사와 학자 가정에서 태어났다. 10대 시절이던 제1차 세계대전 마지막 해에 오스트리아헝가리 제국군에서 항공기 관측병으로 복무했으며 무공훈장을 받았다. 전쟁이 끝난 후에는 빈에서 경제학을 공부했으며 사회주의 계획경제의 주요 비평가로 부상했다. 1931년에는 영국으로 건너가 런던정치경제대학교에서 교편을 잡았으며 1938년 영국 시민이 되었다.

『노예의 길The Road to Serfdom』로 미국에서 대중적 명성을 얻으며 1950년 시카고대학교 교수로 초빙되었다. 그곳에서 경제학자 밀턴 프리드먼Milton Friedman과 프랭크 나이트Frank Knight를 비롯해 수많은 사람들에게 영향을 주었다. 그는 자유시장경제로 여론을 집중시키기 위해 노력했던 몽페를랭회Mont Pelerin Society, MPS 창립 멤버였다. 이 모임은 지금도 유지되고 있다.

1962년 유럽으로 돌아가서 프라이부르크대학교와 잘츠부르크대학교 등에서 학생들을 가르치다가 은퇴했다. 1974년에는 노벨 경제학상을 수상했다. 1년 후 그의 열렬한 추종자 가운데 한 명이며 보수당 대표로 막 선출되었던 마거릿 대처Margaret Thatcher를 소개로 만났다. 그 만남이 성공적이지는 않았지만 대처는 그를 계속 존경했다.

하이에크는 치매를 앓고 있긴 했으나 1989년 베를린장벽이 무너지는 것을 살아서 지켜보았다. 1991년 조지 허버트 워커 부시George Hebert Walker Bush는 그에게 대통령 자유 훈장을 수여했지만, 당시 너무 쇠약했던 그는 수여식에 참석하지 못했다.

『노예의 길』은 제2차 세계대전 중이던 1944년에 발표된 정치경제 철학서로, 전체주의의 위험성과 국가 개입의 한계를 경고했다. 오스트리아 출신 경제학자 하이에크는 국가가 선의로 개입하더라도 점점 더 많이 통제하게 되고 결국에는 개인의 자유를 박탈하는 전체주의로 이어질 수 있다고 보았다. 특히 중앙집권적 계획경제와 복지국가의 확장이 자유 시장 질서를 위협할 것이며, 그 길 끝에는 '노예의 길'이 놓여 있다고 경고했다. 영국과 미국에서 큰 반향을 일으키면서 자유주의 경제질서의 옹호 이론으로 자리 잡았다.

 이 책은 오늘날 개인의 자유와 국가 권력의 경계를 어떻게 설정할 것인가에 대한 근본적인 질문을 던진다. 하이에크의 경고는 기술 관료주의, 감시 자본주의, 거대 정부에 관한 논쟁과 맞물려 오늘날 우리 사회에도 여전히 영향을 주고 있다.

프리드리히 하이에크, 『노예의 길』, 1944

***

경제학자들이 미래를 예측할 수 있는가

이 장에서는 이 책에서 유일하게 다루는 경제학자에 대한 이야기다. 카를 마르크스를 경제학자로 설명하는 경우가 많지만, 1848년에 경제학은 독립된 학문 분야가 아니었다. 마르크스의 사상은 정치경제학이었는데 이는 정치학, 경제학, 철학, 역사 등 거의 모든 분야를 포괄했다. 프리드리히 하이에크는 우리가 오늘날 사용하는 용어와 거의 비슷한 의미의 경제학자였다. 그는 자체적인 전문적 정체성이 있는 학문 분야에 속해 있었으며 1974년 노벨 경제학상을 받을 자격이 충분한 경제학자였다.

그러나 하이에크는 직업으로서나 학문 분야로서 경제학을 그리 신뢰하지 않았던 특이한 경제학자였다. 그는 경제학이 오만하고 자기 과시와 과장이 심하다고 생각했다. 노벨 경제학상을 제정한 것이 이러한 오만함의 실제 사례였다. 이 상은 이 학문 분야의 위상을 높이고 의학, 자연과학과 동등한 지위를 부여하기 위해 제정되었다.

이러한 선전은 효과가 있었다. 언론은 매년 화학 등의 분야와 마찬가지로 누가 노벨 경제학상을 수상하는지를 주요 뉴스로 다룬다. 2008년 세계금융위기 이래 대부분의 사람들이 경제학은 화학과는 전혀 다른 분야이며 훨씬 신뢰성이 낮은 학문이라는 사실을 아주 잘 깨닫기는 했지만 말이다. 하이에크는 이미 오래전에 그러한 의구심을 갖고 있었다. 그는 노벨 경제학상 수상 수락 연설에서 그러한 의구심에 대해 밝혔다. 경제학은 그 자체를 지나치게 거창하게 생각하며, 특히 자신들이 가장 잘 알고 있다고 주장하는 경제학자들을 신뢰해서는 안 된다는 사실을 강조하곤 했다.

하이에크는 경제학자들이 정말로 미래를 예측할 수 있는가에 대해 의문을 갖고 있었다. 미래를 볼 수 있는 사람은 아무도 없다고 생각했기 때문이었다. 그는 경제학자도 대부분 그렇게 생각할 것이라고 의심했다. 정치과학자와 마찬가지로 경제학자는 자기 학문 분야가 어떤 상황을 예측할 수 있는 과학이 아니라는 것을 알고 있어야만 한다. 그들은 미래를 예측하는 사람들이 아니다. 하지만 많은 정치과학자들과 마찬가지로(내가 지금 무슨 이야기를 하고 있는지 나도 잘 알고 있다), 많은 경제학자들이 미래를 예측하고 싶은 욕망을 거부하기 어려워한다. 그러한 예측들이 무작위 어림짐작보다 설득력이 더 있지는 않음에도 말이다.

학자들이 허영심에 사로잡히면 쉽게 의심을 잊고 막연하게 추측하게 된다. 하이에크는 경제학자가 미래를 계획할 수 있다고 주장할 때 세계가 이 경제학자를 신뢰하는 심각한 위험에 처한다고 생각했다. 경제학자가 과학의 이름으로 이렇게 주장한다면 그는 사기꾼이거나 자기기만에 빠진 사람이다. 그들은 그냥 어림짐작하고 있을 뿐이다. 그리고 홉스가 이야기했듯 최고의 예언자란 그저 운 좋게 추측한 내용이 맞은 사람일 뿐이다.

프리드리히 하이에크, 『노예의 길』, 1944

이는 이 사상의 역사가 시작된 시점으로 거슬러 올라가는 전통에 하이에크가 속한다는 뜻이다. 홉스와 마찬가지로 하이에크는 회의론자였다. 그는 지식에 대한 모든 주장은 확인해야 한다고, 다시 말해 일단 의심해야 한다고 생각했다. 의혹을 해소할 수 있는 근거가 없다면, 주장은 폐기되어야만 한다. 하이에크는 대부분의 경제적 예측에 이 원칙이 적용되며, 따라서 그의 직업 분야 대부분에 적용된다고 생각했다. 사회의 경제 기능 같은 분야가 미래에 어떻게 발전할지 알 수 없는 한 가지 이유는 현대 사회가 너무 복잡하기 때문이다. 어떤 모델로도 수용할 수 없을 만큼 훨씬 더 복잡하다. 그러나 이는 또한 본질적으로 미래를 예측할 수 없기 때문이기도 하다. 거의 항상 우연히 아니면 무작위로 여러 일들이 발생한다. 이는 사회 발전이 자연 발전과 다르지 않다는 뜻이다. 발전 과정은 무작위 돌연변이에 좌우된다. 어느 누구도 예상하거나, 당시에는 알아채지 못하거나, 그 변화를 인지했을 때는 대처하기에 너무 늦은 상황들이 발생하기 때문에 세계는 변화한다.

오늘날 하이에크의 영감을 받은 사람들이 자주 제시하는 사례가 디지털혁명이다. 특히 모든 경제학자들을 포함해 아무도 이러한 상황을 예상하지 못했다. 정보와 지식이 구성되는 과정에서 나타난 돌연변이 때문에 이러한 혁명이 일어났다. 2010년에 출간된 『이성적 낙관주의자The Rational Optimist』의 저자이자 하이에크의 열렬한 추종자인 매트 리들리Matt Ridley는 전화가 개인용 컴퓨터와 성관계를 맺을 때 벌어지는 일로 인터넷을 설명했다. 또한 그는 자동차를, 자전거에 대한 생각이 말이 끄는 마차와 성관계를 맺을 때 발생하는 일로 약간 과장되게 묘사하기도 했다. 핵심은 이러한 사회적 진화는 자연세계와 거의 맞먹을 정도의 규모와 복잡성, 예측 불가능성을 갖고 발생한다는 것이다. 그 발생속도가 훨씬 더 빠르기는 하다. 그리고 심지어 경제학자도 자연적 진화를 예측할 수 있다고 주장하지는 않는다.

정부의 통제는 모든 정보를 잃게 만든다

하이에크의 회의론은 홉스까지 거슬러 올라가는 합리주의 전통과 만난다. 한편으로 그는 또 다른 사상적 전통에도 속해 있다. 이는 앞에서 다룬 내용들과 연결된다. 그는 현대 북미 관점에서가 아니라 고전적 현대 유럽의 관점에서 자유주의자, 고전적 의미의 자유주의자였다. 그는 개인의 자유를 믿었다. 그는 독단적 간섭에서 벗어날 자유, 강압적 통제 시도에서 벗어날 자유를 믿었다. 그는 이사야 벌린이 이야기하는 소극적 자유의 신봉자였다. 또한 민주정부를 포함해 정부의 권력과 권한을 견제하는 수단으로서 헌법을 믿었다. 그의 이러한 생각은 18세기 말과 19세기 초로 거슬러 올라가는 전통에서 발전한 것으로, 콩스탕과 토크빌을 포함해 앞에서 이미 살펴본 사상가들과 그를 직접 연결한다. 실제로 『노예의 길』이라는 제목은 토크빌의 개념에서 따온 것이다. 토크빌이 정부의 권력과 권한이 너무 거대해지고 다수의 지배라는 이름으로 정당화되면, 민주주의 국가에서 어떤 일이 발생할 것인가에 대한 그의 두려움을 설명했던 『미국의 민주주의』 2권에서 이 제목을 따왔다. 그런 상황이 벌어지면 사람들은 수동적이고 순종적인 국가의 종복이 된다. 그들의 생각을 대변한다고 주장하는 정치인들이 주인이 되었기 때문이다. 토크빌은 이렇게 썼다.

> 그들은 사람들을 필연적으로 노예 상태로 이끄는 것으로 보이는 길을 마침내 발견한 것이다. … 그들의 영혼은 이러한 필연적 예속 상태 앞에 굴복한다. 자유 상태로 남을 수 있다는 희망을 잃어버린 채, 마음 가장 깊은 곳에서 이미 곧 올 주인을 앙망하면서.

하이에크는 자유시장을 옹호하면서 이러한 두 가지 전통인 회의론과 자유주의를 하나로 모았다. 그는 생각과 재화, 용역을 거래하는 시장은 자유의 장일 뿐만 아니라 지식의 장이라고 주장했다. 시장은 아무도 알지 못하는 것을 알고 있다. 우리는 미래를 이해할 수 없으며, 현재를 거의 이해하지 못한다. 심지어 과거도 이해하지 못한다. 그러나 시장은 예측할 힘은 없어도 다른 방식으로는 얻을 수 없는 우리의 세계에 대한 지식을 제공하는 정보의 원천이다. 그러나 시장은 그 자신이 간섭받지 않을 때만 그렇게 할 수 있다. 정부가 시장을 통제하려고 한다면, 정부는 그 결과를 왜곡하는 것이며 정보는 잃어버리게 된다. 시장은 공정한 이해의 원천에서 편협한 선입견으로 바뀐다. 다시 말해 알 수 없는 미래에 대한 또 하나의 불완전한 통찰이 된다.

예를 들어 우리가 소유한 물건의 가격과 가치를 알고 싶다면 다음과 같은 방법을 시도해볼 수 있다. 가능한 한 모든 정보를 종합해 특정 상황에 처한 사람들이 어떻게 행동할지, 어떻게 거래하고 어떻게 교환하고 얼마에 거래할 것이라고 생각하는지 계산해보는 것이다. 그렇지 않으면 그냥 그 물건을 팔아볼 수도 있다. 경제학자에게 시장이 어떤 역할을 해야 하고 또 할 수 있는지, 무엇을 하도록 정해져 있는지 계산해보라고 요구하는 것이 아니다. 시장에 가서 우리가 가진 재화 또는 용역을 제공하는 대가로 사람들이 비용을 얼마나 지불할 용의가 있는지 알아보는 것이다.

그리고 충분히 많은 사람들이 그렇게 행동하면 다양한 답을 얻을 수 있다. 그러면 시장만이 줄 수 있는 답을 얻게 된다. 이를 통해 개인이라도 누구나 다른 방법으로는 알 수 없는 재화의 가격을 알 수 있게 된다. 시장이 가격을 결정하기 때문이다. 그렇게 시장은 지식의 한 형태를 제공하고 권력의 한 형태를 소유하게 된다. 그러나 시장에 강압적 권력은 없다. 국가는 원한다면 시장을 통제할 수 있는 권력을 여전히 보유하고 있다. 하지만 그 권력을 행사하면 국가는 이 가치를 헤아리기 어려운 모든 정보와 너무나도 귀중한 모든 지식을 잃게 된다.

『노예의 길』은 자유시장이라는 개념을 쉽게 이해할 수 있는 용어로 설명하려 노력한다. 하이에크는 이 책을 쓸 때 인생의 절반 정도를 살아온 나이였다. 그는 『노예의 길』을 쓰기 훨씬 전부터, 특히 사회주의라는 이름으로 시장을 예측하는 시도의 위험성에 관한 수많은 지적 논쟁에 학술 저널을 통해 참여하고 있었다. 이 책은 달랐다. 그는 학술적이지 않은 독자들도 이 책을 읽기를 원했다. 그리고 그의 바람은 이루어졌다. 이 책을 출간한 이후, 미국의《리더스 다이제스트 The Reader's Digest》에 일반 독자들을 위한『노예의 길』요약본이 실리면서 엄청난 영향력을 발휘했다. 수백만 명의 미국인이《리더스 다이제스트》에 실린 책의 주요 내용을 읽었다. 하지만 사실 이 책은《리더스 다이제스트》에 실릴 만한 가벼운 책이 아니다. 자유에 대한 차별화된 사상을 옹호하고 독단적 정부의 통제 형태에 반대하는 진지하고 섬세하며 정교한 주장이 담겨 있다.

정부가 기술을 통제 도구로 사용한다면?

가장 중요한 정치 저작 대부분이 그렇듯 이 책은 엄청난 정치적 혼란기에 세상에 나왔다. 그 무엇보다도 큰 위기 중의 위기였던 제2차 세계대전 도중 출간됐다. 제2차 세계대전은 그 규모 면에서 심지어 제1차 세계대전조차도 사람들의 기억에서 지워버릴 만큼 20세기에 가장 혼란스러운 사건임이 분명하다. 그러나 1944년 이 전쟁의 끝이 가까워오던 때(미래를 알 수는 없기 때문에 당시에는 얼마나 그 끝이 가까웠는지 아무도 몰랐지만!)에 글을 쓰면서 하이에크는 전시 상황에서의 경제에 대해서는 깊이 생각하지 않았다. 다만 전쟁이 끝난 후의 세계를 상상하며 글을 썼다. 1944년 무렵에 이르자, 확실하지는 않지만 나치즘이 패배하고 언젠가 서구 민주주의가 전쟁 전에 하던 일을 다시 시작할 가능성이 높아지는 것처럼 보였다. 그러나 하이에크는 서구 정치사회가 제2차 세계대전 전에 그들이 당면했던 최대의 위기, 즉 대공황을 극복하고 전쟁을 치르기 위해 스스로를 조직했던 방식이 전쟁과 대공황이 끝난 후에도 오랫동안 남아 있을지도 모른다는 생각에 두려움을 느꼈다.

하이에크는 이러한 조직 형태를 경제 기획이라고 불렀다. 제2차 세계대전 같은 전면전을 치르기 위해 국가는 가능한 한 많은 사회적, 경제적 활동의 책임을 떠맡아야 한다. 가격을 책정하고, 고용을 조직하고, 산업을 규제하며, 자유로운 인적 이동을 관리하고, 무기를 운송하고, 군대를 동원하는 등 전쟁 기계가 제대로 작동하기 위해 필요한 자원을 얻을 수 있도록 보장하는 것이다. 이렇게 경제 활동의 분야를 대규모 산업 단위로 조직한 국가는 상당 부분 엄청나게 독단적인 권력을 행사한다. 이러한 상황이 당시 미국과 영국에서 벌어졌다.

제2차 세계대전을 수행하기 위해 국가들은 엄청난 권력과 책임, 부채를 떠안았다. 하이에크는 전쟁이 끝나도 이런 상황이 정리되지 않을 수 있다는 점을 우려하고 고민했다. 이러한 권력과 책임, 게다가 부채까지 떠안은 현대 민주주의 국가들은 계속 그 길을 가게 될 것이다. 그는 이를 '노예의 길'이라 불렀다. 민주주의 국가들은 이 길에서 벗어날 수 없을 것이고 위기를 극복하기 위해 선택한 결과는 위기가 지나간 후에도 오랫동안 이어질 것이었다. 그후로도 하이에크주의자들은 위기의 순간마다 같은 불안감을 반복해서 느꼈다. 이 거대한 위기를 극복하기 위해 취한

프리드리히 하이에크, 『노예의 길』, 1944

조치들을 그 위기가 끝난 후 원래대로 되돌릴 수 있는지 어떻게 알 수 있을까?

하이에크는 왜 이러한 상황들이 집요하게 계속될 것이라고 생각했을까? 왜 국가는 결국 계획할 수도, 규제할 수도, 통제할 수도 없는 것들을 계속해서 계획하고 규제하고 통제하려는 것일까? 그는 먼저 우리가 지금 기술결정론technology determinism이라 부르는 사상 때문이라고 생각했다. 이는 현대사회의 기술에는 정치조직이 필요하며, 정치적 통제가 미리 결정되어 있다는 이론이다. 다시 말해 기술 그 자체가 무엇을 해야만 하는지 알려준다. 이 주장은 21세기까지 끈질기게 이어져왔으며, 오늘날 디지털 기술과 관련해서 주목받고 있다. 기술이 정치를 넘어선 조직 구조이기 때문에 사회를 어떻게 조직할 것인지 우리에게 지시한다고 주장하는 사람들도 많다.

기술 덕분에 가능해진 상황에 적응하는 것은 정부와 국가의 일이다. 정부와 국가가 원하는 것에 적응하는 문제는 기술의 일이 아니다. 그래서 디지털 세계에서는 시민들을 감시하고 그들의 모든 활동을 예의주시하며, 그들이 어떻게 행동하고 어떤 사람인가에 대해 많은 정보를 확보할 수 있다. 이러한 디지털 세계에서는 국가가 이런 지식과 간섭에 저항할 수 없다. 이 역량으로 무엇을 할지 판단하는 것은 국가지만, 기술은 정치의 핵심 요소가 될 수밖에 없다. 그것이 정치적 삶에서 기술결정론이 갖출 궁극적 형태다.

하이에크는 디지털 형태를 구상한 것이 아니었다. 1944년에는 개인용 컴퓨터가 전화와 성관계를 하는 날이 올 것이라고 생각한 사람은 아무도 없었다. 특히 하이에크는 개인용 컴퓨터 같은 물건이 만들어질 것이라는 사실조차 예상하지 못했다. 따라서 그는 기술결정론의 인터넷 형태가 아니라, 대규모 산업 형태의 기술결정론에 대해 생각했다.

1944년에 이르렀을 때 현대사회, 민주주의 국가뿐만 아니라 소비에트연방 국가, 나치즘을 무너뜨리는 데 가장 큰 역할을 하게 될 국가 역시 대량 산업생산 체제를 갖추기 위해 막대한 조직이 필요했다. 거대한 규모의 공장들과 생산기업들, 새로운 통신수단(라디오 포함), 대규모 운송망, 대중을 위한 주택과 의복 등이다. 대량생산, 대규모 고용, 대량소비가 이루어지는 사회에서는 대중을 통제해야 하지 않을까? 정부가 산업, 통신, 운송 규제에 관여해야 하지 않을까? 이렇게 거대하고 복잡하며 총체적인 조직을 정치가 전면적으로 통제해야 하지 않을까? 이것이 하이에크가 두려워했던 기술결정론이었다. 그는 특히 전쟁이 성공적으로 끝나가고 있던 당시에 이러한 메시지가 강화된다고 생각했다. 기술산업사회를 관리하려면, 전시에 했던 노력에 상응하는 규모의 국가가 필요하거나 아무도 기술을 통제하지 못할 것이라는 메시지다.

그러나 하이에크는 기술이 어떤 결정도 하지 않기 때문에 이런 주장에는 치명적인 오류가 있다고 생각했다. 시장이 강압적 권력이 아닌 것과 마찬가지로 기술은 강압적 권력이 아니다. 기술은 군대나 경찰력을 보유하고 있지도 않으며 사람들을 감옥에 보내지도 않는다. 이런 일을 하는 것은 정부와 국가다. 그런 점에서 기술결정론은 범주화 오류다. 기

프리드리히 하이에크, 『노예의 길』, 1944

술은 도구다. 정치적 삶의 구성 요소는 아니지만, 국가가 정치적 삶을 조직하기 위해 사용할 수 있는 하나의 도구다.

따라서 하이에크의 주장은 점점 상식으로 받아들여지던 기술에 대한 통념을 뒤집었다. 기술이 요구하기 때문에 정부가 통제하고 계획해야 하는 것이 아니다. 하이에크는 기술이 아무것도 요구하지 않는다고 생각했다. 기술은 스스로를 대변할 수 없다. 그러나 사회를 통제하고 계획해야 한다고 결정한 정부가 기술을 마음대로 사용한다면 훨씬 더 많은 일들을 할 수 있다. 이는 훨씬 더 많은 피해를 초래할 수도 있다. 하이에크는 이렇게 표현했다. "현대 기술 발전은 종합적인 경제계획을 세우라고 강요하지 않는다. 하지만 그 안에는 계획을 수립할 권한이 있는 당국이 그 권력을 무한대로 더 위험하게 만드는 요소가 많다." 따라서 정부가 원한다면 기술로 대량 산업사회를 통제할 수 있다.

경제와 경제적 결과를 통제하려는 시도는 무의미하기 때문에 불가능하다. 그러나 기술적 수단으로 강화된 국가의 강압적 권력을 이용해 사람들이 원하는 일을 하게 만들 수는 있다. 예를 들어 라디오는 어느 누구에게도 무엇을 하라고 지시하지 않는다. 라디오 자체는 강압적 수단이 아니다. 그러나 강압적 국가는 국민들을 통제하기 위해 라디오의 힘을 이용할 수 있다. 제2차 세계대전 기간에는 모든 국가가 이렇게 행동했다. 정부가 기술을 사용하기로 선택한 경우에만 그 기술이 정치적 결과를 결정한다. 따라서 우리는 기술의 힘이 아니라 정부의 힘을 두려워해야 한다.

미끄러운 경사길에 들어서면 멈출 수 없다

하이에크가 제2차 세계대전 이후에도 정부의 경제계획과 통제는 계속될 가능성이 있으며, 심지어 더 강화되고 심화될 수도 있다고 생각한 또 하나의 이유는 민주주의 때문이었다. 그는 전쟁에서 싸우고 승리할 것이라 생각했던 민주주의 국가의 국민들은 전쟁이 끝나면 그들의 희생과 노력에 대한 보상을 요구할 것이라고 생각했다. 단기적인 역사에서는 그의 생각이 옳았음이 어느 정도 입증되었다. 그들은 무엇보다도 대공황에 이어 일어난 전쟁의 불확실성, 경제적 혼란으로부터 안전이 보장되길 원할 것이다. 이는 인간의 기본적 충동이므로 충분히 납득할 수 있다.

하이에크는 자신들의 국가가 전시에 어떤 일을 할 수 있는지 지켜보고, 경제적 통제에 적응한 서구 민주 유권자들이 계획에 따라 안전을 보장하는 정부에 권력을 주는 선택을 할 것이라고 두려워했다. 또 정치인들이 선거에서 쉽게 이기기 위해 경쟁자보다 더 많은 것을 약속하는 상황도 두려워했다. 더 많은 안전과 복지, 완전고용, 더 많은 연금과 더 큰 혜택, 실업으로부터 보호, 보편적 의료 등이 바로 그런 공약들이다. 모두 현대 복지국가의 과시적인 요소들이다. 그리고 어쩌면 그 이상의 것, 즉 물가통제, 고정 임금, 대규모 국유화 등 거의 모든 것을 정부가 통제하는 상황으로 이어지는 것 말이다. 이 길은 안전하다고 약속하는 것처럼 보여서 표를 얻는 데 도움이 될 것이다. 그러나 하이에크는 이것이 노예로 가는 길이라고 생각했다.

이러한 안전은 실현될 수 없기에 그런 청사진을 제시하는 정치인들은 사기꾼이거나 자기기만에 빠진 사람들이었다. 그들의 2개년계획, 5개년계획, 10개년계획 등은 통제할 수 없는 미래를 만들기 위한 노력이었다. 5년이라는 시간은 앞으로 무슨 일이 일어날지를 예측하기에는 너무도 긴 시간이므로 5개년계획은 결코 이뤄질 수 없다.

이런 식의 안전, 이런 계획을 제시하는 정부는 자신들이 생각하는 방향으로 시장을 움직이려는 필사적인 노력의 하나로 강압적 통제를 강화하고 싶다는 유혹을 느낄 것이다. 자신들이 생각하는 방향으로 시장이 움직이도록 더 많이 노력할수록, 시장이 잘못된 길로 들어설수록, 그들은 더 많이 통제하려 할 것이다. 어쩌면 유권자들도 정부의 통제력이 더 강해져야 한다고 요구할지도 모른다. 그렇게 악순환이 계속되는 것이다.

하이에크는 정부가 자유경제의 자유시장을 통제하려고 시도할 때, 그들이 실제로는 특별대우를 요구하는 목소리에 응답하고 있을 뿐이라는 점을 명시적으로 이야기한다. 이러한 요구들은 정의의 언어로 표현된다.

그러나 하이에크는 정부가 민주적 책임이라는 이름으로 정의를 이행하려는 시도는 사실상 사람들의 환심을 사려는 시도를 반복하는 것일 뿐이라고 말한다. 이 집단은 이것을, 저 집단은 저것을 원한다. 노동조합은 더 많은 일자리를 원하고, 노동자는 상품 가격 인하를 요구한다. 이런 상황에서 정부는 그저 사람들이 원하는 것을 제공하려는 노력 말고는 할 수 있는 일이 없다. 한쪽의 요구를 들어주고 나면 또 다른 것을 요구하고, 한 집단을 달래기 위해 비용을 지불하면 다음 집단을 달래기 위해 더 많은 비용을 지불하게 될 것이다.

일단 정부가 정의를 실현하기 위한 계획에 착수하면, 정부는 모든 사람의 운명이나 위치에 대한 책임을 거부할 수 없다. 계획사회에서 우리 모두는 어느 누구도 통제할 수 없는 상황, 확실하게 예측할 수 없는 상황 때문이 아니라, 어떤 권한이 그렇게 되기를 원하기 때문에 우리가 다른 사람들보다 더 잘 살거나 더 못산다는 사실을 알아야만 한다. 그리고 우리의 위상을 높이기 위한 모든 노력은 우리가 통제할 수 없는 상황을 최대한 예측해서 대비하려는 것이 아니다. 모든 권력을 갖고 있는 권한 당국이 우리에게 유리하게 결정하도록 영향력을 행사하는 데 집중해야 한다.

이는 미끄러운 경사길 논증이다. 왜냐하면 하이에크는 초기 단계가 아무리 신중해도 일단 그 길에 들어서면 결국 모든 사람에게 보상할 수밖에 없다고 생각하기 때문이다. 단편적인 통제가 총체적으로 통제하려는 시도로 이어진다. 5개년계획을 수정하려고 시도하면 모든 것을 통제하려고 노력하게 된다. 이런 방식으로는 아무것도 통제할 수 없기 때문에, 하이에크의 표현에 따르면 결국 자유를 상실하게 될 것이다.

이를 대안적으로 설명하는 방식이 있다. 하이에크의 이미지는 아니지만 약간 혼합되어 있는 비유다. 우리는 더 이상 미끄러운 경사길에 서 있지 않다. 그러나 하이에크는, 계획이란 맞지 않는 양탄자를 못으로 박아 억지로 고정하려는 것과 같다고 생각할 수도 있다. 왜 맞지 않는지, 어느 부분이 겹치는지 정확하게 모르기 때문에 맞춰보려고 계속 두드리다 보

프리드리히 하이에크, 『노예의 길』, 1944

면 구석 쪽에서 툭 튀어나온다. 그래서 더 많은 못으로 그 튀어나온 부분을 고정해야 한다. 그러면 다른 쪽에서 못들이 튀어나오고 양탄자의 다른 부분도 튀어나온다. 이 양탄자는 맞지 않는다.

그 계획은 경제와 맞지 않는다. 하지만 우리가 할 수 있는 일이라고는 더 많은 못을 박는 것뿐이고, 마침내 양탄자를 제자리에 고정할 수 있는 유일한 방법은 그저 전체에 못질을 해서 양탄자를 바늘방석으로 만들어버리는 것이다. 하이에크는 이것이야말로 계획경제가 초래할 수 있는 궁극적인 두려움이라고 생각했다. 바늘방석 사회 말이다.

민주주의 정부 권력에 헌법적 제한이 필요한 이유

민주주의에 대한 하이에크의 주장은 기술에 대한 주장과 약간 비슷했다. 그는 민주주의가 꼭 이런 식으로 이루어져야 할 필요는 없다고 생각했다. 이러한 결과가 미리 정해져 있는 것은 아니다. 그렇다, 민주주의 체제에서 유권자들이 이 길로 갈 수 있다. 정부는 이 길의 모든 단계에서 유권자들을 만나게 될 것이다. 그러나 기술과 마찬가지로 민주주의는 실제로 아무것도 미리 결정하지 않는다. 이 역시 하나의 도구이기 때문에 다양한 방식으로 이용할 수 있다.

하이에크는 기술이 계획을 의미하지 않는 것처럼 민주주의도 계획을 의미할 필요는 없다고 분명하게 말한다. 그러나 우리 정부가 계획하기로 결정했다면, 민주주의는 계획 입안자들에게 강력한 도구가 된다. 이 때문에 새로운 기술과 마찬가지로 민주주의가 더 위험한 것이 될 수 있다. 정부가 계획하기로 결정했다면 다수 국민이 원하기 때문에 이를 이행하는 것이라고 주장할 수 있다. 그러면 다수의 국민은 강압의 수단이 된다. 다수는 정부가 바라던 것을 이루는데 수단이 되며, 민주주의가 그들에게 힘을 부여했기 때문에 그들은 제한 없이 어떤 일이든 할 수 있다.

"진정한 '프롤레타리아 독재'는 형식상 민주적이더라도, 중앙에서 경제체제를 통제하려 한다면 모든 독재정권이 그랬던 것처럼 개인의 자유를 완전히 파괴할 수도 있다." 이것이 하이에크가 고전적 의미의 자유주의자였던 이유다. 그는 특히 민주국가를 포함해 모든 국가의 권력을 두려워했다.

그럼에도 하이에크는 자신이 민주주의자라고 주장했다. 그는 이 모든 함정이 있음에도 민주주의를 결코 포기한 적은 없다고 주장했다. 그가 특히 열정적으로 좋아했던 민주주의의 특징은 예측할 수 없다는 점이었다. 알 수 없는 미래를 묘사하는 민주주의에서 삶의 한 측면이 있었다. 이 사람 아니면 저 사람이 선거에 이길지 어느 누가 예측할 수 있을까? 도널드 트럼프가 미국 대통령으로 당선된 사실은 솔직히 인터넷의 존재만큼이나 충격적이다.

하이에크가 생각한 민주주의의 가장 큰 장점은 미래를 예측할 수 있다고 주장할 수 없도록 안전장치를 제공한다는 것이었다. 민주주의에서는 정치인을 포함한 모든 사람이 주기적으로 놀라운 결과를 받아들여야

프리드리히 하이에크, 『노예의 길』, 1944

만 한다. 그러나 민주주의는 시장을 확실하게 통제하는 데 이용될 때 위험하다. 그렇기 때문에 하이에크는 다수당 정부가 경제생활을 통제하는 권한, 예를 들어 새로운 부채를 떠안거나 통화를 팽창시키거나 물가와 고용을 규제하는 등의 권한을 헌법적으로 강력하게 제한하는 자유민주주의 국가만이 살아남을 수 있다고 확신했다.

하이에크는 평생 동안 선출 정부 권력을 헌법적으로 제한해야 한다는 주장을 열정적으로 옹호했다. 이러한 제한은 예산 배정의 불균형을 막는 고정된 헌법적 장치에서부터, 하이에크가 말년에 지지했던 다소 이상적인 구상에 이르기까지 다양한 형태로 표현될 수 있다. 그는 젊은 사람들은 자신들의 선택이 초래할 장기적인 결과를 충분히 이해하지 못하고, 더 나이 많은 사람들은 장기적인 결과에 관심을 둘 만큼 오래 살지 못할 것이라는 점이 민주주의의 심각한 위험성이라고 생각했다. 하이에크는 진정으로 책임 있는 민주적 헌법이라면 약 45세 정도로 선거 연령을 제한해야 한다고 제안했다. 더 많지도 적지도 않은 딱 45세. 우연히도 하이에크가 『노예의 길』을 쓴 나이였다.

더 넓은 의미에서 하이에크는 많은 헌법적 자유주의자들이 전통적으로 높이 평가했던 제도들을 존중했다. 이 제도들에는 서로 견제와 균형을 이루며, 한 부처가 다른 부처를 지배할 수 없도록 권력을 제한하는 미국 헌법도 포함된다. 그는 영국을 포함해 모든 민주주의 국가에 비슷한 제도가 마련되기를 원했다. 그러나 무엇보다도 그는 모든 민주주의가, 자신의 권력과 번영할 수 있는 능력이 자신이 가진 힘의 한계를 이해하는 데 달려 있다는 사실을 이해하기를 원했다. 그는 민주주의 국가의 국민이 자신들의 민주주의가 스스로를 제한해야 한다는 사실을 깨닫기를 바랐다.

위기는 한 번으로 끝나지 않는다

그런 점에서 하이에크의 정치 개념과 연결되는 또 하나의 이미지와 비유가 있다. 그리스신화에 나오는 오디세우스와 세이렌 이야기다. 오디세우스는 트로이에서 고향으로 돌아가기 위해 항해를 하다가, 세이렌들이 아름다운 노래를 불러 그가 탄 배가 암초에 부딪치도록 유혹하는 지점을 지나야 한다는 것을 알게 된다. 그 지역을 지나간 모든 배의 모든 선원은 세이렌의 아름다운 노랫소리를 거부하지 못하고 배의 방향을 틀어 난파당하고 파괴되었다. 그래서 오디세우스는 선원들이 노래를 듣지 못하고 유혹에 빠지지 않도록 선원들의 귀를 밀랍으로 막으라고 지시했다. 그러나 배의 선장인 그는 세이렌의 노래를 듣고 싶었다. 얼마나 황홀한 노래인지 직접 알고 싶었다. 그래서 선원들에게 자신을 돛대에 묶고 자신이 더 가까이 가고 싶어서 풀어달라고 아무리 애원해도 못 들은 척하라고 명령했다. 노래를 들으려면 스스로 움직이지 못하도록 제약해야만 했던 것이다.

하이에크는 민주주의 권력에 대한 헌법적 제약이, 오디세우스를 돛대

프리드리히 하이에크, 『노예의 길』, 1944

에 묶는 것과 비슷하다고 생각했다. 배의 선장은 다수의 국민이다. 민주주의가 바로 국민이 주인이라는 뜻이기 때문이다. 세이렌과 달콤한 노래는 사회보장, 경제 통제, 불확실성 제한, 사람들에게 약속한 일자리와 집, 소득이다. 하이에크는 국민을 돛대에 묶지 않으면 국가라는 배는 암초로 향할 것이라고 생각했다.

물론 이 이야기에서는 일단 배가 암초 지역을 지나고 나면 선원들이 귀에서 밀랍을 빼고 선장을 풀어줄 것이기 때문에 하이에크가 생각하는 정치 개념에 적절한 이미지는 아니다. 하이에크의 민주주의에 대한 시각에 따르면 우리는 결코 암초 지역을 지나갈 수 없다. 위기는 결코 지나가는 것으로 끝나지 않는다. 사회보장을 약속하는 달콤한 노래는 언제나 저 뒤에 남아서 유권자를 유혹하고 궁극적으로 국가라는 배를 파멸로 몰고 갈 것이기 때문이다. 하이에크에게 파멸은 빚과 인플레이션, 정부의 통제 강화, 독단적 권력의 강화를 의미하며 이는 궁극적으로 노예의 길로 이어진다. 그렇기 때문에 하이에크의 우화에서는 다수를 영구적으로 통제하기 위해 엄격한 헌법이 필요하다. 세이렌의 노래에 굴복하고 싶은 유혹이 항상 도사리고 있기 때문에 이러한 제약을 완화하는 것은 절대 안전하지 않다.

하이에크는 인간이 항상 더 많은 안전과 통제를 추구하고 싶은 유혹을 느낄 것이라는 점을 알고 있었다. 이러한 정치에 대한 하이에크의 설명은 『노예의 길』에서 펼친 주장을 완화할 수 있는 지점에는 결코 도달하지 못했다는 것을 뜻한다. 전쟁이 끝난 지 한참 후, 처음의 위기가 지나간 지 한참 후에도 말이다. 하이에크가 보기에 위기는 결코 지나가 버리지 않기 때문이다.

오히려 그의 삶과 사상은 다른 방향으로 나아갔고 그의 입장은 견고해졌다. 나이가 들면서 그는 더 공격적이고 더 확고하게 변했다. 그는 단순히 시장을 정부의 간섭으로부터 보호해야만 한다는 생각을 넘어 시장이 정치적 삶에 참여하도록 허용해야 한다고 주장했다. 또한 선출된 정부가 책임지고 있던 교육, 보건, 심지어 통화 공급 같은 정부 부처들의 영역에 참여하도록 허용해야 한다고 더 강력하게 주장했다.

말년에 하이에크는 화폐를 포함한 모든 것을 민영화해야 한다고 생각했다. 어딘가에 훨씬 더 나은 가치가 있을지도 모르는데 어째서 영국 국민들은 거래 수단으로 파운드만을 사용하도록 제한받아야 하는가? 하이에크가 살아 있을 때 비트코인이 나왔다면 열광적인 팬이 되었을 것이다. 개방에 대한 하이에크의 열망 앞에서는 어떤 독점도 안전한 것이 아니었다. 또한 민주적 지배에 맞서는 데 필요한 안전에 대해, 궁극적으로 파멸적 정책을 추구한다고 생각하는 선출된 정부에 맞서는 데 필요한 보호 방법에 대한 그의 견해는 확고했다.

하이에크 대 케인스

1973년, 칠레에서는 살바도르 아옌데 Salvador Allende 선출 정부가 쿠데

타로 전복되고, 군인 출신 정치인인 아우구스토 피노체트Augusto Pinochet 가 이끄는 군사정부가 들어섰다. 서구에서 교육받은 다수의 경제학자와 하이에크, 밀턴 프리드먼의 사상에 영향을 받은 피노체트는 칠레 사회를 억압하는 동시에 칠레의 경제적 삶을 개방했다. 하이에크는 민주주의는 스스로 구원해야 한다는 논리로 피노체트 정권을 옹호했다. 이 책에서 지금까지 살펴본 거의 모든 사상가들과 달리, 하이에크는 지금까지도 여전히 정치와 민주주의에 대한 뜨거운 논쟁의 대상이 되고 있다. 민영화하는 동시에 국민들을 탄압했던 피노체트를 옹호하는 것은 그저 먼지 쌓인 역사적 유물이 아니다. 이는 여전히 울림이 있으며 지금도 사람들의 마음을 아프게 한다.

하이에크주의자로 불린다는 것은 21세기 정치적 논쟁에서 분명한 의미가 있다. 욕이 될 수도 칭찬이 될 수도 있으며, 하이에크의 축복이나 저주는 지금도 중요하다. 이 점은 2008년 세계금융위기 이후 가장 분명하게 드러난 것으로 보인다.

정치적 논쟁의 한 쪽에서는 하이에크주의자들이 당시의 위기 상황을, 정부가 과도하게 개입하기 위한 구실로 삼지 말라고 지속적으로 호소했다. 늘 그랬듯이 지금까지 채택한 정책은 결코 되돌릴 수 없을 것이며, 정말 토대가 단단한 민주주의가 아니라면 자기 자신을 규제할 수 없다는 사실을 상기시키려 했다. 이때는 특히 정부의 구제금융과 양적 완화에 대해 경고했다. 위기를 극복하기 위해 국가의 돈주머니를 연다면 결코 이를 다시 닫을 수 없을 것이기 때문에 인플레이션과 빚, 파산, 파멸을 초래하게 된다.

이들의 반대편에는 경제학자 존 메이너드 케인스John Maynard Keynes의 뒤를 이어 스스로 케인스주의자라 부르는 사람들이 있었다. 비록 그들은 하이에크주의자가 더 이상 하이에크주의자가 아닌 것과 마찬가지로, 더 이상 케인스주의자로 평가하기 어렵기는 하다. 케인스주의자는 위기 상황에서는 어떤 조치라도 취해야만 한다고 생각한다. 무엇보다도 위기를 극복하기 위해 필요한 행동을 하지 않는다면, 앞으로 벌어질 일들은 큰 문제가 되지 않는다.

21세기 첫 20년 동안 하이에크 대 케인스의 구도는 정치적 논쟁에서 핵심 구도 가운데 하나가 되었다. 그러나 『노예의 길』에 제시된 여러 주장을 초창기에 지지한 사람들 중에는 후에 정반대 견해를 갖게 된 케인스도 있었다. 이는 하이에크의 사상이 그의 생애 동안 어떻게 진화했는지를 보여주는 하나의 상징이다.

하이에크와 마찬가지로 케인스는 스스로를 자유주의자라고 생각했다. 그리고 하이에크가 주장한 자유주의에서 많은 부분들, 특히 『노예의 길』에 나타난 회의적 주장의 상당 부분은 케인스에게 영향을 주었다. 비록 하이에크의 모든 주장을 받아들인 것은 아니지만 말이다. 케인스는 분명히 선의를 가진 정치인들의 자만심에 대해 하이에크만큼이나 예민하게 경계했다. 1944년에는 하이에크와 케인스 모두 서로를 같은 편이라고 생각했다. 그러나 시간이 흐를수록 정치의 구도가 점점 하이에크 대 케인스로 형성되었다는 사실은 양쪽의 입장이 점점 견고해졌다는 것을 보여주는 증거다.

국가의 개입이 해결책이 될 가능성은 없는가

그러나 현재와 연결되는 하이에크의 주장을 다르게 생각할 수도 있다. 하이에크가 평생 반대했던 단 하나의 이론(주의)을 꼽는다면 바로 그가 '운명론fatalism'이라고 불렀던 것이다. 즉 앞으로 일어날 일은 이미 운명으로 정해져 있으며 우리는 그저 이에 대비할 수밖에 없다는 생각이다. 경제학자는 자신의 주장을 운명론적으로 제시하지 않으려는 경향이 있다. 하지만 하이에크는 그가 운명론자라고 생각했던 유형의 경제학자를 증오했다. 정의에 따르면 그들은 미래는 계획할 수 없음에도 자신들에게 선택권이 없다고 느꼈기 때문에 미래를 계획했다. 하이에크는 미래가 닫혀 있다고 생각하는 사람들의 반대편, 열린 미래의 편이었다.

하이에크 자신이 미래를 예측할 수 없었다는 사실은 그의 말이 옳았음을 입증하기도 한다. 그의 미끄러운 경사길 논증은 틀렸다는 것이 확인되었다. 서구 민주주의가 계획경제와 정부 통제를 추진하다가 노예의 길에 이르렀다는 것은 사실이 아니었다. 하이에크는 그들이 수십 년 동안 그 길에 서 있다고 확신했지만, 1950년대를 지나 1960년대, 1970년대를 거치면서 그의 경고는 점점 더 필요 이상으로 과도한 불안을 조장하게 됐다.

그가 생각한 운명론자들이 계속 선거에서 승리했다. 이 때문에 하이에크는 민주적 권력을 제한해야 한다고 점점 더 강력하게 주장했다. 그는 민주주의 선거가 진짜 선택권을 전혀 제시하지 못하는 경우가 너무 많다고 생각했다. 한 기획자 집단이 다른 집단과 대립했고, 일부는 더 공격적이고 일부는 더 소극적이었다. 결국 가장 좋은 조건을 제시한 집단이 승리했다.

그러나 1970년대 말이 되고 1980년대 초에 들어설 즈음에는 이 주장이 확실히 바뀌었고 미끄러운 경사길은 더 이상 미끄럽지 않았다. 영국에서는 마거릿 대처가 총리로 선출되었고, 미국에서는 로널드 레이건Ronald Reagan이 대통령으로 선출되었다. 총리로 취임하기 전 그림자내각 회의에서 경제를 어떻게 규제할 것인가에 대한 논쟁이 한창 벌어지던 때, 대처가 가방에서 『노예의 길』보다 훨씬 더 두껍고 무거우며 읽기 어려운 하이에크의 책 『자유헌정론The Constitution of Liberty』(1960)을 꺼내들었다. 그녀는 이 책을 테이블에 탁 내려놓으면서 남성 동지들에게 이렇게 말했다고 한다. "신사 여러분, 이것이 우리가 믿는 것입니다."

신자유주의 혁명이라 불리는 사건은 얼마 후 이 미끄러운 경사길이 평탄해진다는 증거였다. 달리 표현하면, 수레바퀴가 다른 방향으로 돌아갈 수도 있다는 것이다. 경제와 마찬가지로 정치는 절대 미리 방향을 정할 수 없다. 그러나 운명론에 대한 하이에크의 주장을 대안적으로 생각할 수도 있다. 그는 열린 미래에 대해 열려 있다고 주장했다. 무슨 일이 일어날지 모르는 사람들의 편에 서 있다고 주장했다. 그는 안전하게 정치적 삶과 경제적 삶을 살아갈 수 있는 유일한 토대는 회의론이며, 우리가 얼마나 적게 알고 있는지 깨닫는 것이라고 생각했다.

그러나 하이에크와 그의 일부 추종자들의 사상에는 또 다른 운명론적 관점이 내포되어 있다. 열린 미래가 우리에게 항상 가장 좋은 미래라고 가정하는 것은 다소 운명론적이지 않은가? 국가 권력을 제한하는 것이 우리의 선택지를 계속 열어두는 가장 확실한 방법이라고 어떻게 확신할 수 있는가? 선장을 돛대에서 다시는 풀어줄 수 없다면, 항상 다수를 숨긴다면, 정부가 지나치게 많은 권력과 권한, 지나치게 강한 통제권을 갖지 못하도록 영원히 금지한다면, 우리가 더 나은 미래의 한 가지 가능성을 차단하지 않았다는 것을 어떻게 확신할 수 있을까? 바로 국가의 행동만이 우리를 구원할 수 있다는 그 가능성 말이다. 하이에크의 반운명론은 결국 어떤 방법이 효과적일지 알고 있다는 것을 전제로 하고 있는 것처럼 보인다. 바로 열린 경제와 열린 마음이다. 그런데 진정한 회의론자는 어떤 것에 대해서든 알고 있다고 추정하지 말아야 한다.

기후변화를 예로 들어 마무리해보자. 현대 정치에는 지금 정부의 행동을 원하는 사람들, 무슨 수를 써서라도 우리가 행동하기를 바라는 사람들, 기후위기를 해결하기 위해 국가가 통제하고 원대한 계획을 세워야 한다고 주장하는 사람들이 있다. 한편으로 기후변화 위기에 대처하기 위한 가장 좋은 방법은 열린 시장과 개혁이며, 어떤 돌연변이가 나타날지 아무도 모르기 때문에 기술이 어느 누구도 상상할 수 없었던 해결책을 고안해낼 것이라고 생각하는 사람들이 있다.

이들은 양쪽으로 깊이 분열되어 있다. 이는 열린 시장과 경이로운 기술의 편에 서 있는 하이에크주의자와 그런 위험을 감수할 능력도, 새로운 기술이 나올 때까지 기다릴 여력도 없다고 생각하는 사람들 사이의 논쟁이다. 누가 옳고 누가 그르든 이 논쟁에서 하이에크주의자가 미래에 열린 사람들이며, 그들의 반대편이 미래에 닫힌 사람들이라고 단정하기는 어려울 것이다.

하이에크의 주장을 따른다면 미래는 분명히 열린 시장과 국가 통제를 제한하는 방법을 선호한다고 느낄 것이다. 그러나 그 위기를 진짜 극복하게 될지 어떻게 알 수 있을까? 지금 행동하지 않는다면, 기술 혁신이 적절한 시기에 우리를 구해줄 것인지 누가 어떻게 알 수 있을까? 배의 선장을 풀어주고 국가가 통제력을 가져야 할 시점이 올지 오지 않을지 누가 어떻게 알 수 있을까? 민주주의 국가, 독재국가, 다수결 중심 국가, 기술관료 국가 등의 형태는 중요하지 않다. 국가의 권력은 이러한 위기 상황의 어느 시점에 결정적인 요인이 될 수도 있다. 그리고 기후위기는 금방 해결할 수 없다. 오랫동안 겪어야 한다. 기술이 우리를 구원하는 데 충분한 시간이다. 그러나 시장 주도의 기술이 제때 우리를 구하지 못하는 데도 충분한 시간이다.

그렇기 때문에 하이에크의 회의론에 맞서는 더 깊은 회의론의 가능성이 있다. 홉스식 회의론이라고 말할 수도 있다. 최소한 내가 이해하기로는 현대 국가사상 창시자의 회의론이다. 진정한 회의론자라면, 진정으로 미래가 우리를 위해 준비한 것이 무엇인지 알지 못한다고 믿는다

프리드리히 하이에크, 『노예의 길』, 1944

면, 미래는 우리를 구원하기 위해 국가의 권력이 필요할 수도 있다고 생각한다.

제9장

아렌트와 행동

한나 아렌트, 『인간의 조건』, 1958

노동과 작업 외에 정치적 행위를 해야 하는 이유는 무엇인가?

해나 아렌트 Hannah Arendt(1906~1975)

독일 린덴의 부유한 세속적 유대인 가정에서 태어났다. 마르부르크대학교에서 수학했으며, 그곳에서 스승이었던 철학자 마르틴 하이데거 Martin Heidegger와 짧지만 강렬한 사랑에 빠졌다. 그후 아렌트는 하이델베르크대학교로 옮겼다.

1933년 친유대 활동으로 인해 나치의 비밀경찰 게슈타포에 체포되어 8일 동안 구금되었다. 풀려나자마자 파리로 몸을 피했고 1940년 나치에 억류당하기 전까지 파리에 머물렀다. 1941년 초에는 미국으로 옮겨 뉴욕에 정착했다. 1945년까지 유대계 미국인 신문『아우프바우 Auf bau』에 칼럼을 썼다. 1951년에는 『전체주의의 기원 The Origins of Totalitarianism』을 출간했다. 주요 저작으로는 『혁명론 On Revolution』(1963), 『어두운 시대의 사람들 Men in Dark Times』(1968), 『공화국의 위기 Crises of the Republic』(1972) 등이 있다. 가장 많이 알려진 『예루살렘의 아이히만 Eichmann in Jerusalem』(1963)은 《뉴요커 New Yorker》에 먼저 소개되었다.

아렌트는 두 번 결혼했는데, 첫 번째 결혼은 시인이자 철학자인 귄터 안더스 Günther Anders와, 두 번째는 시인이자 철학자인 하인리히 블뤼허 Heinrich Blücher와 했다. 1975년 집에서 친구들과 함께 시간을 보내다가 심장마비로 사망했다.

『인간의 조건』은 인간 활동의 본질을 정치적·철학적으로 깊이 있게 성찰한 저작이다. 이 책에서 아렌트는 인간의 삶을 노동, 작업, 행위라는 세 가지 활동으로 구분한다. 노동은 생존을 위한 반복적인 활동이며, 작업은 영속적인 사물의 세계를 만드는 창조적 과정이다. 행위는 다른 사람과의 관계에서 자신의 정체성과 자유를 드러내는 정치적 실천을 의미하는데, 아렌트는 이 중 행위를 가장 중요하게 생각했다.

    아렌트는 기술 발전과 소비 사회가 개인을 사적 영역에 고립시키고 정치적 참여와 공동체적 삶을 무의미하게 만들고 있다는 점을 우려했다. 그러면서 진정한 인간다움은 고립된 사적 삶이 아니라 다른 이들과 함께 말하고 행동하며 세상에 개입하는 공적인 삶에서 실현된다고 강조했다. 『인간의 조건』은 오늘날의 우리에게 '어떻게 살 것인가, 어떤 세상을 만들 것인가?'라는 실천적 물음을 던진다.

한나 아렌트, 『인간의 조건』, 1958

***

사람들이 아렌트에 특별히 관심을 갖는 이유

지금까지 이야기한 여러 사상가들은 현대 정치의 기본 개념을 날카롭게 비판했다. 그들은 자신들이 이해한 현대 국가를 혐오했다. 울스턴크래프트는 국가가 배제한 모든 것 때문에, 국가가 외면하고 감추고 무시한 모든 권력과 부패 때문에 국가를 증오했다. 마르크스와 엥겔스는 국가가 현 상태로 동결하려 한다고 생각한 모든 것, 자본주의 경제질서의 모든 권력, 부패, 억압 때문에 국가를 증오했다. 간디는 현대 국가가 인간으로서 경험을 기계화하고 합리화하며 왜곡하고 또 부패시킨 방법 때문에 현대 국가를 증오했다.

이 사상가들은 서로 다른 방식으로, 즉 그것이 배제한 것 때문에, 동결한 것 때문에, 왜곡하고 부패시킨 것 때문에, 지나치게 기계적이고 합리적이며 비인간적인 점 때문에 홉스의 정치 개념을 거부한 것이다. 그러나 울스턴크래프트, 마르크스, 엥겔스, 간디는 사실 전혀 홉스를 생각하지 않았다. 왜 굳이 홉스를 기억하겠는가? 그들에게 홉스는 사상의 역사에서 부수적인 인물이었다. 예를 들어 내가 인도 독립을 위해 싸우는 간디라면, 홉스의 사상에 대해 고민하면서 시간을 낭비하지는 않을 것이다. 마르크스도 울스턴크래프트도 마찬가지다. 그들 모두에게는 걱정해야 할 다른 일들이 많았다.

하지만 이 장의 주인공은 홉스에 대해 진지하고 매우 명확하게 고민했다. 해나 아렌트는 현대 정치의 문제점 가운데 일부(상당 부분)에 홉스의 책임이 있다고 입증하기 위해 특히 노력했다. 그녀는 정치적 삶에서 계산적이고 합리적인 개념인 기계적, 환원주의적, 위험회피형 특징이 실제 정치가 무엇인지 왜곡하고 정치가 무언가 이룰 수 있는 가능성을 크게 약화시켰다고 생각했다. 그 과정에서 인간의 조건이 약화되었으며, 그런 점에서 현대 세계의 혼란이 초래되었다. 그렇다면 정치에 대한 이러한 처참한 사고방식을 아렌트는 뭐라고 불렀을까? 바로 '홉스주의'다. 물론 이는 홉스의 잘못만은 아니다. 그렇게 말하는 것은 불합리하다. 그러나 아렌트가 보기에 '리바이어던'의 이미지는 인간이 자기 자신을 닮은 더 거대한 자동장치, 비인간적인 형태를 만들어내기 위해 노력하는 현대 정치의 원죄 같은 측면을 상징했다. 『인간의 조건』에서 아렌트는 그 이미지를 대체하려 했다. 다시 말해 그녀는 내가 지금까지 전달한 이야기에서 벗어나려 노력했다.

이 책을 시작하면서 이야기했던 것처럼 정치사상의 역사는 다양한 지점에서 시작할 수 있다. 아렌트는 『리바이어던』이 아주 위험한 출발점이라고 생각한다. 왜냐하면 그 책은 이전의 사상을 모두 무시하는데, 아렌트는 그 '이전의 사상'을 매우 중요하게 생각했기 때문이다. 한편으로는 홉스를 한 명의 악당으로 규정함으로써 현대 정치의 서사는 상대적이라는 점을 보여주려 했다. 우리는 출발점이 아니다. 더 긴 인간의 역사에서 중

한나 아렌트, 『인간의 조건』, 1958

간 지점 어딘가에 위치하지만 또한 상당히 늦은 것이기도 하다. 이 길은 선택할 수 있는 여러 길 가운데 하나일 뿐이며, 우연히 선택된 길이다. 이는 유일한 길이 아니다. 정치를 하는 방법들은 많다. 아렌트는 전현대 정치 개념을 그리워하지는 않았다. 그녀는 고대 그리스나 고대 로마로 거슬러 올라가고 싶은 것이 아니라, 현대 국가 이전에 있었던 일들에서 구할 만한 가치가 있는 무언가가 있다고 생각했다. 정치를 해친 현대 국가가 정치로부터 정치를 구하려고 노력한 것이라고 말할 수도 있다.

오늘날 수많은 사람들이 아렌트에게 깊이 매료되어 있다. 그녀는 특히 영국과 미국 대학에서 매우 인기 있는 정치 사상가다. 수많은 학생들이 아렌트의 책을 읽고, 수많은 학자들이 아렌트에 대해 글을 쓴다. 아마도 그녀는 영어로 쓰인 글 가운데 가장 많은 글의 주제가 된 20세기 정치 이론가일 것이다. 단순히 사상 때문에 그녀에게 매료되는 것은 아니다. 그녀가 어떤 삶을 살았는지, 어떤 경험을 했는지에도 매력을 느낀다. 그녀의 삶은 현대 정치의 어두운 심장, 그라운드제로Ground Zero, 현대 국가에서 최악의 형태인 히틀러 정권과 다양한 방식으로 맞닿아 있다. 나치즘의 경험은 아렌트의 삶을 힘들게 했다. 특히 세 가지 지점에서 그녀의 이야기는 변함없이 매력적이다. 그 순간들이 그녀에게 영향을 미친 방식 때문이다.

첫 번째 순간은 어린 학생이었던 아렌트가 그녀의 스승이었던 철학자 마르틴 하이데거와 성적 관계를 포함해 깊은 애착관계를 형성했을 때였다. 하이데거는 20세기 사상의 역사에서 중요한 인물 가운데 한 명이다.

오늘날 그의 영향력은 기술철학에서부터 심리치료에 이르기까지 확대되고 있다. 또한 그는 아렌트와 관계가 끝나고 나서 몇 년 뒤 나치당에 입당했다. 나치 정권의 공모자였다는 뜻이다. 그는 이 나라를 통치하는 괴물들에 대해 실제로 어떻게 생각했을까? 누가 그 속마음을 알 수 있을까(역사학자들은 계속 추측했지만)? 사람들은 이 뛰어난 어린 유대인 여성과 나치당원이었던 이 뛰어난 연상 남성의 관계에 대한 이야기에 오랫동안 관심을 갖고 있다.

아주 매력적인 두 번째 순간은 히틀러가 정권을 잡았을 때였다. 수많은 유대인들과 마찬가지로 그녀도 몸을 피했다. 그녀는 처음에는 파리로, 나치가 프랑스를 침공한 후에는 미국으로 망명했다. 그렇게 그녀는 두 번이나 이민자로 살았다. 이러한 이민자의 경험은 20세기 중반 사상의 역사에서 일어난 한 사건을 상징하기도 한다. 미국에 정착한 많은 유대계 독일인들을 포함해 나치즘을 피해 떠난 수많은 독일 망명자들이 당시 세계의 사상을 형성하는 데 기여했다. 아렌트는 1950년 미국 시민권자가 되었지만, 단 한 번도 완전한 의미에서 진정한 미국인이 되지 않았다. 그녀를 흔히 '독일계 미국인 철학자'로 설명한다. 독일을 떠나 미국으로 건너온 다른 많은 이들과 마찬가지로, 그녀의 사상은 이 두 국가의 혼종이면서 동시에 이민자 경험의 혼종이라고 할 수 있다.

나치즘과 아렌트의 관계에서 있었던 세 번째 순간이 그녀를 세계적인 유명인사로 만들었다. 그녀는 1951년에 『전체주의의 기원』을 출간하면서 미국에서 처음 명성을 얻었다. 고등교육을 받은 독자층이 이 책을 주목했다. 그러나 그녀가 훨씬 더 광범위한 독자층을 확보하게 된 것은 1963년 『예루살렘의 아이히만』을 출간했을 때다. 이 책을 통해 그녀는 전 세계에서 명성을 얻었으며 동시에 그녀를 상징하는 문구도 만들어졌다. 바로 이 책의 부제인 '악의 평범성The Banality of Evil'이다. 그녀는 이 문구로 가장 잘 알려져 있으며, 아이히만에 대한 그녀의 설명도 주로 이 문구으로 기억된다. 그녀의 더 종합적인 사상, 이 암흑의 심장부에는 무섭거나 섬뜩한 존재가 아니라 매우 평범한 누군가가 있다는 사상의 일부를 집약적으로 표현한 문구다.

아렌트는 1961년에 예루살렘에서 열린 아이히만의 재판을 방청하고 나서 이 글을 썼다. 이 재판에서 아이히만은 홀로코스트의 핵심 설계자 중 한 명으로 유죄판결을 받고 처형당했다. 그녀는 이 안경 쓴 소심한 남성에게서 얼굴 없는 관료의 가면을 벗겨내도 괴물의 모습이 드러나는 것은 아니라고 말한다. 즉 뿔과 송곳니, 파시즘의 피가 뚝뚝 흘러내리는 모습을 볼 수는 없다고 결론 내린다. 관료의 가면을 벗기면 볼 수 있는 것은 그저 얼굴 없는 관료일 뿐이다.

아이히만은 모든 면에서 지극히 평범했으며, 그가 그토록 위험한 인물이 된 이유는 가학적이거나 잔인해서가 아니라 무심했기 때문이다. 그는 관료주의적, 합리주의적 정치의 위험성을 상징하는 국가의 공무원일 뿐이었다. 국가라는 기계가 국가의 공무원에게 요구하는 것을 그저 따르기만 한다면, 가장 끔찍한 범죄도 저지를 수 있다는 위험성다.

이러한 주장은 한편으로 아이히만에게 면죄부를 주는 것처럼 보일 수도 있기 때문에 당시에도, 지금도 계속 논란이 되고 있다. 아렌트의 글을 읽은 독자들 중에는 이 글에 충분한 도덕적 분노가 담겨 있지 않다고 느꼈다(이 책은 눈에 띄게 냉정하고 모순적이다). 나치 정권을 악마의 상징이나 예외적인 것이 아니라 현대 세계에서 움직이고 있는 더 광범위한 힘의 상징으로 간주한다는 점에서 실패작이라고 생각했다. 아렌트 자신은 분명 자신의 삶과 사상이 나치즘에 관한 경험으로 축소되어야 한다는 생각을 단호히 거부했다.

아렌트는 파시즘을 악의 상징이 아닌 악의 전형으로 보았다. 그녀는 파시즘이 전체주의의 전형이며 전체주의는 단순한 파시즘 이상의 것이라고 생각했다. 전체주의에는 스탈린주의도 포함되기 때문이다. 이러한 전체주의 정권들에는 이데올로기의 차이를 넘어서는 공통점이 많았다. 전체주의 그 자체는 현대성의 상징이었다. 전체주의 국가와 현대 국가를 연결하는 것, 그 기계적이며 생각 없고 무관심한 대중, 인간을 기계의 톱니바퀴로 전락시키는 특징이 있었다. 아렌트는 그 기계가 괴멸의 길을 가고 있다면, 아무리 위대한 현대성도 우리를 구원할 수 없다고 생각했다. 현대성은 문제의 일부였다. 진보적인 현대성을 내세워 도덕적 분노를 표출하는 것만으로는 대혼란을 막을 수 없었다.

한나 아렌트, 『인간의 조건』, 1958

기계 기술 시대를 예견한 『인간의 조건』

아렌트는 자신의 사상이 자신의 생애 이력으로만 평가받지 않도록 할 수 있는 일들을 했다. 그녀는 하이데거 또는 아이히만과의 경험이 그녀의 사상을 정의한다는 생각에 경악했을 것이다. 동시에 그녀의 페르소나는 그녀의 매력에서 큰 부분을 차지한다. 그리고 그녀가 이토록 논쟁적이면서도 매력적인 존재로 남아 있기 때문에, 나는 항상 해나 아렌트에게 약간 거부감이 있었다는 점을 인정한다. 나는 오랫동안 그녀의 글을 아예 읽지 않거나 많이 읽지 않고 버텼으며, 그녀의 글 가운데 상당 부분이 가식적이라고 생각했다. 분명 야심에 찬 사람이기는 했지만, 아렌트의 명성에는 항상 과장된 측면이 있으며, 솔직히 그녀에게 그토록 매료된 사람들을 대하면 약간 신경이 거슬렸다. 나는 영국 작가 폴 메이슨Paul Mason이 출간한 최근 저서의 한 장인 「아렌트를 읽는 것만으로는 충분하지 않다」와 비슷한 느낌을 받았다.

그리고 몇 년 전, 한 학생 덕분에 나는 아렌트가 예루살렘에 가기 몇 년 전인 1958년에 출간한 『인간의 조건』을 읽었다. 나는 엄청난 충격을 받았다. 내가 기대했던 것과 전혀 달랐다. 이 책은 약간은 과시적이다. 매우 다양한 분야를 다루며 다양한 사상들이 서로 맞물려 있다. 문장은 상당히 웅장하지만 때로는 놀랍도록 명확하고 간결하다.

그러나 1958년에 쓰인 책이 이 정도로 현재적이며, 뛰어난 선견지명을 담고 있을 것이라고는 예상하지 못했다. 이 책은 다가오는 기계 기술 시대를 다루고 있으며, 잠재적으로 새로운 기계들이 지배하게 될 세계에 대해 경고하고 있다. 아렌트는 그것들을 '컴퓨터'와 '계산기'라고 불렀다. 이는 홉스도 사용했던 표현이다. 아렌트는 의식은 없더라도 마치 독립적으로 사고하는 것처럼 보일 수 있는 새롭고 강력한 '숫자 계산 장치들'에 대해 생각했다. 그러면서 그녀는 이러한 장치들이 하는 일을 '사고thought'라고 부를 수 있으려면, 우리의 사고 역시 단순한 계산과 연산으로 환원하는 데 동의해야만 한다고 주장했다. 그러나 그래서는 안 된다. 우리는 기계가 아니라 인간이기 때문이다.

아렌트는 홉스가 이러한 지적 책임을 포기할 수 있는 토대를 마련했다고 비판한다. 그녀는 홉스가 궁극적으로 정치를 수치분석으로 환원한 철학자라고 생각했다. 1950년대 후반 그녀가 주변에서 본 기계들은 그 자체로 현대적 사고의 방향을 보여주는 최신 증거일 뿐이었다. 더 나아가 수학적으로 사고하며 현대성을 상징하는 쌍둥이인 리바이어던과 컴퓨터는 서로를 강화하는 측면이 있었다. 이처럼 기계적이며 합리적인 현대 국가는 환원적으로 사고하는 기계가 발전할 수 있는 길을 닦았다. 그리고 이러한 기계들은 현대 국가에서 최악의 모습을 드러내고 있었다.

1958년에도 현실이 이러했다면, 머신러닝의 진보를 통해 컴퓨터와 국가 모두 새롭고 엄청난 권력을 갖게 된 2020년에는 어떻게 될까? 아렌트의 책에 이러한 선견지명이 있는 이유는, 그녀가 이러한 기계적인 자동화 사고방식이 일의 본질에 미치는 영향을 분명하게 설명하며 우려하고 있기 때문이다. 이것이야말로 현재 우리가 가장 심각하게 고민하고 있는 문제다. 일의 미래는 어떻게 될 것인가? 이러한 기계가 등장하면 일

한나 아렌트, 『인간의 조건』, 1958

을 하고 생계를 유지하려는 사람들에게 어떤 영향을 미칠까? 이제 미래의 직업을 전망할 때 생계를 위해 하는 일의 상당수가 위협받고 있으며, 최소한 우리를 위해 일할 수 있는 기계의 발전과 긴장관계에 놓인 것처럼 보인다.

인간 활동의 세 가지 유형 - 노동, 작업, 행위

아렌트의 정치 관련 사상은 그녀가 작업에 대해 어떻게 생각하는지를 설명하면 쉽게 요약할 수 있다. 이를 위해 먼저 인간 활동을 세 가지 유형으로 구분해야 한다. '작업'은 그중 하나일 뿐이다. 『인간의 조건』에서 아렌트는 인간이 활동할 수 있는 세 가지 방식에 대해 이야기한다. 그 한 가지 유형이 '노동Labour', 두 번째 유형이 '작업Work', 세 번째 유형이 '행위Action'다. 우리는 노동, 작업, 행위 이 세 가지 단어, 특히 앞의 두 단어를 항상 분명하게 구분하지는 않는다. 아렌트는 이를 구분해야 한다고 생각한다.

노동이란 무엇인가? 아렌트에게 노동은 인간 활동의 자연적 영역이다. 우리는 노동을 하기 위해 태어났기 때문에 인간으로서 해야 한다. 또 노동은 소비의 영역이다. 다시 말해 살아 있기 위해 충분한 에너지를 소비하는 것이다. 움직이는 창조물로 계속 존재하기 위해 해야 하는 것, 즉 에너지를 섭취하고 배출하는 활동에 대한 기본적이며 홉스와 거의 비슷한 생각이다. 노동의 기본적 형태는 살기 위해 먹을 것을 충분히 얻으려 노력하는 활동이다.

또한 노동은 무자비한 소작농의 노동, 허리가 부러지도록 밭을 갈고 씨를 뿌리고 곡식을 수확하며, 땅에서 충분한 영양분을 끌어내기 위해 노력하는 것이다. 보다 현대적인 의미의 노동일 수도 있다. 가까스로 연명하는 데 필요한 돈을 벌기 위한 육체노동, 나 자신이나 가족을 먹여 살리기 위해 하는 일, 천한 노동, 산업 노동, 생각 없는 노동 말이다.

노동은 가차 없다는 것이 특징이다. 사람들은 살아남기 위해 계속 노동해야만 한다. 이는 대부분 지극히 반복적으로 이루어진다. 매일매일 똑같은 일을 해야 한다. 또 한편으로는 일시적이고 단편적이다. 음식을 구해서 먹고 나면 몇 시간 뒤 또 음식을 먹어야 한다. 이 과정이 끊임없이 반복되기 때문에 순환적이다. 또한 필수적이다. 음식이 없으면 우리는 죽는다.

이와는 대조적으로 아렌트가 작업이라고 부르는 것은 자연이 아니라 인공의 영역에 속한다. 작업은 그녀가 '인공물'이라고 부르는 것, 우리가 없다면 만들어지지 않았을 것을 가져다준다. 노동은 인간이 자연의 요구에 대응해 움직이는 것이다. 작업은 바로 인간이 자연에 없는 것을 만들기 위해 자신들의 자연적 한계에서 벗어나려고 노력하는 것이다.

의자나 책상에서부터 집이나 공장, 사람들이 노동하는 장소인 공장, 동시에 단순한 노동을 초월하는 것을 만들어내는 공장에 이르기까지 어떤 것이든 될 수 있다. 인공물은 아름다움의 대상뿐만 아니라 효용의 대

한나 아렌트, 『인간의 조건』, 1958

상도 될 수도 있다. 아주 기능적인 것일 수도 있지만 아주 정교한 것일 수도 있다. 예술품일 수도 있다. 헌법, 국가의 설계도일 수도 있다. 작업의 특징은 그 과정을 통해 단단하게 만들어냈을 때 내구성이 있다는 것이다. 인간보다 오래가는 것들을 만들 수 있다. 이는 더 이상 단순히 에너지를 흡수하고 배출하는 것이 아니다. 자연의 순환은 깨질 수 있다.

아렌트에게 작업은 공작, 기술과 본질적으로 연결되어 있다. 잘 만들어진 것도 그렇지 않은 것도 있을 수 있다. 물론 작업의 모든 결과물이 오랫동안 지속되지는 않는다. 잘못 만든 탁자는 만든 지 하루 만에 부서질 수도 있지만, 잘 만들면 인간의 자연적 수명보다 훨씬 오래 유지될 수 있다. 그렇기 때문에 이 물건을 만든 기능공이나 공예가의 노동하는 삶을 포함해 그 삶이 끝나도(예술가라도 먹어야만 하기 때문에) 그 물건은 오랫동안 남아 있을 것이다. 예술작품도, 정치적 구조도 분명히 그럴 것이다.

마지막으로 행위가 있다. 노동이 자연적이고 작업이 인위적이라면, 행위는 상상 속 허구의 세계에 더 가깝다. 행위는 인간이 자신의 삶을 이야기할 때, 이 세계에서 스스로 무언가를 만들어내려고 할 때 인간이 하는 것이다. 이를 위해 인간이 사용하는 주된 수단이 언어다.

행위는 의사소통의 한 형태다. 행위에 관한 또 하나의 단어, 유일하지는 않지만 아마도 가장 중요한 단어는 정치다. 이는 구조, 건축, 규정, 법, 헌법으로서의 정치가 아니다. 서로의 희망과 두려움에 대해 소통하면서, 그들이 없다면 존재할 수 없는 무언가를 세우려고 노력하면서 이 세계에서 인간이 함께 행위하는 정치다. 인공물이기 때문이 아니라 그들이 누구인가를 표현하는 것이기 때문이다. 행위를 통해 구성된 것은 항상 하나의 이야기이며 그 순간에 존재하기 때문에, 허구에서 서사의 역할에 비교할 만하다. 이는 거의 시간과 어긋나서 존재한다.

아렌트가 생각한 인간 행위의 특징 가운데 하나는 덧없다는 것이다. 강렬하고 아름다운 것이라고 말할 수도 있다. 놀라운 이야기를 하고 그 이야기는 말하는 행위 속에 있으며, 이야기가 끝나면 무엇이 남는지 명확하지 않다. 그럼에도 잘 만들어진 이야기는 어떤 식으로든 듣는 사람의 마음에 남아서 다양한 형태로 다시 이야기되며 영원히 이어질 수 있는 잠재성이 있다. 귀 기울여 들어줄 사람이 있는 한 영원히 지속된다. 잘 만들어진 탁자보다, 잘 만들어진 국가보다 더 오래 이어질 수도 있다.

아렌트는 여기에 역사적 진보의 한 형태가 있다거나 인간의 조건이 노동에서 작업으로, 행위로 바뀐다고 말하려는 것은 아니다. 그렇게 간단한 것은 없다. 지금까지 살아온 대부분의 인간에게, 인간의 조건에서 살아남기 위해 끊임없이 소비해야만 하는 노동이 지배적인 경험이라는 점은 분명한 사실이다. 1958년에는 절대적으로 사실이었고, 오늘날에도 여전히 상당 부분 사실이다. 대부분의 사람들에게 이는 인간의 조건이며 지금까지도 변하지 않았다.

그러나 아렌트의 행위에 관한 생각은 여러 측면에서 작업의 세계, 현대적인 작업의 세계, 인공물의 세계보다 앞선다는 것 역시 사실이다. 행위는 고대 세계에서 비롯되었기 때문이다. 그리고 아렌트가 작업이나 노동을 하지 않아도 행위할 수 있다고, 또는 우리가 하는 작업이 오직 정치

한나 아렌트, 『인간의 조건』, 1958

뿐인 이상적인 삶의 형태가 있다고 생각했다는 것은 분명 사실이 아니다. 이 세계에서 행위하고 있는 사람들조차도 먹고살아야 하기 때문에 우리는 노동을 해야 한다. 그들이 직접 밭에서 힘들게 노동하지 않더라도 누군가 그들을 위해 이 노동을 하고 있을 것이다. 또한 누군가는 오래 남을 수 있는 물건을 만들어야 하기 때문에 작업도 있어야 할 것이다.

작업과 노동, 인공과 자연

아렌트는 정치가 안정적이고 성공적으로 이루어지려면 잘 설계된 헌법적 구조가 반드시 필요하다는 점을 명확히 했다. 즉, 그때그때 임기응변으로 정치를 만들어갈 수는 없다. 따라서 이것은 행위는 좋은 것, 작업은 그 중간, 노동은 나쁜 것이라는 단순한 서열화 주장이 아니다. 그러나 특히 현대적 삶의 조건에서 이러한 범주들이 서로에게 영향을 미치고 스며들게 놔둔다면 어떻게 잘못될 수 있는지를 지적한다. 이 세 가지는 어느 정도 서로를 지지하지만 혼동하면 안 된다. 아렌트는 우리 현대인들이 점점 더 이 세 가지를 혼동하고 있다고 생각했다.

특히 그녀는 우리에게 두 가지를 경고했다. 하나는 작업이 다시 노동으로 무너지려는 경향이었다. 이런 일은 내구성 있는 인공물을 만드려는 시도가 소비의 한 형태로 축소될 때 발생한다. 아렌트의 주장은, 시민을 소비자로 취급함으로써 사회가 점점 더 소비를 중심으로 조직되어가는 흐름에 대한 비판이다.

  자연과 인공의 관계에서 무언가 잘못되고 있는 것 같다고 사람들이 걱정할 때, 인공이 자연을 식민화하고 어떻게든 우리가 자연을 점령해 기계와 무생물 구조로 덮어버릴 것이라고 생각한다. 조니 미첼Joni Mitchell이 이러한 두려움을 다음과 같은 상징적인 가사로 노래했다. "그들은 천국의 길을 포장해서 주차장을 만들었어 / … / 그들은 나무를 베어내 박물관에 넣었어 / 그리고 나무를 보러 온 사람들에게 1달러 50센트의 입장료를 받았지." 인공이 자연을 장악할 때 이런 일이 벌어진다. 그러나 아렌트는 이런 상황을 걱정한 것이 아니다. 나는 아렌트가 조니 미첼과 같은 시각으로 세상을 보고 있었다고 생각하지 않는다. 그녀는 자연이 인공을 식민화할 때 발생하는 결과에 대해 인공이 자연을 식민화할 때 일어날 결과보다 더 걱정했다.

  아렌트는 작업의 세계가 소비와 노동의 리듬과 구조에 휩싸이는 것을 두려워했다. 비록 개별 인간의 삶은 끝난다 해도, 인간이라는 종이 계속 유지되는 데 필요한 노동은 결코 끝나지 않는 것이 소비의 본질이다. 소비는 가차없이 지속되며 반복되고 주기적으로 계속된다.

  이제 작업은 마음이 있는 것이라고 부를 수 있다면, 이와 달리 노동에는 마음이 없다. 한편으로 아렌트는 19세기의 작업과 정치에 관한 개념을 공격한다. 근로자 또는 마르크스주의자의 표현대로 '노동자'는 아렌트의 관점에서 노동자가 결코 아니었다. 그들은 인부일 뿐이다. 그들은 끊임없이 근근이 먹고 사는 삶을 살아가고 있을 뿐이다. 이러한 사람들

한나 아렌트, 『인간의 조건』, 1958

을 중심으로 정치를 세운다는 것, 피착취 프롤레타리아의 관점에서 볼 수 있는 것처럼 이런 인간 경험을 통해 가장 심층적으로 성찰할 수 있게 되었다고 주장하는 것을 아렌트는 범주화 오류라고 생각했다.

아렌트의 책이 이토록 매력적인 또 하나의 이유는, 우리가 마르크스의 세계에 살고 있지 않으며 21세기 정치와 사회적 삶을 비판하고 있기 때문이다. 우리는 제프 베조스Jeff Bezos의 세계에 살고 있다. 곧 아마존의 시대이며 온라인 소비의 세계다. 이 세계에서 우리가 작업을 해서 생산하는 것, 우리가 만들어낸 인공물, 그것이 실재하든 견고하든, 데이터와 정보로 만들어진 것이든 중요하지 않다.

우리는 온라인에서 모든 것들을 점점 더 자연적 소비의 무자비한 리듬, 즉 만족할 수 없고 순환하며 결코 끝나지 않는 리듬에 따라 소비한다. 우리는 입맛을 만족시킬 것 같은 무언가를 산다. 두 시간만 지나면 그것이 더 필요하거나 다른 뭔가가 필요하다고 생각하게 된다. 점점 더 만족하기 어려워지는 것이다.

인터넷의 낚시성 콘텐츠는 작업이 노동으로, 인공이 자연으로 환원된 것이다. 이는 마치 허기에 먹이를 주는 것과 같다. 과거에는 말도 안 되게 기이한 일이라고 생각했다. 하지만 어떤 면에서 아렌트가 예상했던 방식으로 현대의 온라인 경제를 움직이는 것은 광고다. 따라서 광고를 중심으로 우리의 삶을 조직함으로써 모든 사람이 탐욕스러운 소비자로 전락하는 세계가 만들어진다. 인간의 조건에 미치는 영향에 대한 아렌트의 경고에는 진정으로 미래를 내다보는 지혜가 있었다.

거대해지는 기술과 파편화되는 인간들

더 심오한 정치적 우려이자 아렌트가 홉스의 책임이라고 비난했던 또 다른 우려는 행위가 작업의 차원으로 축소될 수도 있다는 가능성이었다. 작업이 노동이 되면 안 되는 것과 마찬가지로 행위가 작업이 되면 안 된다. 다시 말해 언어와 이야기를 통한 창조적이고 인간적이며 정치적인 교류가 기계적 구조로 축소되어서는 안 된다. 행위는 단순히 인공적인 것이면 안 된다. 기계처럼 되면 안 된다. 아렌트는 홉스가 행위의 세계를 기계적 행위의 세계로 바꿔놓은 사상가라고 생각했다. 홉스는 리바이어던을 만들어냈고, 인공적인 것을 신화적인 것으로 환원하기라도 하는 것처럼 자신이 만들어낸 구조물에 성경에 나오는 바다 괴물의 이름을 붙였다. 하지만 실제로는 컴퓨터, 자동장치, 기계, 숫자나 사람 계산기였다. 이는 시민을 국가의 피통치자로 전락시켰으며, 그 결과 국가의 피통치자는 그저 기계의 일부일 뿐이었다. 아렌트는 리바이어던에서 정치기계가 나오고, 정치기계에서 결국 아이히만이 나오게 된다며 홉스를 비판했다.

아렌트에 대해 이상한 점 중 하나는 그녀의 책이 놀라울 정도의 선견지명을 갖고 있는 동시에 완전히 시대에 뒤처진 것처럼 보인다는 점이다. 그 이유는, 그녀가 주변에서 본 기계들(인간을 끊임없이 단지 또 하나의 기계 부속으로 바꾸고 있다고 생각했던 그 기계들)이 오늘날 우리가 우려하는 종류의 기계들과는 달랐기 때문이다. '컴퓨터'라는 용어를 썼을 때 그녀의 머릿속에 마이크로칩이 떠오른 것은 아니었다.

『인간의 조건』에서 아렌트는 다음과 같이 썼다. "거대한 컴퓨터가 증

한나 아렌트, 『인간의 조건』, 1958

명하는 것은 오직 한 가지다. 즉 홉스가 현대에서 '결과를 예측한다'를 의미하는 합리성이 가장 높은 차원의 인간적인 역량이라고 생각했던 믿음은 잘못된 것이라는 사실이다." 이 문장에서 내 시선을 끈 단어는 '홉스'가 아니라 '거대한', 즉 거대한 컴퓨터다. 1958년의 컴퓨터, 방 하나에 가득 찰 정도로 거대하고, 지금은 핸드폰이 10억분의 1초 만에 할 수 있는 계산을 쿵쿵거리며 한 시간에 걸쳐 수행하는 뜨거운 기계, 비즈니스 세계의 리바이어던이었다. 아렌트는 컴퓨터가 처리량과 속도가 아니라 크기로 인간을 지배한다고 보았다. 이는 거의 전적으로 물리적 규모, 즉 짐승들의 싸움이었다.

동시에 그녀가 가장 우려했던 또 하나의 기술은 2021년을 사는 우리는 거의 생각하지 않는 것, 1950년대 후반과 1960년대 내내 인간의 상상력을 사로잡았던 것에 비해 지금은 거의 생각하지 않는 우주여행이었다. 아렌트는 우주에 로켓을 보내는 것이 최첨단 기술이라고 생각했다. 1957년에는 최초의 지구 궤도 인공위성인 스푸트니크가 만들어졌다. 1958년 초 미국인들은 자기들이 만든 인공위성으로 대응했고, 같은 해 미국 항공우주국 National Astronautics and Space Administration, NASA이 탄생했다.

또한 아렌트는 우주를 들여다볼 수 있는 거대한 망원경에 대해 생각했다. 『인간의 조건』에서 우리 자신에 대해 느끼는 감각에 미칠 영향과 관련해서도 썼다. 우리는 저 멀리 우주를 볼 수 있고, 우주에서는 우리를 어떻게 볼지 상상할 수 있다. 그리고 우리가 어떻게 보이는가는 정말로 하찮은 일이다. 우리는 그저 아주 작은 얼룩일 뿐이다. 실제로 우리의 행성,

인간이 살 수 있는 유일한 행성이자 아렌트가 진심으로 가치 있게 여긴 행위할 수 있는 유일한 행성 역시 또 하나의 작은 얼룩에 지나지 않는다.

아렌트는 기술이 인간을 축소하기 때문에 위험하다고 생각했다. 이 기술은 인간과 인간의 주거지를 없는 것과 다름없는 존재로 축소한다. 우리는 그저 기계의 조각, 윙윙 소리를 내며 우주를 날아다니고 우주를 이해하기 위해 사용하는 더 거대한 기계장치의 조각으로 전락한다.

오늘날 우리는 로켓이나 망원경에 그 정도로 집착하지 않는다. 우리에게는 다른 걱정거리가 많다. 그리고 컴퓨터를 거대한 리바이어던이라 생각하지 않는다. 컴퓨터를 우리가 들고 다닐 정도로 더 작아지는 물건, 클라우드라 부르는 어딘가에 있으며 말로 표현할 수 없는 시스템으로 생각한다. 존재한다는 사실을 깨닫지도 못한 채 그것들이 우리의 삶을 지배할 수 있다.

그러나 아렌트의 두려움과 연결되는 것, 오늘날 우리가 경험하는 것은 기계 때문에 인간이 축소될 수 있는 또 다른 방식이다. 기술에 비해 상대적으로 우리가 작아서가 아니라, 인간의 기준에서 기술로 인해 분해되고 해체되는 것이다. 우리는 기술로 인해 파편화된다. 기술은 저 우주로 나가서 뒤돌아보며 우리를 그저 작고 하찮으며 아무 생각 없이 움직이고 여기저기 기웃거리는 무의미한 존재로 보지 않는다. 기술은 우리 내면을 들여다본다. 우리의 행위를 지켜보고, 점점 더 그 거대한 분석 체계 속 하나의 데이터로 우리를 취급한다. 이는 유발 하라리 Yuval Harari가 개인의 '탈개인화 de-individuation'라 부르는 것, 새로운 데이터 과학과 디지털 기

한나 아렌트, 『인간의 조건』, 1958

술을 통해 추진되는 과정이다. 우리의 작은 조각들은 어디에나 있기 때문에 우리는 파편화된다. 끊임없는 소비 과정에서 우리가 생각했던 것, 원했던 것, 믿었던 것, 꿈꿨던 것, 사랑했던 것, 심지어 가장 인간적인 것, 가장 행위 지향적인 것에 대한 작은 기록 조각들은 하나의 데이터로 축소될 수 있다. 심지어 정치조차도 그렇다. 행위가 작업으로 와해될 때 이런 상황이 벌어질 것이라고 걱정했다. 우리도 이러한 상황을 두려워해야 한다.

아렌트는 그보다 훨씬 더 인간적인 정치 개념을 찾아내려 했다. 인간의 규모, 인간이 생각할 수 있고 행위할 수 있으며 이야기할 수 있는 규모로 존재해야 했다. 정치는 개인을 왜소하게 만들거나 분열시키려는 힘으로부터 개인을 구하기 위해 필요하다. 아렌트는 정치는 인간 행위의 필수적 영역이라고 생각했으며 홉스가 그것을 없애 버렸다고 생각했다. 정치는 인간이 그 자신이 될 수 있는 공간이다. 인간은 자기 자신의 이야기를 하는 작가가 되어야 한다. 정치적 행위는 우리가 우리의 삶에 권한을 부여하는 방식이다.

홉스 역시 '권한을 부여하다authorise'라는 단어를 사용했다. 그는 우리가 국가의 국민으로서 국가의 작가라고 말했다. 이는 우리가 우리의 정치적 이야기를 국가에게 하도록 허락한다는 뜻이다. 이 정치적 이야기는 우리의 삶에서 중요한 대부분의 것, 우리 자신에게 가장 이익이 되는 모든 것을 제외할 수 있기 때문에 우리 삶의 이야기가 아니라고 홉스는 생각했다.

17세기의 국가는 자기 국민들의 삶을 확실히 끝낼 수 있었지만, 인생 경험을 소비할 능력은 없었다. 그러나 20세기의 진짜 전체주의 국가는 자기들의 정치 형태를 통해 실제로 전체 인간의 이야기를 전하려고 노력했다. 21세기에는 더 나아가 국가가 개인의 내면을 들여다볼 수 있게 될지를 의심해야 한다. 특히 이러한 기술이 국가를 구성하는 개인의 내면까지 들여다볼 수 있게 한다면 말이다. 인간의 이야기는 완전히 사라져 버릴지도 모른다.

아렌트는 우리가 자신의 정치적 이야기를 만들어내기를 원했다. 그녀는 자신이 추구하는 것을 설명하기 위해 멋없고 약간은 모호한 단어를 사용했다. 그녀가 말하는 행위는 재탄생을 의미하는 '탄생성natality'의 영역이다. 이는 자연적이지 않은 것에 생명을 불어넣는 영역이다. 자연적인 인간의 탄생을 의미하는 것이 아니다. 최소한 기계가 모든 것을 대체하고 심지어 기계화되기 전까지 이는 노동의 한 형태였고 지금도 여전히 출산labour을 노동으로 표현한다. 정치는 우리가 함께 살아갈 수 있고, 우리에게 자율성을 부여하며, 환경이 변함에 따라 재창조할 수 있는 우리 자신을 탄생시키는 공간이다. 우리는 우리 자신을 인공물로 바꾸지 않는다. 우리 자신을 바로 그 본질적인 인간의 형태인 시민으로 바꾼다.

이 변화는 정치를 통해서만, 우리가 시민을 신하로 바꾸는 홉스식 합리주의의 차갑고 기계적인 손에서 우리 자신을 해방시킬 때만 이루어질 수 있다. 정치를 계산기의 연장선으로 생각하는 방식에서 벗어날 때만 우리는 진정으로 살 수 있다. 아렌트는 이를 다음과 같이 표현했다.

한나 아렌트, 『인간의 조건』, 1958

우리는 말과 행동을 통해 인간세계에 참여한다. 참여는 제2의 탄생과 같다. 이를 통해 신체적 외양의 본모습을 확인하고 받아들인다. 이러한 참여는 노동처럼 필요하기 때문에 강요하는 것이 아니며, 작업처럼 효용 때문에 유발되는 것도 아니다. 참여는 우리가 함께하고 싶어 하는 다른 사람의 존재에 자극받을 수 있지만, 이 때문에 결정되는 것은 결코 아니다. 참여하려는 욕구는 우리가 태어나 이 세계에 존재하는 순간부터 생겨나며, 우리는 우리 자신의 힘으로 새로운 것을 시작함으로써 이에 반응한다.

나는 아렌트의 주장이 매우 정확하게 미래를 내다보았지만, 꽤 소름 끼치는 예측이며 근본적인 수준에서 틀렸다고 생각한다. 아렌트는 한 가지 중요한 사실을 잘못 생각하고 있다. 홉스가 현대 국가에 대한 사상으로 무엇을 하려 했는지 잘못 이해한 주장이다. 어쩌면 내가 홉스에게 지나치게 주목해왔는지도 모르겠다. 그러나 내가 홉스에게 주목하는 이유는, 과거 정치의 선택지였던 것을 전복함으로써 우리의 근본적인 선택지에 대해 잘 설명하고 있기 때문이다.

기계를 닮은 인간, 인간을 닮은 기계

아렌트는 홉스가 인간의 행위를 기계적 움직임의 수준으로 축소했다고 생각했다. 국가를 자동장치의 하나로 해석하면서 국가를 구성하는 사람들 역시 자동장치의 한 종으로 만들려 한다고 가정했다. 홉스가 우리를 로봇이라는 종으로 만들려 했다는 것이다. 이는 잘못된 생각이다. 나는 『리바이어던』의 어떤 구절에서도 우리가 로봇이 되어야 한다거나 그렇게 되기를 바란다는 내용을 찾을 수 없다고 생각한다. 어떤 면에서는 이 우주의 모든 것을 간단하게 기계적 움직임의 관점에서 정의할 수도 있기 때문에 홉스가 우리는 어쨌든 하나의 로봇이라고 생각했을 수도 있다.

그러나 인간이 된다는 것은 단순히 자동기계가 되는 것이 아니다. 홉스는 정치를 기계적인 차원으로 축소하려 하지 않았다. 아렌트의 표현에 따르면, 홉스는 인공적인 사람을 만들기 위해 작업, 인공, 상상력, 설계, 기술을 이용하려 했다. 다시 말해 그는 행동할 수 있는 유일한 자연의 창조물, 즉 우리의 인공 형태를 만들고 싶어 했다.

이 때문에 그는 행위의 세계를 기계의 세계로 축소하지 않았다. 그는 행위의 세계에 무언가를 더했다. 그는 인간 행위를 모방하지만 성공적인 인공물의 형태로 만들기 위해 필요한 추가적인 성질, 즉 내구성을 갖춘 무언가를 만들기 위해 인간 정신의 특별한 성질을 이용했다. 홉스는 인간의 행위보다 더 오래 유지되며, 그래서 인간처럼 행위할 수 있고 그 자체도 지속될 수 있는 공간을 제공할 국가를 만들고 싶어 했다. 이것은 아렌트가 생각하는 행위의 형태와는 다르다. 그녀는 마지막까지 남는 것은 이야기라고 생각한다. 그러나 홉스 역시 현대 국가의 이야기도 전

한나 아렌트, 『인간의 조건』, 1958

달하고 있었다. 『리바이어던』이 그렇게 은유적이고 우화적인 이유도 이것이 이야기이기 때문이다. 상상력을 자극하려던 것이다.

우리가 국가의 인공적인 형태라는 것과 국가가 우리의 인공적 형태라는 것에는 엄청난 차이가 있다. 국가가 우리의 인공적인 형태이고 그 국가가 잘 만들어졌다면, 그 국가는 자신만의 생명을 갖게 될 것이다. 그 국가에는 자기 자신의 이야기를 할 힘이 있기 때문이다. 이러한 이야기는 상상력이 풍부하고 창의적이며 힘과 성취감을 줄 수 있다. 그러나 동시에 그렇지 않을 수도 있다. 이는 끔찍하고 어리석으며 무례하고 잔인한 이야기일 수도 있다. 이야기한다는 것은 다른 어떤 것보다 창조적인 행위이기 때문에 인간은 어떤 이야기든 할 수 있다.

인공적인 사람도 어떤 이야기든 할 수 있다. 만약 홉스가 인간 행위를 모방할 능력이 있는 무언가를 만들고자 했다면, 그는 이야기하는 인공적인 기계를 창조하고 있었던 것이다. 이 방법이 우리의 정치 문제에 대한 해답이라고 생각했다면 그가 잘못 생각했을 수 있다. 결국 이러한 인공적인 형태의 인간은 환원적일 수 있고, 국가의 이야기들 역시 환원적일 수 있기 때문에 처음부터 허황된 시도였을 가능성도 있다. 어쩌면 이런 이야기들은 오직 기계만이 할 수 있으며, 결국 그 기계는 이 이야기에 사로잡힌 인간을 파괴할 힘이 있을지도 모른다. 분명 이것은 20세기 이야기의 일부이자, 아렌트 자신의 말과 행동의 삶을 어둡게 만든 이야기다. 가장 최악의 이야기는 가장 최악의 국가가 전하는 것이다.

그러나 또 다른 것이 진실일 가능성도 있다. 그리고 나는 이 진실이 아렌트의 주장과 우리가 오늘날 기계의 세계에 대해 갖고 있는 대부분의 불안감을 연결한다고 생각한다. 우리는 더 이상 스푸트니크에 대해 생각하지 않는다. 또 너무 거대해서 사무실에 들여놓으려면 우리가 복도로 쫓겨나야만 하는 IBM의 거대하고, 쿵쿵거리는 뜨거운 컴퓨터에 대해 생각하지 않는다. 우리는 네트워크와 스마트폰에 대해 생각한다. 인공지능과 생각할 수 있는 기계가 나타날 가능성에 대해 생각한다. 이러한 기계들이 실제로 인간이 생각하는 것처럼 사고하지는 못해도, 아렌트가 행위의 구현으로 인지할 만한 방식으로 언어를 구사하지 못해도, 진정으로 자신만의 이야기를 하지 못해도, 그 기계는 인간이 할 수 있는 모든 행위를 넘어서는 방식으로 생각할 수 있다. 그 기계의 계산 능력, 패턴을 인지할 수 있는 능력, 오늘날 머신러닝이라고 부르는 모든 다양한 형태의 작동 방식은 인간의 사고방식을 넘어설 수도 있다. 이는 진짜 공포이며, 우리는 아마도 오랫동안 이 공포를 느끼며 살아가야 할 것이다.

아렌트의 주장에는 잘못된 추정이 하나 있다. 현대 국가, 즉 홉스식 국가는 기계장치이기 때문에 필연적으로 다른 기계의 편일 것이라는 생각이다. 이는 인공지능 시대에 기계 국가는 로봇이 원하는 일을 하게 될 것이라는 생각을 내포하고 있다. 국가는 기계일 뿐이기 때문에 로봇이 그 시스템에 침투할 수 있다. 그러나 홉스의 국가는 기계 이상의 존재이며 한 명의 사람이다. 이는 기계의 행위가 아니라 인간의 행위를 모방하도록 설계되어 있다. 실제로 우리의 편이 되도록 구성되어 있다. 국가는 우리가 기계를 통제하기 위해 만든 기계다. 마음도 없고 감정도 없는 로봇

한나 아렌트, 『인간의 조건』, 1958

같은 행위와 정치에 맞서 우리의 편에 서도록 만든 기계다.

　인공지능 시대, 우리가 살고 있는 새로운 기계의 시대에는 국가가 기계의 편에 서지 않을 수 있다. 국가는 우리의 편이 될 수 있다. 실제로 국가는 우리가 우리와 비슷하게 만든 제도이기 때문에 우리의 유일한 제도라고 말할 수도 있다. 국가는 우리가 기계와 대결하기 위해 갖춰야만 하는 유일한 제도다.

　아렌트는 이렇게 썼다. "문제는 우리가 기계의 주인인가 노예인가에 관한 것이 아니다. 오히려 기계가 여전히 세계와 그 일에 복무하는가, 아니면 기계와 그 자동적 작동 과정이 세계와 그 일을 지배하고 심지어 파괴하기 시작했는가에 관한 것이다." 이 문제는 여전히 중요하다. 그리고 이것은 현대 국가에 관한, 현대 국가를 위한 질문이기도 하다.

--- 제10장 ---

파농과 폭력

프란츠 파농, 『대지의 저주받은 사람들』, 1961

억압받는 자는 어떻게 자기 삶에서 주체가 될 수 있는가?

프란츠 파농 Frantz Fanon(1925~1961)

프랑스령 마르티니크섬에서 태어났다. 아버지는 세관 관리였고 어머니는 상점을 운영했다. 그는 8남매 중 한 명으로, 부모는 없는 돈을 그러모아 그를 섬에서 가장 좋은 고등학교에 보냈다. 1942년, 17세에 자유프랑스군에 입대해서 제2차 세계대전 동안 복무했으며 1944년부터 1945년까지 프랑스에서 싸웠다.

전쟁이 끝난 후 파농은 리옹대학교에서 의학과 정신의학 공부를 마쳤다. 1952년에는 정신분석학과 실존주의 관점에서 식민주의가 인종주의적 의식에 미치는 영향을 탐색하는 『검은 피부, 하얀 가면 Peau Noire, Masques Blancs』을 출간했다. 1953년부터 1956년까지 알제리의 블리다-조인빌 병원 정신의학 과장으로 근무했다. 그는 알제리 민족해방전선 Front de Libération Nationale, FLN에 합류했으며 기관지《엘 무자히드 El Moudhahid》의 편집장이 되었다.

1960년에는 새로운 FLN 임시정부에서 가나 대사로 임명되었다. 이듬해에는 백혈병 진단을 받고 소비에트연방과 미국에서 치료법을 찾았다. 『대지의 저주받은 사람들 Les Damnés de la Terre』 출간 직후 미국 메릴랜드에서 사망했다. 이 책의 서문은 친구인 철학자 장 폴 사르트르 Jean-Paul Sartre가 썼다.

『대지의 저주받은 사람들』은 식민지 민중의 분노와 저항, 탈식민 투쟁의 폭력성을 생생하게 드러낸 정치철학서이자 해방 이론의 고전이다. 마르티니크 출신의 정신과 의사이자 알제리 독립운동에 참여한 활동가였던 파농은 이 책에서 식민지 지배가 단순한 정치적 억압을 넘어 인간의 정신과 정체성, 자존감을 파괴한다고 보았다.

그는 탈식민화는 단순한 권력 이양에 그치는 것이 아니라 기존 질서의 급진적 파괴 없이는 불가능하며, 이때 폭력은 식민 지배에 억눌린 민중이 인간성을 회복하는 과정이자 주체성을 회복하는 수단이라고 주장했다. 동시에 피지배자가 식민 권력의 모순을 내면화하는 정신적 식민화를 비판하고, 진정한 해방은 새로운 인간상과 사회 질서 수립으로 이어져야 한다고 역설했다. 오늘날 이 책은 단지 식민지 시대의 기록이 아니라 인종차별, 제국주의적 지배, 사회적 배제, 정신적 억압에 맞선 탈식민적 사고와 저항의 철학을 대표한다.

***

국제질서에는 질서가 없다

지금까지 나는 현대 국가에 대한 다양한 이야기 중에서 한 가지만 다뤘다. 그 이야기에서도 한쪽 측면에만 살펴봤다. 국가 내에서 산다는 것은 어떤 의미인지 탐색하면서, 그 안에서 일어나는 일에만 주목했던 사상가들에 초점을 맞췄다. 현대 주권국가의 시민 또는 종복이 된다는 것은 어떤 의미인지, 시민은 머릿속으로 어떤 생각을 하는지, 시민은 마음속으로 어떤 감정을 느끼는지, 정치 지도자의 머릿속 또는 마음속에 들어간다는 것은 어떤 의미인지를 살펴보는 내부자의 관점이다.

나는 또한 국가 내부에서 일어나는 정치적 실패, 즉 혁명과 내전 등에 초점을 맞춰 설명했다. 이는 현대 정치의 거대한 일부는 국가 밖에서 일어나는 일과 국가들 사이에서 벌어지는 일, 즉 주권국가들 사이에서 일어나는 일이기 때문에 한쪽 측면에만 해당한다. 오늘날 학계에서는 이러한 영역을 국제 관계라고 부른다. 이는 정치의 한 부분이자 독립적인 학문 분야다(관련 학과를 '정치와 국제 관계'라 부르기도 한다). 이 책에서 언급한 위기의 대부분은 내전과 혁명으로 귀결되었지만 국제 관계의 위기로 시작했다.

제1차 세계대전은 국가 내의 다양한 관계들보다 먼저 국가들 간의 관계가 와해되면서 일어났다. 프랑스혁명은 국내적 사건인 동시에 국제적인 사건이었다. 조금 더 시간을 거슬러 올라가면, 홉스 역시 이러한 이야기의 또 다른 일부라 할 수 있다. 실제로 '홉스주의'라는 용어는 오늘날 국내 정치 연구보다 국제 관계에서 훨씬 더 많이 등장한다. 그러한 맥락에서 비록 명백한 비판의 표현은 아니더라도 정치적 의미는 담고 있다.

이 국제 관계 '홉스주의자들'은 국가들 사이에는 자연 상태만이 존재하며, 개별 국가는 자신에게 가장 이익이 되는 일이라면 무엇이든 할 자유가 있다고 생각한다. 이런 점에서 국제질서는 사실 진짜 질서가 아니라 이해관계가 상충하며, 치명적인 경쟁이 벌어지는 무법 지대다. 자연의 법은 국가에 적용하더라도, 주권자가 없는 상태에서 개인에 대한 구속력이 없는 것과 마찬가지로 국가에 구속력이 없다는 것을 전제로 하기 때문이다. 그런 점에서 국제 관계에서 홉스주의는 무법 상태에 매우 근접한 상황을 의미한다. 홉스가 무엇보다도 무질서는 피하고자 했다는 점을 생각해보면 아이러니한 일이다.

여기서 홉스의 주장에 담긴 논리가 왜 국제 무대에는 동일하게 적용되지 않는가라는 질문이 자연스럽게 제기된다. 국가들이 무엇을 위협으로 간주할지에 대해 합의하지 못한다. 따라서 어떻게 평화를 이룰 것인지 합의하지 못하기 때문에 항상 싸울 수밖에 없다면, 왜 그들은 자신들 대신 결정할 초국가, 세계국가를 만드는 데 합의하지 않는가? 왜 리바이어던은 자기들의 거대 리바이어던을 만들지 않는가? 이에 대한 답은 국가가 단순히 자연 상태에서 존재한다는 전제가 왜 잘못된 것인지 알려준

프란츠 파농, 『대지의 저주받은 사람들』, 1961

다. 국가는 자연적인 것이 아니기 때문에 자연 상태에서 존재하지 않는다. 국가는 인위적 존재다. 개인으로서 우리에게 자연 상태가 그토록 무질서한 이유는 우리가 자연적이기 때문에, 즉 우리는 본래 연약한 인간이기 때문이다. 불행히도 우리는 꽤 죽이기 쉽다. 자연 상태에서는 우리보다 약하지만 그래도 우리에게 다가올 누군가의 공격에 취약하기 때문에 아무도 안전하지 않다.

그러나 국가는 그렇게 연약하지 않다. 그것이 핵심이다. 국가는 인위적으로 만든 무적의 존재다. 그들은 거대한 로봇과 같아서 죽이기가 훨씬 더 어렵다. 그렇기 때문에 자연 상태에서 개인이 누렸을 삶과는 전혀 다른 삶을 살 수 있다. 국가는 주권자가 없는 상태에서도 서로 잘 지낼 것이다. 상상해보면 그들은 심지어 자연의 법칙도 지킬 것이다. 다른 국가들 역시 서로를 죽이기 어렵다는 것을 잘 알고 있기 때문에 진심으로 평화를 추구할 수 있다. 그리고 다른 국가도 기꺼이 진심을 다할 기회를 잡을 수 있다.

자연세계에 존재하는 상호 취약성이 국제질서에 반드시 존재하는 것은 아니다. 물론 국가가 얼마나 잘 만들어져 있는가에 따라 많은 것이 달라진다. 금방이라도 부서질 듯 허술하게 설계된 국가는 취약하다. 안정적 정치질서의 적은 강함이 아니라 바로 이 취약성이다. 나는 홉스가 생각하는 국가가 진정으로 세계를 위한 하나의 모델이 된다면, 이 국가가 세계 평화를 가져다줄 것이라고 믿었을 가능성이 있다고 생각한다. 이 때문에 초국가를 만들어낼 필요가 없었다. 과연 그의 생각이 옳았을까?

배심원들의 판단 결과는 아직 나오지 않았다.

대부분의 경우 이는 희망 섞인 생각처럼 보인다. 국제 무대에는 여전히 깜짝 놀랄 만큼 내구성이 있는 협력의 영역과 무질서한 요소들이 많다. 국가가 더 강력해지면서 국가들 사이의 갈등에서 부정적 측면은 점점 더 무서워진다. 그렇다고 홉스가 무법 상태인 국제정치의 정치철학자였다는 견해가 맞다는 의미는 아니다. 그는 그런 정치철학자가 아니라 평화주의자였다.

제국주의와 식민지

이처럼 국제 관계는 내가 지금까지 하지 않았던 이야기 가운데 하나다. 그러나 하지 않은 이야기가 또 하나 있다. 이 장에서 그 이야기를 살펴보려 한다. 국가가 상대 국가에게 하지 않는 일에 대한 것이 아니다. 국가가 자기 국경 밖에 살고 있는 개인에게, 그들이 영토를 정복하거나 점령하면서 통제하게 된 사람들에게 하고 있는 일과 하지 않는 일에 관한 이야기다. 이 사람들에게는 국가가 시민권을 부여하지 않았다. 바로 제국과 식민지의 경험이다.

홉스식으로 이야기할 수도 있다. 홉스는 그를 고용하고 후원했던 캐번디시 가문을 위해 가문의 일부 사업도 관리했다. 캐번디시 가문은 우리가 지금 미국이라고 부르는 곳을 식민화하려 했던 기업들 중 하나인

프란츠 파농, 『대지의 저주받은 사람들』, 1961

버지니아주식회사의 초창기 주주였다. 이 기업들은 가장 기본적인 의미에서 식민화, 즉 이번 겨울을 이겨내면 다음 겨울까지 살아남을 수 있을 것이라는 희망으로 아주 작은 식민지의 발판을 만들었다.

홉스는 캐번디시 가문의 대리인으로 주주총회에 참석했다. 따라서 제국주의 기업에 항상 따라붙는 근본적인 주장과 분명히 연결된 주장들을 직접 목격했을 것이다. 우리 대신 해외에서 통치하는 사람들을 어떻게 통제할 것인가? 우리가 거느린 소규모 식민지 개척자 무리를 버지니아로 보내야 한다. 버지니아라는 이름은 이들에 대한 권위를 주장하는 방법의 하나로 버진퀸virgin queen의 이름에서 따온 것이다.

그런데 이렇게 보낸 사람들은 저 바다 건너에 있다. 그들이 그곳에서 무슨 일을 하고 있는지 전혀 알 수 없으며 그들과 안정적으로 의사소통할 방법도 없다. 그들을 신뢰하는가? 그들이 지금 관리하려는 사람들에게 사실상 정치적 권력을 행사하도록 허용할 것인가 아니면 그들을 통제할 것인가? 그들을 억제할 것인가? 이러한 회사들과의 관계에서 이 문제는 영국 국가에 심각한 골칫거리였다. 그중 최대 규모 회사이자 대규모 제국주의 정복 원정의 수단이 되었던 동인도회사는 결국 지나치게 많은 권력을 확보하게 되었다. 기업이 국가처럼 너무 커버렸고, 국가는 이를 제자리로 돌려놓아야만 했다.

지금까지 살펴본 사상가들은 모두 제국주의 문제에 대해 서로 너무 다른 견해를 갖고 있었지만, 적어도 이 문제를 어느 정도 의식하고 있었다. 울스턴크래프트는 동인도회사의 부패 문제를 알고 있었다. 공교롭게도 이 문제를 가장 강하게 비판한 사람은 버크였다. 콩스탕은 나폴레옹이 유럽 제국을 건설하려는 모습을 지켜보았다. 토크빌은 미국에 관한 책의 집필을 끝낸 후, 알제리를 포함한 북아프리카에서 프랑스의 제국주의적 지배 문제에 관한 가장 중요한 전문가 가운데 한 사람이 되었다.

마르크스와 엥겔스는 제국주의가 자본주의의 산물이라고 생각했다. 그들을 추종한 마르크스주의자들, 특히 레닌은 제국주의가 자본주의의 궁극적인 형태, 즉 최종 형태라고 생각했다. 마르크스와 엥겔스는 자본가들이 항상 팔고남은 상품을 소비할 수밖에 없는 사람들에게 떠넘기기 위해 새로운 시장을 찾아내고 정복해야만 한다고 말했다. 레닌 같은 마르크스주의자들은 이를 지속할 수 없다고 확신했다. 자본주의는 언젠가 더 이상 정복할 시장이 없고 더 이상 착취할 사람들이 남아 있지 않는 시기를 맞을 것이고 그때 혁명이 시작될 것이다. 그러나 마르크스와 엥겔스 같은 철저한 제국주의 비평가들조차도, 그 경험을 여전히 본질적으로 피식민지 사람들의 시각이 아니라 제국주의자의 시각으로 이해했다.

물론 간디는 이 이야기에서 예외다. 간디는 피식민자의 시각을 전해 준다. 이번 장에서 내가 살펴볼 프란츠 파농도 그러한 시각을 공유한다. 파농은 기본적으로 힘을 가진 사람들의 시각에서 제국을 보지 않는다. 그는 반대편인 이러한 지배를 받는 피해자의 시각에서 보이는 것에 대해 쓴다. 그러나 파농은 거의 모든 면에서 간디와 전혀 달랐다. 그는 마르크스와 엥겔스의 사상에서 일부 영감을 얻었다. 파농은 제국주의 정치를 비판하는 마르크스주의의 변형된 견해를 제시하면서도 그보다 두 가지 측면에서 훨씬 더 나아간다.

먼저 마르크스와 엥겔스와 달리 파농은 자신이 쓴 글대로 살았다. 마르크스와 엥겔스는 자신들이 경험한 제국주에 대해 이야기한 것은 아니었다. 자신들의 이론적 이해를 기반으로 그저 추측했을 뿐이며, 그런 점에서 그들은 상상으로 이야기를 지어내고 있었던 것이다. 파농은 또 다른 측면에서도 이들보다 한발 더 나아갔다. 마르크스와 엥겔스는 제국, 시장을 식민화하고 정복하기 위해 국가를 이용하는 것은 자본주의를 지탱하는 국가의 기본 기능을 확장한 것이라고 생각했다.

현대 정치의 심장부에 자리 잡은 근본적인 착취는 자본가의 노동자 착취였다. 자본가의 피식민지 착취는 이러한 근본적 착취의 대상이 확장된 것이다. 파농은 이를 다른 방식으로 설명한다. 파농에게 그 핵심적인 착취, 현대 정치의 근본적 토대는 제국을 통해 드러난다. 제국주의 지배는 현대 국가의 본질을 가장 적나라하게 드러낸다. 그 본질은 자유와 권리, 대표성에 대한 모든 위선을 걷어낸 순수한 강압, 순수한 폭력이다. 다른 것들은 모두 부차적이다.

마르크스와 엥겔스는 노동자가 볼 수 있다고 생각한 것을, 파농은 오직 피식민지 사람들만이 볼 수 있다고 생각했다. 파농이 집필 활동을 했던 1960년대 초반, 그는 유럽의 노동자들이 실제로 무슨 일이 벌어지고 있는지에 대해 전체적으로 혼란스러워하고 있다고 보았다. 소비에트 체제에서 강한 규제를 받으며 살아가던 그들은 해방에 대한 이야기에 현혹되어 있었다. 한편, 서유럽의 상황은 마르크스와 엥겔스가 예측했던 방향으로 흘러가지 않았다. 서유럽에서 혁명은 일어나지 않았다. 대신 노동자들은 회유당했다. 국가는 자유의 언어로 치장한 강압적 권력일 뿐이라는 사실을 이해한 사람들은 제국주의의 피해자들뿐이었다.

파농이 말하는 두 가지 식민지 경험

파농은 아주 다양한 형태로 제국주의를 경험했다. 프랑스 식민지 마르티니크에서 태어난 그는 그곳에서 이중의 제국주의 지배를 직접 경험하며 성장했다. 마르티니크는 프랑스 국가의 일부였지만, 식민지로 취급받고 착취당했다. 파농 같은 흑인인 국민들에게는 이 모든 상황에 인종차별주의가 수반되었다. 더구나 당시에는 프랑스 국가 자체도 나치 국가의 식민지였다. 1940년 프랑스가 패배하고 비시 정부가 들어서면서 프랑스 역시 다른 국가 권력의 통치를 받았다. 프랑스가 일부 식민지들을 대했던 것만큼 잔인하게 지배당하지는 않았지만, 그와 크게 다르지 않은 방식으로 취급당했다.

따라서 1940년부터 파농이 자유프랑스군에 합류해 나치의 지배에 맞서 싸우기 전까지 마르티니크에서 산다는 것은, 그들 자신도 비인간적으로 취급받던 사람들에게 비인간적인 취급을 받는 이중의 잔혹성을 경험하는 것이었다. 파농에게 환상은 더 이상 남아 있지 않았다. 이러한 경험을 했음에도 해방이나 권리 또는 정의라는 언어로 현대 국가를 포장할

프란츠 파농, 『대지의 저주받은 사람들』, 1961

수는 없었다. 그것은 그저 강압일 뿐이었다.

프랑스를 위해 참전했을 때, 파농은 심지어 나치의 인종차별주의와 싸울 때조차도 프랑스의 인종차별이 매우 심각하다는 것을 깨달았다. 그는 마르티니크에서 보낸 어린 시절 너무나도 익숙하게 겪었던 만연한 편견을 자유프랑스군 내에서 마주했다. 이러한 경험을 통해 그는 프랑스가 식민지들을 해방시키기를 원하지 않았던 것처럼, 식민지 사람들의 도움을 받아 그들이 해방되는 것도 원하지 않는다는 사실을 배웠다.

파농은 전쟁이 끝난 후 프랑스로 유학을 떠났으며 의사가 되기 위한 교육을 받았다. 그는 이 책에서 다룬 사상가들 가운데 첫 번째 의사, 진짜 의학박사다(의학박사가 아닌 박사는 제외한다). 그는 정신과의사가 되어 프랑스 제국의 또 다른 식민지인 알제리로 갔다. 그는 1950년대 유혈 독립전쟁이 벌어지던 기간 동안 그곳에 있었다. 그러한 경험에서 『대지의 저주받은 사람들』의 영감을 얻었다. 이 책은 1961년 프랑스어로 출간되었으며 1963년에 영어로 번역되었다. 파농은 정신병원에서 근무하면서 알제리의 독립투쟁을 경험했다. 그 투쟁은 극도로 폭력적이었으며, 파농도 폭력적인 경험을 했다. 『대지의 저주받은 사람들』의 핵심은 이러한 잔혹한 상황에서 심리적으로 영향을 받은 삶에 대한 연구였다. 즉 노골적인 폭력, 그럼에도 여전히 폭력이 아닌 척 가장하는 폭력 속에서 살아간다는 것이 어떤 의미인지, 그런 삶이 사람들의 정신에 어떤 영향을 미치는지에 대한 연구다.

베버는 폭력의 이중성과 씨름하고 있기 때문에 현대 정치가 정치인들을 미치게 만들 수 있다는 점을 이해했다. 정치인의 도구는 현대 국가이며, 이는 폭력의 도구다. 그럼에도 이 도구를 단순한 폭력 이상을 위한 수단으로 사용하려고 한다. 베버가 말하듯이, 우리가 아주 신중하지 않다면 그러한 경험 때문에 미쳐버릴 것이다. 파농은 정치인뿐만 아니라 제국의 거짓말과 함께 살아간다면 미쳐버릴 수도 있는 모든 사람에 대해 썼다. 여기에는 폭력을 자행하는 모든 식민지 개척자들뿐만 아니라 그와 협상하려는 사람들, 이를 회피하려는 사람들, 그와 타협하려는 사람들, 이를 개혁하려는 사람들이 모두 포함된다.

이러한 극도의 폭력으로 인해 누구든 미쳐버릴 수 있지만, 실제 그 본질이 무엇인지는 스스로 드러낼 수 없다. 미치지 않는 사람들은 이 폭력이 무엇인지에 대해 아무런 의혹도 갖지 못하는 사람들이다. 즉 이와 타협하기 위해 노력하지도 협상하지도, 이 체제에서 자기 길을 찾으려고도 하지 않으며, 그저 이 잔혹함을 겪고 있는 피식민 국가의 국민들뿐이다. 다시 말해 대지의 저주받은 사람들뿐이다. 파농은 유럽 노동자들과 달리, 피식민 사회에서 잔인한 수탈을 겪은 사람은 권력을 다른 무언가로 포장하려는 시도조차 하지 않을 것이라고 말한다. 어느 누구도 굳이 우리를 기만하려 노력하지 않을 것이다. 그저 착취할 뿐이다.

파농은 식민지는 두 개로 분열된 세계라고 말한다.

> 그 분단선, 경계는 군대의 막사와 경찰서로 드러난다. 식민지에서는 경찰과 군인이 관료, 제도화된 중개자, 정착민들의 대변인, 지배자의

프란츠 파농, 『대지의 저주받은 사람들』, 1961

통치 수단이다. … 자본주의 국가들에서 수많은 윤리 교사들, 상담자들, '현혹하는 자'가 피착취자를 권력자와 갈라놓는다. 반대로 식민지 국가에서 경찰과 군인은 바로 우리의 눈앞에 자주 나타나고 직접 행동함으로써 선주민들과 접촉을 유지한다. 그리고 소총 개머리판과 네이팜탄으로 꼼짝도 하지 말라고 충고한다. 여기서 정부의 대리인들은 순수한 힘의 언어를 명백하게 구사한다. 이 중개자들은 압제를 완화하지도 않고 지배한다는 현실을 감추려고 노력도 하지 않는다. 있는 그대로 드러내고 평화의 옹호자라는 분명한 의식으로 이를 실천에 옮긴다. 그러나 그들은 폭력을 가정에서, 선주민들의 마음속에서 행사한다.

현대 유럽 국가들에서와는 달리 이 분단은 감춰져 있지도, 내면화되어 있지도 않다. 이는 노출된 상처다. 이 식민지 분단선은 힘을 가진 자들을 힘이 없는 자들과 분명하게 갈라놓는다. 자본주의 국가에서는 모든 사회계층이 착취를 교육이나 개혁 또는 정의인 것처럼 가장하는 데 전념한다. 반대로 식민지 국가에서는 경찰과 군인이 즉시 현장에 나타나 직접 행동함으로써 선주민들과 접촉하고 소총 개머리판과 네이팜탄으로 그들을 통제한다.

현대 유럽 사회의 '현혹하는 자' 중에는 노동자들의 삶을 향상시키기 위해 그들을 대변한다고 주장하는 사람들이 있다. 이 '현혹하는 자'에는 마르크스가 경고했던 모든 타협안을 제시하는 민주주의 정치인들이 포함된다. 또한 학교와 교회에서 자신의 직업에 충실한 교사들과 윤리적 개혁가들도 포함된다. 현대 유럽 국가에서 성장한다는 것은, 스스로 행동하기만 하면 권리와 정의, 자유를 누릴 수 있으며 이는 거짓이 아니라는 인식을 주입하는 집요한 선전 체제의 지배를 받는 것이었다. 그러나 파농은 가장 순수하고 있는 그대로의 식민지 통치를 경험한 사람이라면 아무도 이러한 선전을 믿지 않는다고 생각했다. 여기에서 그가 '중개자'라고 부른 이들은 경찰과 군인이다. 그리고 협상은 경찰과 군인이 하지 않는다. 그들은 교훈, 연설, 선거 운동, 신문기사, 설교로 사람들을 설득하지 않는다. 그저 소총 개머리판과 네이팜탄만을 사용할 뿐이다.

파농이 생각하는 또 하나의 식민지 경험은 현대 유럽 국가들에는 존재하는 공적 영역과 사적 영역의 경계선이 무너지는 것이다. 이는 자유주의가 아주 타당한 이유가 없는 한 군인과 경찰이 넘어서는 안 된다고 주장하는 경계선이다. 현대 국가, 심지어 홉스식 국가에서는 그 경계선의 한계를 알 수 있어야만 한다. 또한 그 선 너머 국가가 우리를 건드리지 않고 내버려두는 사적인 영역으로 물러설 수 있어야 한다.

그러나 식민지 사회에서 살고 있다면, 폭력이 우리의 사적인 삶 속으로, 우리 집 안으로 들어올 것이다. 식민 국가의 대리인들은 사적 경계선을 존중하지 않기 때문에 숨을 곳은 어디에도 없다. 그러한 경험은 어딘가에 권리가 존재한다거나 폭력으로부터 보호받을 수 있을 것이라는 어떠한 환상도 깨버린다. 피식민 사회에서는 우리가 사적 영역으로 물러서도 폭력은 우리를 계속 따라올 것이다. 파농이 이야기하는 것처럼 폭력

프란츠 파농, 『대지의 저주받은 사람들』, 1961

은 우리 집 안으로, 마음속으로 들어올 것이다. 일단 마음속으로 들어오면 그때는 정말로 폭력에서 벗어날 수 없다. 그리고 탈출할 수 없다면 우리가 아무리 민첩해도 피할 수 없는 것이다. 그 폭력에 정면으로 맞서야 하며 결국에는 그 체제를 전복시켜야만 한다.

제국주의 경찰 오웰과 현대 정치의 이중성

파농은 식민지 권력에 대한 환상에서 완벽하게 벗어난 집단은 오직 하나밖에 없다고 생각한다. 바로 식민지 권력에 지배당하는 사람들이다. 다른 사람들은 모두 그 노골적인 거짓말을 묵인하고 있다. 심지어 이 폭력을 행사하는 경찰과 군인도 거짓 속에서 살고 있으며, 이 때문에 그들 중 너무나도 많은 이들이 이성을 잃어버린다.

반대편, 즉 개머리판의 다른 쪽 끝에서 겪는 식민지에 대한 가장 유명한 글 가운데 이와는 다른 방식으로 주장하는 내용을 찾아볼 수 있다. 서구 전통에서 가장 위대한 제국주의 비평가 중 한 사람이며 역시 자기 자신의 경험을 토대로 주장을 펼쳤던 조지 오웰이다. 그는 제국주의의 경찰이었기 때문에 자신이 어떤 이야기를 하는지 잘 알고 있었다. 그에게 경찰은 학교 졸업 직후에 가진 첫 번째 진짜 직업이었으며, 그는 버마(지금의 미얀마 ― 옮긴이 주)에서 경찰 생활을 했다. 그는 이 영국 식민지의 치안을 책임지는 버마 제국주의 경찰이었다.

오웰은 소설 『버마 시절Burmese Days』을 포함해 다양한 형태로 이 경험에 대한 글을 썼다. 이 시절은 또한 그가 20세기 가장 유명한 영문 수필 두 편에서 회고한 내용이기도 하다. 한 편은 「교수형A Hanging」이고 다른 한 편은 「코끼리를 쏘다Shooting an Elephant」이다. 오웰은 아주 짧은 이 두 편의 수필에서, 제국주의 경찰관으로서 자율성의 한계, 제국주의 국가의 하수인에게 주어진 도덕적 선택지의 한계를 어떻게 느꼈는지 설명하고자 노력한다.

「교수형」에서 그는 한 남성을 교수대로 이끈다. 「코끼리를 쏘다」에서는 코끼리를 쏜다. 그러나 그는 코끼리를 쏘고 싶지 않다. 그는 손에 총을 쥐고 있을 때 다른 선택지가 없다고 느끼는 그 과정을 다음과 같이 묘사한다. 이렇게 썼다.

> 그 순간 나는 깨달았다. 백인이 폭군이 되면 그가 파괴하는 것은 자신의 자유라는 사실을. 그는 속은 비어 있고 폼만 잡는 허수아비, 즉 사입sahib(특히 과거 인도에서 어느 정도 사회적 신분이 있는 유럽 남자를 부르던 말—옮긴이 주)이라는 정형화된 인물이 되고 만다. 백인 통치의 전제 조건이 '원주민에게 감명을 주는 것이고, 따라서 위기가 닥칠 때마다 원주민'이 그에게 기대하는 것을 해내는 것이기 때문이다. 그는 가면을 쓰고 있고, 그의 얼굴은 가면에 맞게 변한다.

총을 든 사람은 가면을 쓰고 있다는 점에서 총구 앞에 있는 사람들과

프란츠 파농, 『대지의 저주받은 사람들』, 1961

다르다. 결국 그 가면이 자기 자신이 된다. 벗어버릴 수는 없지만 가면은 여전히 가면이다. 제국주의 국가의 무장한 심복으로서 그는 거짓말에 갇혀 있다. 오웰이 코끼리를 쏘는 이유는 무엇인가? 그는 이렇게 말한다.

> 손에 소총을 들고 2천 명을 거느린 채 여기까지 행진했는데, 이제 와서 아무것도 하지 않고 나약하게 움찔움찔 뒤로 물러난다는 건 있을 수 없는 일이었다. 군중이 조롱할 게 뻔했다. 동양에서 살고 있는 다른 모든 백인 남자와 마찬가지로, 나의 생활은 조롱당하지 않으려는 긴 투쟁이기도 했다.

이처럼 오웰은 제국주의 경험에 대한 한 가지 진실을 이야기할 수 있다. 하지만 제국주의 경찰로서 그가 할 수 있는 것은 오직 그것을 벗어버릴 힘조차 사라질 때까지 가면을 쓰고 있는 것 뿐이다. 이 때문에 어떤 진실도 이야기할 수 없거나 적어도 완전히 진실되게 살 수는 없다.

파농은 이처럼 잔혹하게 지배당하는 사람들이 가면을 쓰고 있지 않다고 확신했다. 그들은 저주받은 삶을 비참하게 살고 있었지만, 실체를 있는 그대로 진실되게 경험했다. 또한 폭력의 경험으로 완전히 뒤바뀐 삶이었다. 따라서 폭력이 그들의 현실이었으며, 마르크스에게 프롤레타리아가 압제당하며 살아가면서 얻은 지식이 그랬던 것처럼 바로 이 지식이 그들의 힘이었다. 이것이 바로 파농이 『대지의 저주받은 사람들』에서 이끌어내려고 했던 힘이다.

파농은 현대 정치에 대해 이야기할 때 의도적으로 과거와 대조되는 언어로 설명한다. 즉 진실에 대한 고전적, 중세적, 신학적 개념과 대조하는 것이다. 파농은 현대 정치의 이중성을 거부한다. 그는 정치가 한 번에 두 가지 성격을 지닐 수는 없다고 생각한다. 그리고 정부와 국민, 수단과 목적, 정의와 폭력 같은 독립적인 개념들을 마치 분리되지 않는 것처럼 취급할 수 있다고 생각하지 않는다. 그는 정치에 진정한 선택지가 있다는 생각으로 돌아가기를, 진정한 선택을 회피할 수 있다는 생각에서 벗어나기를 원한다.

『대지의 저주받은 사람들』에서는 현대 유럽 사회민주주의의 혼란스러운 변증법과 대조해 식민주의를 정당화하는 아리스토텔레스식 논리에 대해 이야기한다. 그는 피식민지 사람들의 삶을 한 번에 두 가지로 설명할 수 없다고 이야기한다. 그보다는 고전 논리학의 분명한 구분에 따라 작동하는 정치다. 즉 식민주의는 이것 아니면 저것이라는 이분법적 경험이다. 식민지에는 경계선이 있고, 어느 누구도 그 선을 넘을 수 없다. 우리는 그 선의 이쪽 편에 있거나 반대편에 있다. 이 경계선의 양쪽에 동시에 존재할 수 있다고 말하는 정치는 모두 오류다. 또한 파농은 식민지 경험을 '마니교적'이라고 표현할다. 이는 선과 악의 우주적 대결, 전현대 세계에서 유래한 또 다른 관념이라는 뜻이다. 선 또는 악이지 선과 악이 아니다. 또한 그는 식민지 경험을 야만적이라고 묘사한다. 이런 식으로 취급받는 것은 인간 이하의 상황이라는 뜻이다. '야만'은 홉스가 자연 상태의 삶을 축약해 표현한 '잔인함'과 크게 다르지 않다.

프란츠 파농, 『대지의 저주받은 사람들』, 1961

파농은 식민지 세계를 자연적인 것으로 그린다. 전현대적인 것, 이것 또는 저것의 세계다. 그렇기 때문에 피식민 사회에서 산다는 것이 원시 상태에서 산다는 것이라고 주장하지는 않는다. 파농은 피식민지가 된다는 것이 철저하게 현대적 경험이라고 생각했다. 그는 식민주의 폭력에 덧씌워진 현대성은 엉터리라는 것을 보여주려 한다. 그 진정한 실체를 보여주기 위해 베일을 걷어내려면 전현대적 개념을 적용해야 한다. 그리고 파농은 어느 누구도 이 상황을 바로잡을 수 있는 현대 정치의 도구가 있을 것이라고 생각하면 안 된다는 절대적인 입장을 견지했다.

식민지 지배가 이것 또는 저것의 문제라면, 선 대 악의 문제라면, 야만적인 것이라면, 표현의 언어와 민주주의의 언어는 그가 생각한 대로 겉치레일 뿐이라고 이해해야 한다. 우리는 야만의 상황을 민주화할 수 없다. 선과 악의 투쟁을, 그 본질적인 차이를 제대로 드러낼 수 있는 방식으로 표현할 수는 없다. 무엇보다도 악을 영속화하지 않으면서 어떻게 악을 행하는 자를 표현할 수 있겠는가? 우리는 단순히 사람들에게 이것 아니면 저것에 투표하도록 허용함으로써 한 번에 양쪽을 모두 얻는 타협을 선택할 수는 없다.

파농의 『대지의 저주받은 사람들』에 담긴 분노는 대부분 피식민 사회의 공인들을 향한다. 그는 이 사람들이 현대 정치의 양쪽 진영에 양다리를 걸치려 한다고 생각했다. 그는 개혁과 협력, 타협에 반대했다. 또한 그는 현대화라 알려진 과정에 반대했다. 식민지 사회를 현대화하는 것, 특히 유럽식 모델에서 이루어지는 현대화가 문제의 해결책이라고 생각했던 사람들이 많았다. 이들이 의회를 구성할 수 있게 하라! 이들에게 교육제도를 제공하라! 이들에게 위생시설을 제공하라! 파농에게 이러한 요구는 모두 실제로 일어나고 일을 감추기 위한 수단일 뿐이었다.

파농은 이러한 명분을 내세우는 현지 정치인들, 특히 그와 마찬가지로 외국에서 교육받은 사람들이 양쪽 모두와 손을 잡으려 한다고 의심하고 그들을 믿지 않았다. 또한 그는 식민지 경험을 지적으로 분석하려는 모든 사람들을 절대로 믿지 않았다. 어쩌면 그 자신도 이 경험을 지적으로 분석하려던 사람이었다고 생각할 수도 있다. 어쨌든 그는 정신분석, 실존주의, 문학에 관한 내용이 가득한 고도로 지적인 책 두 권을 썼지 않은가? 그러나 그는 자신이 그런 일을 하고 있다고는 전혀 생각하지 않았다. 그의 후기 저작 대부분이 피식민 사회에서 경험하는 정신적 고통을 묘사하고 있는 이유는, 그가 이러한 상황을 단순히 이론화하는 데 그치지 않고 증언으로 이어져야 한다고 생각했기 때문이다. 그는 의사로서 목격한 당시 상황을 증언한 것이다.

또한 파농은 자신의 설명이 가장 진실된 것은 아니라는 점을 강조하기 위해 피나는 노력을 했다. 증인은 진정한 변화의 중개자가 아니다. 그는 '피식민지 농민들back-country people'이라 부른 사람들을 칭송했다. 도시에 사는 사람들보다 낙후된 사람들을 뜻한 것은 아니었다. 이 사람들이 지배당한 경험은 교육과 지적 동화로 훼손되지 않았기 때문에 모호하지 않다는 뜻이었다. 그들은 식민지 사회에서 가장 덜 기만당한 사람들이었다.

프란츠 파농, 『대지의 저주받은 사람들』, 1961

식민지 사회에서 폭력의 정당화

파농의 저작과 관련해서 무엇보다 여전히 충격적인 사실은 그가 폭력을 받아들였다는 점이다. 파농에게 폭력은 해방의 도구, 식민지 지배로부터 구제받기 위한 수단이었다. 지식인들은 비록 이를 이해하지 못했지만 피식민지 농민들은 이해했다. 폭력은 강력한 수단이었다. 이를 통해 진실이 드러났다. 간디 역시 폭력이 제국주의 체제의 진실을 드러낸다고 생각했다. 그러나 간디와는 아주 다르게, 파농은 오직 폭력만이 폭력에 맞설 수 있다고 생각했다. 폭력을 이렇게 칭송한다는 점에서 파농은 자신이 경멸한다고 주장했던 유럽 전통의 일부와 훨씬 더 가까워진다.

마르크스주의 사상은 마르크스와 엥겔스로부터 시작해서 다양한 폭력에 대해 찬양한다. 아마도 가장 대표적인 예는 조르주 소렐Georges Sorel이 1909년에 출간한 『폭력론Réflextions sur la Violence』일 것이다. 이 책에서 소렐은 폭력의 필요성을 파농과 비슷하게 주장한다. 다만 소렐은 이를 프롤레타리아의 경험에 적용한다. 소렐은 폭력만이 노동자들이 처한 어려운 상황을 있는 그대로 드러내줄 수 있으며, 바로 이 때문에 폭력을 받아들여야만 한다고 주장한다. 폭력을 부정하는 것은 진정한 우리의 모습을 알려주는 유일한 경험을 부정하는 것이다.

소렐은 특히 20세기 초 미국의 노사관계에서 지배자들의 본모습을 드러내도록 몰아붙일 수 있는 총파업을 지지했다. 마침내 총을 든 군인들이 파업 노동자들과 대치하는 순간이 바로 우리의 정치가 기능하고 있음을 깨닫는 순간이다. 그 순간 바로 우리가 저항해야만 한다는 사실을 깨닫는다. 다른 선택의 여지는 없다.

소렐은 20세기 초 마르크스 사상에서 주변인일 뿐이었으며, 그의 사상은 곧 훨씬 더 강력한 국가 통제주의자인 레닌의 시각으로 대체되었다. 소렐이 희망했던 총파업은 결코 일어나지 않았다. 대신 러시아혁명이 일어났다. 그러나 파농이 이 사상의 흐름을 식민지 체제에 적용했을 때 이 사상은 새 생명을 얻고 그 수명이 연장되었다. 그 흐름은 파리에서부터 알제리에까지 닿았다. 그리고 이어서 다시 파리로 돌아갔다.

1968년, 학생과 노동자가 다시 한 번 파리의 거리로 나섰을 무렵에는 파농과 소렐 모두 무시할 수 없는 존재가 되어 있었다. 그들은 압제자들이 최악의 행동을 저지를 때 드러나는 현대성의 치명적인 타협의 본모습을 솔직하게 증언할 사람들이었다. 소렐과 파농 모두 기꺼이 지배자들의 진정한 실체를 스스로 드러내도록 몰아붙일 의지를 피지배자가 갖고 있어야 한다고 주장했다. 이는 혁명을 촉구하는 목소리였다. 소렐과 마찬가지로 파농도 폭력을 압제가에게 되돌려주는 것이 핵심이라고 생각했다.

파농은 1968년 파리의 거리에서 벌어진 일의 결과, 즉 혁명적 변화에 대한 약속도, 결국 실패한 결말도 보지 못하고 세상을 떠났다. 그는 1961년 『대지의 저주받은 사람들』을 탈고하고 나서 얼마 지나지 않아 백혈병으로 사망했다. 어쨌든 그는 유럽에서 진정한 정치적 변혁을 달성할 것이라고 믿지 않았다. 유럽인들은 약속을 저버렸다.

프란츠 파농, 『대지의 저주받은 사람들』, 1961

인간성의 가장 큰 문제들을 해결할 수 있는 모든 요소는 유럽의 사상에서 다양한 시기에 이미 존재했다. 그러나 유럽인들은 그들에게 주어진 책임을 다하지 못했다. 즉 그 요소들의 구조와 성질을 바꾸고 재구성하며, 마침내 인류의 문제를 한없이 높은 차원으로 끌어올리기 위해 전력을 다해 싸우는 책임을 실천하지는 못했다.

유럽인들은 결국 자신들의 문제에 충분히 치열하게 맞서 싸우지 않았다. 그들은 그저 사상의 영역에 머물렀을 뿐이다.

파농은 유럽이 과거에 갇혀 있다고 생각했다. 유럽은 올바른 방향으로 생각하고 있지만, 솔직하게 표현할 수 있는 통로를 막고 있는 사회적, 정치적 구조에서 스스로 벗어나지 못했다. 겉으로는 제국을 통해 스스로를 투영했지만 실제로는 스스로를 투영하지 못했다. 그 결과 소리만 요란하고 행동은 하지 않는 정치가 되었다. 파농이 현대 국가의 한 형태가 될 수도 있는 '움직이지 않는 움직임'이라고 부른 상태가 되어버렸다. 현대 국가의 각 부분은 서로 연결되어 있다. 여기에는 평형의 논리가 작동하지만, 아무것도 움직이지 않는다면 모든 것은 그 자리에 고정된다. 오웰이 이야기한 것처럼 가면이 너무 딱 맞아서 벗어버릴 수 없다고 해도 그것은 여전히 가면일 뿐이다. 파농은 이것이 유럽과 유럽 정치의 운명이라고 생각했다. 다시 말해 그 안에 변혁의 잠재성이 있는 정치적 삶을 구성했지만, 결국 그 변혁의 가능성을 그 자리에 동결시켜버렸다. 이어서 제국의 공무원들에게 적나라한 지배 행위를 떠넘겨버리는 것 말고는 아무것도 하지 못하는 현혹하는 자들, 즉 교육자, 정치인, 대리인들 때문에 자기 안에 갇혀버렸다는 것이다.

현대 국가를 넘어선 새로운 국가에 대한 열망

파농은 조금 다른 것을 원했다. 그는 알제리뿐만 아니라 아프리카 대륙 전체, 대륙 거의 전체가 가장 잔인한 제국주의 강압을 경험했던 아프리카에 새로운 국가가 들어설 가능성이 있다고 생각했다. 이러한 국가는 그 국가의 국민을 전체를 위한 국가가 될 것이라고 말했다. 이 국가는 '모든 인류의 지적 대중'이라는 문제를 다시 살펴볼 것이다. 이 국가는 대지를 재인간화할 수 있을 것이다. 그런 점에서 매우 야심찬 생각이다. 그는 진심으로 이런 국가를 실현할 수 있는 최선의 희망은 아프리카의 피식민 국민들만이 알고 있는 경험에서 나온다고 생각했다.

이러한 정치 프로젝트의 성격을 규정할 수 있는 방법을 찾기는 쉽지 않다. 이 프로젝트는 정신적 야망뿐만 아니라 수단으로서 폭력을 기꺼이 수용하기 때문에 내가 지금까지 이야기한 모든 사상을 훨씬 뛰어넘는다. 아마도 한 단어로 표현한다면 '탈현대post-modern'라 할 수 있다. 이는 현대 국가를 넘어선다. 이 국가는 유럽의 변증법적 사상이 아니라 살아 있는 아프리카의 경험을 통해서 현대 정치의 이중성을 뛰어넘는다. 파농은 진심으로 그 가능성을 믿었다.

프란츠 파농, 『대지의 저주받은 사람들』, 1961

21세기에 되돌아보면 이러한 야심은 희망사항일 뿐이었다. 이조차도 완곡하게 표현한 것이다. 탈식민 해방과 독립운동 이후에 탄생한 많은 국가들을 포함해 아프리카 국가들의 최근 역사는 현대 정치를 넘어서지 못했다. 아프리카는 인류의 지적 운명 같은 것을 수용하는 현대 정치의 딜레마를 극복하지 못했다. 오히려 아프리카의 정치는 어떤 것이 정치인가에 대한 홉스식 견해에 꼼짝없이 갇혀 있는 것처럼 보인다. 안보는 당연한 것으로 받아들일 수 없다. 내전은 실제 위험이다. 주권자의 권위가 붕괴되면 혼란스러운 상황이 발생할 수 있지만, 주권자의 권위가 유지되면 부패와 약탈로 이어질 수 있다. 대부분의 경우 이것 아니면 저것, 우리 아니면 그들의 정치에서 벗어나 제대로 운영되는 현대 국가의 안정성 같은 목표를 향해 나아가는 것이 가장 바람직하다. 하지만 그 자체로 심각한 위험이 없는 것은 결코 아니다. 그러한 국가가 유일한 희망은 아니다. 하지만 대부분의 시대에 빠르게 성장하는 아프리카 국가의 사람들을 비롯해 지구상 대부분에게 지금도 정치는 그 지점에 머물러 있다.

그런 점에서 '탈현대'라는 단어에는 다양한 의미가 있지만, 이 단어의 핵심적인 의미는 파농이 구상한 새로운 국가가 현대 국가 이후의 국가라는 점이다. 이 시각은 미래 지향적이다. 특히 그의 글을 매력적으로 받아들일 가능성이 높은 서구 독자들에게 아프리카다움의 개념을 찬양하는 것에는 또 다른 위험성이 있음을 아주 잘 알고 있었다. 서구의 독자들은 그가 원시주의, 즉 덜 인위적이고 더 본능적인 시대로 돌아가기를 바라는 것일지도 모른다고 추정하기도 했다.

『대지의 저주받은 사람들』에서는 아프리카 문화에 순수하고 자연적인 것이 있다고 생각하기 때문에 아프리카 문화를 찬양하는 유럽인들에 대해 비판한다. 자기들 내면의 순수성을 접하는 방식이라고 생각해서 아프리카 세계의 공예품들을 찬양하고 장식장에 진열하며 몸에 두르고 칭찬하는 유럽인들을 비판한 것이다. 심지어 변경의 사람들, 유럽식 교육으로 인해 타락하지 않은 사람들을 옹호할 때조차도 파농은 결코 원시주의로 복귀하자고 주장하지 않았다. 그는 진정으로 이전 상태를 뛰어넘어 더 앞으로 나아가는 정치의 힘을 믿었다. 파농에게 아프리카 경험의 순수성은 폭력의 순수어, 어떠한 중간 단계도 거치지 않고 겪은 지배 그 자체였다.

해나 아렌트는 특히 파농이 폭력을 찬양한다고 생각한 부분과 폭력의 자연화라고 부른 부분에 경악했다. 폭력은 본질적으로 파괴적이라고 생각했으며, 폭력과 달리 세상에서 진짜 일을 할 수 있는 능력이 있는 '힘'과 폭력을 대조해서 생각했다. 힘은 행위와 같지는 않지만, 영구적 가치가 있는 것들을 만들어낸다. 국가의 권력을 폭력의 도구가 아니라 창조적인 힘으로 사용할 수 있어야 한다. 아렌트는 파농이 폭력을 자연화했다고 비판했다. 이를 통해 변혁에 관한 그의 모든 논의에 대해 폭력을 노동의 차원, 즉 반복적이며 계속 이어지고 순환하며 스스로 먹고사는 존재로 축소했다고 함축적으로 주장한다. 아렌트는 변혁적 변화를 명분으로 창조적 폭력에 대한 파농의 주장을 받아들인 학생들의 시도가 실패하는 것을 지켜본 이후인 1970년에 이러한 글을 썼다. 아렌트에게 창조적

프란츠 파농, 『대지의 저주받은 사람들』, 1961

폭력은 말 그 자체로 모순이었다.

아렌트는 파농과 공통점이 거의 없었지만, 그럼에도 나는 그들을 연결하는 무언가가 있다고 생각한다. 두 사람 모두 서로 전혀 다른 방식으로 현대 정치가 정치를 하는 유일한 방식은 아니라는 사실을, 현대 국가와 함께 시작하는 이야기에 수반되는 무언가가 있다는 점을 부각하려 노력했다. 폭력과 안보의 동맹을 정치 기반으로 삼는 이해 방식에는 우발적인 요소가 있다. 아렌트와 파농은 그런 틀에서 벗어나려 노력했으며, 홉스가 갈라놓을 수 없는 방식으로 하나로 결합했다고 생각한 개념들을 분리할 수 있다고 주장하려고 했다. 어쩌면 이는 반드시 분리해야만 하는 개념들일 수도 있었다. 둘의 생각은 매우 달랐지만, 그들은 현대 정치에 대한 근본적 질문을 제시한다. 부수적인 것인가? 벗어버릴 수 있는 가면인가? 아니면 너무 단단하게 맞서서 절대 벗을 수 없는 가면인가?

현대 국가에 관한 이 질문은 단지 식민지 경험에 대한 질문만은 아니다. 그것은 우리가 모두 어떻게 현대성의 조건 아래에서 살아가는지를 묻는 것이다. 우리가 갇혀 있을 수도 있고, 자유로울 수도 있는 가능성에 대한 질문이기도 하다. 어쩌면 이 질문에 대한 우리의 대답이 지구 전체의 운명을 좌우할지도 모른다. 그런데 만약 이 질문을 가장 현실적으로 느끼게 하는 독특한 힘이 식민지 경험에 있다고 파농이 믿었다면, 그가 틀렸다고 누가 말할 수 있을까?

제11장

맥키넌과 성적 억압

캐서린 맥키넌, 『페미니스트 국가이론을 향하여』, 1989

여성이 겪는 억압은 개인적 불행인가, 구조적 불평등과 제도적 묵인의 결과인가?

캐서린 앨리스 맥키넌 Catharine A. MacKinnon(1946~)

미니애폴리스에서 태어나 예일대학교에서 변호사 공부를 하고 정치과학 박사학위를 받았다. 현재 미시간대학교 법학교수로 재직 중이며 2008년부터 2012년까지 국제형사재판소 International Criminal Court, ICC 성평등 특별 고문을 역임했다.

맥키넌은 포르노 철폐, 강간을 인종청소의 한 범주로서 법적으로 인정하는 운동, 여성인신매매반대연합 Coalition Against Trafficking in Women, CATW 등 수많은 페미니즘 과제들을 실천하려는 운동에 참여하고 있다. 저서로는 『일하는 여성에 대한 성희롱 Sexual Harassment of Working Women』(1979), 『여성의 삶, 남성의 법 Women's Lives, Men's Laws』(2005), "불안정한 정치 체제에서는 적절한 소규모 개입이라도 거대하고 복합적인 파장을 일으킬 수 있다"고 주장하는 『나비 정치학 Butterfly Politics』(2017) 등이 있다. 미국뿐만 아니라 국제적으로 아주 다양한 성평등 문제들에 대해 계속 글을 쓰고 운동을 벌이고 있다. 불평등, 포르노, 혐오 발언에 대한 접근은 특히 캐나다 대법원에 큰 영향력을 미치고 있다.

『페미니스트 국가 이론을 향하여』는 법, 권력, 성적 취향을 중심으로 국가와 남성 지배의 구조를 비판한 페미니즘 이론서다. 맥키넌은 기존의 법과 국가는 중립적이지 않으며, 오히려 남성 중심의 권력을 제도화하고 여성 억압을 정당화하는 구조라고 주장한다. 마르크스주의의 계급 개념을 성 권력에 적용해, 여성은 단순한 경제적 약자가 아니라 성적 지배 관계에서 구조적으로 억압당하는 존재라고 분석한다. 특히 포르노그래피, 성희롱, 성폭력 등을 사적 영역의 문제가 아니라 정치적 억압이며, 국가가 방조하거나 조장한 공적 문제로 규정한다.

  이 책에서 던지는 '법과 국가는 과연 누구를 위해 존재하는가?'라는 질문은 현대 사회에서도 여전히 중요한 화두다. 진정한 정의와 평등은 권력의 작동 방식을 바꾸는 데서 출발한다고 말하는 맥키넌의 주장에 주목해야 한다.

캐서린 맥키넌, 『페미니스트 국가 이론을 향하여』, 1989

***

울스턴크래프트가 남긴 과제

지금까지 이야기한 현대 정치사상의 역사가 드디어 1989년까지 왔다. 자세히 들어가기 전에 간략하게 시작점으로 돌아가보려 한다. 홉스까지는 아니고 메리 울스턴크래프트와 『여성의 권리 옹호』를 다시 살펴보려는 것이다. 지금까지 살펴본 모든 저서들 가운데 내가 가장 좋아하는 책이다. 가장 인간적이라고 생각하기 때문이다. 『리바이어던』은 걸작이긴 하지만 약간 비인간적이다. 이 책이 공상과학에서 딱 한 발자국 떨어져 있다면, 울스턴크래프트는 제인 오스틴에서 딱 한 발자국 떨어져 있다. 또한 울스턴크래프트는 현대 정치에 근본적으로 도전한다. 우리는 아직 그 질문에 답하지 못한 것 같다. 그 답이 무엇인지 찾거나, 최소한 그 답을 구하는 것이 왜 이토록 어려운지 이야기해보려는 노력은 여전히 중요한 문제다.

울스턴크래프트가 제기한 도전은 다음과 같다. 우리는 현대 국가를 만들어냈고, 현대 정치의 근본적인 제도를 만들어냈으며, 그 과정에서 괴물을 만들어냈다. 우리를 안전하게 지키기 위해 이 괴물을 만들어냈다. 이 괴물은 우리를 보호하기 위해 존재한다. 우리 자신의 안전을 위해 누군가 또는 무언가에게 특별한 권력을 부여했다.

그러나 삶의 상당 부분은 국가의 통제를 받지 않는다는 사실을 우리는 알고 있다. 어떤 국가도 모든 일을 통제할 수는 없으며, 실제로 대부분의 국가는 많은 영역에서 일어나는 일들을 그냥 내버려둔다. 또한 국가가 손대지 않는 우리 삶의 부분들이 순수하지 않다는 것, 우리 삶에서 오직 선한 일들만 일어나지는 않는다는 사실을 잘 알고 있다. 가정생활에서, 사적인 삶에서, 개인적인 삶에서, 집 안에서뿐만 아니라 거리에서도 나쁜 일들은 언제나 일어난다. 불의가 있고 잔혹성이 있으며 폭력이 있고 심지어 죽음도 있다. 많은 경우 국가들은 이러한 고통에 무관심할 것이다.

그렇다면 국가가 손대지 않지만 여전히 보호해야 하는 이러한 삶의 모든 부분은 어떻게 다뤄야 할까? 이는 홉스가 생각했던 기본적인 정치적 보호, 전쟁, 내전, 외국의 침략, 경제 붕괴, 그 밖의 대규모 재앙으로부터 사람들을 구제하는 것에 관한 질문이 아니다. 일상의 압제자로부터 일상을 보호하는 것, 남편, 연인, 부모, 고용주, 이방인, 남성으로부터 구제하는 일에 대한 질문이다.

이 질문에는 국가를 우리가 만들었기 때문에 정교하게 조정할 수 있을 것이라고 답할 수도 있다. 인위적 창조물은 재조정할 수 있기 때문이다. 국가를 재설계해서 일상에서 발생하는 불의 문제 역시 해결할 수 있게 필요한 특성들을 부여할 수 있다. 국가는 기계일 뿐이니 더 잘 움직이게 고치면 된다. 그러나 이러한 합리주의자의 주장 때문에 울스턴크래프트가 의문을 갖게 되었다.

캐서린 맥키넌, 『페미니스트 국가 이론을 향하여』, 1989

국가는 단순한 기계가 아니다. 우리로 만든 기계다. 그 원재료가 인간인 것이다. 우리가 대처하려는 일상의 불의를 국가가 단순히 복제하지 않을 것이라고 어떻게 확신할 수 있을까? 그렇게 되면 국가는 일상적인 잔혹함으로부터 우리를 구해줄 도구가 되는 것이 아니라, 그저 강화된 또 다른 형태의 잔혹함이 되는 것이다. 이것이 울스턴크래프트가 일상에서 남성과 여성의 관계를 설명하면서 묘사했던 위험성이다. 이러한 관계는 많은 측면에서 근본적으로 부당하며 서로를 타락시킨다. 이 관계는 바로잡아야 한다. 그러나 먼저 국가가 불의의 또 다른 형태일 뿐이라는 사실을 확인하지 않은 채 이러한 불의를 바로잡기 위한 수단으로 국가를 선택한다면, 좋지 않은 상황을 더 악화시킬 수 있다.

울스턴크래프트는 18세기 말에 그녀가 알고 있던 국가들이 남성과 여성의 모든 잘못된 관계를 복제한 형태일 뿐이라고 생각했다. 남성의 욕망과 권력, 잔혹함과 그 결과로 이어지는 상호 의존성, 타락은 국가 전체에 기록되어 있었다. 따라서 국가가 이러한 문제들을 해결하려면 먼저 국가 자신부터 바로잡아야 한다. 국가가 그 방법을 알고 있는지는 확실하지 않다. 기계는 스스로 교정할 수 없다. 국가는 우리를 재료로 써서 만들었으며, 우리는 오류를 범하기 쉬운 인간이다. 따라서 사적인 인간의 실패 경험들을 단순히 재창조하고 확대하지 않는 국가를 어떻게 만들 수 있을지가 문제다. 내가 지금까지 다룬 사상가들은 본질적으로 이 도전과제에 두 가지 방식으로 답했다. 하나는 자유주의적 답이며, 다른 하나는 마르크스주의적 답이다.

일상의 불의를 어떻게 바로잡을 것인가

자유주의적 관점에서는 우리가 기계인 국가에 집중해야 하며, 국가를 일상의 불의로부터 가능한 한 멀리 떨어뜨려 놓기 위해 그 기계적이고 비인격적인 측면을 활용해야 한다고 답한다. 국가는 싸움의 한복판이 아니라 그 위에 서 있어야 하며, 충실히 규칙을 따르는 체계로 만들면 신뢰할 수 있는 존재가 될 수 있다는 것이다. 그런 국가를 가리키는 말은 '중립적'이다.

중립 국가는 일상의 불의를 경험하는 것이 어떤 의미인지에 대해 전혀 관심이 없기 때문에 어느 쪽 편도 들지 않는다. 그저 규칙을 적용할 뿐이다. 이를 위해 국가가 다소 비인격적일 필요가 있더라도 그대로 두자. 가장 기계적인 국가라도, 국가는 인간으로 이루어져 있기 때문에 인간적인 특성이 있다. 그러나 그게 효과가 없다면, 시민들에게 국가에 대항할 수 있는 권리를 부여함으로써 보호 수단을 추가로 제공하면 된다.

우리는 국가의 독단으로부터 시민이 확실하게 보호받을 수 있도록, 가능하다면 국가에 영향을 줄 수 있도록 보장하기 위해 노력한다. 이러한 권리 가운데 일부는 법적인 것, 즉 법을 통한 구제다. 또 일부는 정치적인 것, 즉 투표로 목소리를 내는 것이다. 시민은 이런 방식으로 국가가 도를 넘었으며 상황을 더 악화시키고 있다고, 보호받지 못하는 사각지대가 있으며, 자기가 무슨 짓을 하고 있는지 모른다는 사실을 국가가 깨닫게 할 수 있다. 이는 자유주의 국가에 대한 콩스탕의 이해와 맞닿아 있다. 즉, 자유주의 국가는 우리를 서로로부터 보호해주는 중립적인 제도이지

캐서린 맥키넌, 『페미니스트 국가 이론을 향하여』, 1989

만, 동시에 우리가 국가로부터 더 많은 보호가 필요하다고 느낄 때 그것을 직접 알려줄 시민들의 역할에 의존한다는 것이다.

이 주장은 페미니스트 관점에서 생각할 수도 있다. 자유주의 페미니즘은 그들을 억압하는 누군가에게 대항할 권리가 있다고 강하게 주장한다. 또한 압제자들 가운데 국가도 있다면 그에 대항할 수 있는 권리를 포함한 권리를 여성에게 부여해야 한다고 주장한다. 이는 여성의 투표권을 보장해야 한다는 뜻이다. 그러나 투표권은 필요조건이기는 하지만 충분조건은 아니다. 자유주의 페미니스트들은 국가가 편향된 모습을 보일 때, 그 반대편에 있는 사람들이 이에 대한 구제를 받을 수 있도록 다양한 참여 권리들(예를 들면 다양한 형태의 사회복지에 대한 권리 등)을 더 폭넓게 제공하려 해왔다.

이 같은 자유주의 모델에 대해 마르크스주의자들은 이런 정치는 자신의 이익만을 위한 헛소리라고 말할 것이다. 편파적이지 않고 중립적인 국가를 건설할 수 있다는 생각은 너무도 순진한 것이다. 현대 국가를 건설한 사회, 부르주아 자본주의사회는 국가의 불의로부터 우리를 보호하기 위해서가 아니라 불의로부터 자신들을 보호하기 위해 국가를 건설했다. 이 때문에 마르크스주의에서는 전혀 다른 주장을 한다. 더 많은 권리를 보장한다고 해서 사람들을 구제할 수 없다. 국가가 최대한 중립을 유지하도록 보장하기 위해 노력해도 사람들을 구제할 수는 없다. 중립적 국가를 없애야 한다. 국가는 피압제자들의 편에 서야 하므로 명백하게 상당히 편파적인 체제로 국가를 대체해야만 한다.

마르크스와 엥겔스, 특히 엥겔스는 이러한 주장을 가족관계, 성과 권력의 문제에 적용했다. 마르크스주의는 부르주아사회에서 남성은 사실상 여성을 소유하며, 이런 관계를 편파적이지 않게 지배하는 법은 전혀 중립적이지 않다고 주장한다. 자본주의에서 결혼은 그저 재산 관계일 뿐이며, 결과적으로 결혼과 매춘은 별로 다르지 않다. 여성은 사유재산이고 남성은 여성을 착취한다. 마르크스주의에 따르면, 결혼이 그 정의상 여성을 사유재산으로 취급하는 것이 문제라면, 더 낫고 공정하며 평등한 결혼을 보장하는 법을 만들 수 있다는 말에는 아무 의미가 없다. 우리는 여성을 보호하기 위해 법을 바꾸는 것이 아니다. 사회의 총체적 토대를 바꿔야 한다. 그러기 위해서는 혁명을 일으켜야 한다.

이처럼 자유주의자와 마르크스주의자는 우리가 해소하려는 불의를 어떻게 국가가 재생산하지 않도록 만들 것인가라는 질문에 나름대로 답하려 노력해왔다. 자유주의자는 국가가 더 공정해야 한다고 말한다. 마르크스주의자는 사회가 더 공정해야 한다고 말한다. 캐서린 맥키넌은 여성 권리 신장을 위한 오랜 투쟁의 역사가 두 가지 답 모두 충분하지 않았음을 증명한다고 말한다. 자유주의적 대응도, 마르크스주의적 대응도 실제로 모두 효과가 없다는 것이다.

캐서린 맥키넌, 『페미니스트 국가 이론을 향하여』, 1989

자유주의 페미니즘에 대해

맥키넌은 고도로 훈련받은 변호사다. 내가 이 책에서 다룬 또 한 명의 변호사인 간디 역시 페미니스트라 주장하는 사람도 있다. 만약 그렇다면 그의 페미니즘은 약간 특이했다. 간디는 특히 성에 관해 상당히 특이한 태도를 보였다. 그는 순결과 유혹에 저항하는 행동을 찬양했으며, 심지어 결혼해서 한 이불을 덮는 부부조차도 성생활을 절제하라고 주장했다. 그는 자신이 설교한 내용을 실천하려고 노력했다. 젊은 여성들과 신체적으로 가까이한 채 시간을 보내면서도 그들과 성관계를 맺지 않으면서 말이다. 그가 진심으로 그러한 성생활이 전체 사회의 모델이 될 수 있다고 믿었던 것은 절대 아니다. 지나치게 과도한 요구였다.

그러나 간디는 실제로 사회에서 여성의 역할을 아주 진지하게 생각했으며 여성에 대한 억압에 반대했다. 그는 여성이 "그저 성적 상징, 노리개, 인형"으로 간주되는 상황에 저항해야 한다고 주장했다. 그의 비폭력에 대한 이해가 폭력과 강압의 남성적 정치에 대항하는 여성주의 정치의 한 형태였다는 주장도 있다.

그러나 간디를 페미니스트라고 평가하기 위해서는 그의 사상에서 흩어져 있는 개별 요소들을 선별해 하나로 종합해야 한다. 페미니즘은 그저 그의 글에 생기를 불어넣은 다른 원칙들의 부산물 가운데 하나일 뿐이다. 이는 특히 맥키넌의 시각에서 보자면 대부분의 페미니즘 형태에도 동일하게 적용된다. 그녀는 바로 이것이 자유주의 페미니즘의 문제라고 생각한다. 자유주의 페미니즘은 일상의 억압으로부터 구제하는 문제에 대해 선페미니즘, 후자유주의가 아니라 선자유주의, 후페미니즘이라고 답한다. 즉 자유주의 원칙에서 시작해 '여성 문제'(흔히 이렇게 불렸다)에 이 원칙들을 적용하려고 한다. 자유주의 정치 분석에서 여성은 본질이 아니라 부차적인 것이다.

마르크스주의도 마찬가지다. 마르크스주의 페미니즘은 남성과 여성 사이에서 벌어지는 일이 아니라 부르주아와 프롤레타리아 사이에서 벌어지는 일에서 시작한다. 그리고 성별과 성적 관계를 포함한 다른 모든 문제에 이 주장을 적용하려고 노력한다.

맥키넌은 이것이 결코 진정한 페미니즘이 아니라고 말한다. 『페미니스트 국가 이론을 향하여Toward a Feminist Theory of the State』를 출간하기 얼마 전에 쓴 글에서 그녀는 이러한 주장을 가능한 한 분명하게 제시한다. 그녀는 자유주의 페미니즘과 마르크스주의 페미니즘 등 다양한 페미니즘이 있다고 설명한다. 누구나 원하는 페미니즘을 선택할 수 있다. 정의의 원칙을 한 가지 선택한 다음 그 원칙을 여성이 사회에서 어떤 대우를 받고 있는가라는 질문에 적용하면 된다. 생태주의 페미니즘을 선택할 수도 있고, 채식주의 페미니즘을 선택할 수도 있다. 진짜 원한다면 홉스식 페미니즘을 택할 수도 있다.

그러나 맥키넌은 급진적 페미니즘이 그냥 '페미니즘'이라고 주장한다. 어떤 접두사도 붙지 않는다. 급진적 페미니즘은 페미니즘으로 끝맺으려는 것이 아니라 페미니즘에서 시작한다. 페미니즘에서 시작한다면, 자유주의 페미니즘과 마르크스주의 페미니즘이 궁극적으로는 남성으로부터 여성을 보호하려는 것이 아니라는 사실을 이해하게 된다. 이 페미니즘들의 목표는 국가로부터 개인의 보호, 자본주의자로부터 노동자의 보호 같은 것이다. 이런 페미니즘은 목표가 다르기 때문에, 애초에 남성으로부터 여성을 어떻게 보호할 것인가라는 질문에는 답하지 않는다.

그렇다면 맥키넌은 자유주의 페미니즘의 진짜 문제가 무엇이라고 생각했을까? 그녀는 분쟁의 위에서 판정하려는 중립 국가를 창조하려는 잘못된 시도가 문제라고 생각한다. 자유주의적 사상은 어느 쪽 편도 들지 않으며 그저 증거에만 입각해 판단할 것이다. 그래서 편파적이지 않을 것이다. 또한 인간의 편견을 복제한 것이 아니며, 자유주의 국가는 우리 자신의 가장 최악의 모습에서 우리를 구하도록 설계된 것이다. 따라서 그 자신을 구원하고 우리를 구원하는 것이어야 한다. 그러나 맥키넌은 남성과 여성의 권력 관계가 근본적으로 부당하기 때문에, 우리의 사회가 근본적으로 불의하다면 중립적 심판은 이 불의를 바로잡지 않을 것이라고 보았다. 중립성은 그저 불의를 복제할 뿐이다. 어느 한쪽이 모든 권력을 독점한 상태로 경쟁하는 상황에서, 어느 편도 들기를 거부하는 심판은 모든 힘을 가진 쪽이 계속 이기도록 보장할 뿐이다.

맥키넌은 자유주의 국가가 본질적으로 남성의 국가라고 생각한다. 자유주의 국가는 스스로 중립적이라고 말함으로써 이러한 사실을 감추려 한다. 그러나 맥키넌이 이야기한 것처럼, 국가를 상대로 싸워온 여성이라면 누구든 국가가 어느 쪽 편도 들지 않음으로써 남성의 편을 들고 있다는 사실을 잘 알고 있다. 국가 조직에서는 예외 없이 남성이 높은 자리를 차지하고 있다. 특히 가장 힘 있는 정치인, 판사, 경찰관은 더더욱 그렇다. 국가는 남성의 시각으로 세계를 바라본다. 그리고 남성의 권력을 온전히 지켜준다. 그러면서 이러한 입장을 중립성이라고 부른다.

이를 한 가지 상황에 비유해 생각해볼 수 있다(맥키넌이 사용한 비유가 아니라 내 비유다). 스포츠 경기를 생각해보자. 어떤 스포츠든 좋다. 축구가 될 수도 있고 네트볼이 될 수도 있다. 남성이 뛰는 경기든 여성이 뛰는 경기든 그것도 상관 없다. 여기서 핵심은 성별이 아니라 힘의 관계다. 여러분이 생각한 스포츠의 팀 경기를 상상해보자. 18세 이하 팀과 12세 이하 팀이 경기를 한다. 공정하고 편파적이지 않도록 설계된 해당 스포츠의 통상적 규칙에 따라 경기한다고 가정하자. 팀 스포츠에는 거의 항상 심판이나 중재자가 있으며 절대 어느 쪽 편도 들지 않는 것이 그들의 역할이다. 심판의 일은 최대한 완전히 중립을 유지하면서 단순히 규칙을 적용하는 것이다. 이제 이 두 팀의 경기, 모두가 규칙에 따라 뛰는 경기를 상상해보자. 18세 이하 팀도 규칙에 따라 뛰고 12세 이하 팀도 규칙에 따라 뛰며, 심판은 공정하게 규칙을 적용한다. 그야말로 중립적이 심판의 판정에 따라 진행되는 경기다. 그리고 그 결과, 18세 이하 팀이 항상 승리할 것이다.

맥키넌은 깊은 구조적 불의가 존재하는 사회에서 중립적 심판이 있고, 이 중립적 심판에게 규칙에 따라 판정하라고 말할 때 이러한 상황이 벌어진다고 생각한다. 심판이 아무리 엄격하게 규칙을 적용하려고 해도 심판은 항상 이기는 쪽이 계속 이기도록 보장할 뿐이다. 남성이 모든 권력을 갖고 시작하는데 중립적으로 판정한다면, 그들이 모든 권력을 계속 유지하는 결과가 나올 뿐이다.

마르크스주의 페미니즘에 대해

맥키넌은 자유주의의 실패를 소극적 자유에 관한 개념과 연결한다. 그녀가 이야기한 것처럼 사람들은 국가의 독단적 권력으로부터 보호받기를 원하기 때문에 소극적 자유라는 생각에 이끌린다. 사람들은 원하는 대로 살아갈 자유, 스스로 실수도 하고 자신의 신체, 재산, 신념, 가치를 원하는 대로 누릴 자유를 원한다. 소극적 자유에 관한 개념은 우리가 우리 운명의 주인이라고 가정한다. 그러나 맥키넌은 어쨌든 그러한 소극적 자유는 이미 갖고 있기 때문에 실제로는 그 자유가 필요 없는 사람들에게나 매력적인 개념이라고 말한다. 그들의 권력이 어차피 어느 누구도 실제로는 그들을 막지 못한다는 것을 의미하기 때문이다. 진정으로 더 나은 삶을 살기 위해 자유가 필요하지만, 상대적으로 힘이 없는 사람들은 소극적 자유가 어떤 차이도 만들어내지 못한다는 것을 잘 알고 있다. 그래서 소극적 자유를 더 많이 원하지는 않는다.

소극적 자유를 사랑하지만 소극적 자유가 필요 없는 이들은 주로 남성들, 특히 부유한 남성들이다. 자유롭게 실수할 수 있는 삶을 살고 싶다면, 거의 항상 자신의 실수를 감당할 힘이 있는 것이다. 어떤 실수도 치명적이지 않을 것이라고 확신하기 때문이다. 그런 점에서 이 생각은 미국에 대한 토크빌의 견해와 비슷하다. 토크빌은 치명적인 실수는 없을 것이기 때문에 미국은 실수를 감당할 수 있다고 생각했다. 그리고 결국 이는 정치적 안주를 의미한다고 생각했다.

맥키넌은 어떤 실수도 치명적이지 않다고 생각하는 개인이라면 이미 그 체제의 보호를 받고 있는 것이라고 말한다. 소극적 자유는 태생적으로 현실에 안주하는 개념이다. 단 한 번의 실수도 치명적인 위험이 될 수 있는 사람들은, 이 체제가 그들을 보호하지 않으며 실수를 감당할 힘이 있는 사람들 편이라는 사실을 잘 알고 있다. 기존 체제에서 소극적 자유는 실제로 그 혜택을 누릴 수 있는 사람들에게는 아무런 쓸모가 없다. 그들에게는 완전히 다른 체제가 필요하다.

이는 맥키넌이 마르크스주의자, 최소한 마르크스주의에서 영감을 받은 적극적 자유의 옹호자가 되어야 한다는 주장으로 들린다. 만약 우리가 독단적 권력과 간섭으로부터 보호받는 것만으로는 충분하지 않고, 모두가 충만한 삶을 살아갈 수 있는 역량을 가져야 한다면, 우리에게 그런 역량을 제공해주는 국가가 필요한 것 아닌가? 그러나 맥키넌은 이 같은 마르크스주의적 주장에는 치명적인 범주적 오류가 있다고 말한다. 그것은 바로 계급이라는 불의를 시정하기 위해 설계된 국가를 다른 모든 종류의 불의에도 그대로 적용할 수 있다고 가정하는 오류다.

마르크스주의는 계급 불의를 해결한다면 다른 불의는 모두 사라질 것이라고 가정한다. 즉 마르크스주의는 올바른 정치적 혁명, 결혼, 가정관

캐서린 맥키넌, 『페미니스트 국가 이론을 향하여』, 1989

계, 일터에서 관계 등 다른 모든 것의 주인으로 책임지는 자리에 노동자가 위치하는 혁명이 일어날 것이라고 가정한다. 그렇게 되면 실제로 모든 사회와 인간관계는 자연스럽게 조화를 이룰 것이라고 믿는다. 맥키넌은 이러한 주장이 사실이라고 생각할 만한 근거가 전혀 없다고 말한다.

특히 거의 모든 마르크스주의 이론에서 노동자들은 남성으로 전제한다. 그러한 상황에서 노동자가 책임자가 된다고 해도 남성과 여성 사이에 존재하는 불의가 어떻게 사라지겠는가? 맥키넌은 마르크스주의자들이 원하는 대로 국가를 바꾼 후에 무엇이 남는다고 생각하는지를 매우 충격적인 문장으로 묘사한다. 그녀는 마르크스주의 페미니즘이 여성을 '시민사회'의 처분에 맡긴다고 말한다. 무엇보다도 사회주의는 정치에 대한 사회의 '-주의'(즉 '사회-주의')다. 순수한 마르크스주의 이론에서 국가는 노동자에게 통제권이 있을 때 거의 사라진다. 국가가 더 이상 필요 없고 사회는 스스로를 통치할 수 있게 된다.

맥키넌은 여성에게 국가가 부재한 상황은 곧 자연 상태와 다름없다고 보았다. 마르크스주의 혁명 이후 "여성들은 시민사회에 내맡겨지는데 여성에게 시민사회란 오히려 자연 상태에 더 가까운 것이었다." 이것은 홉스가 말한 '자연 상태'라는 개념을 가져와서 국가가 생기기 이전의 상태에 적용한 것이 아니라, 남성 혁명가들이 국가의 소멸을 바란 이후의 상황에 적용한 것이다.

사실상 맥키넌은 자연 상태에 관한 홉스식 개념에서 선후가 바뀌었다고 이야기한다. 자연적 관계만이 존재하는 환경에서 인간에게 어떤 일이 벌어질 것인가에 대한 홉스의 기본 전제는, 인간은 취약한 동물이기 때문에 우리 모두는 똑같이 취약하다는 평등성이다. 우리의 뇌는 크지만 신체는 연약하기 때문에 죽이기 쉽다. 홉스가 생각하는 자연 상태에서 근본적인 사실은 모두가 모두를 죽일 수 있다는 것이다. 그렇기 때문에 홉스식 국가는 이러한 연약함의 평등성에 맞서 개인을 보호하기 위해 만들어진다. 그러나 맥키넌은 일단 그 국가를 건설하면, 국가가 우리를 보호하기 위해 존재하도록 정치사회를 구성한다 해도, 자연 상태의 근원적인 불평등은 여전히 그대로 남게 될 것이라고 말한다.

맥키넌이 생각한 자연 상태의 핵심은 우리가 평등하지 않다는 사실이다. 누구든 아무나 죽일 수 있는 상태가 아니라는 것이다. 핵심은 남성이 여성을 죽인다는 사실이다. 여성이 남성을 죽이는 경우보다 남성이 여성을 죽이는 경우가 훨씬 더 많다. 그리고 우리가 시민사회의 근본적인 불의를 바로잡겠다는 생각으로 국가를 없앤다면 자연 상태의 근원적인 불평등은 해소되지 않은 채 남겨진다. 국가가 없는 상태에서 불평등에 맞춰 구조화된 사회는 여성을 남성의 처분에 맡긴다. 여성의 삶을 험악하고 거칠며 짧게 만드는 것은 남성이다.

공정은 공정하지 않고 평등 또한 평등하지 않다

맥키넌은 홉스의 언어를 사용하지만 국가의 기원에 대한 그의 이야기

캐서린 맥키넌, 『페미니스트 국가 이론을 향하여』, 1989

는 거부한다. 그녀는 자유주의 페미니즘도, 마르크스주의 페미니즘도 이러한 근본적인 문제를 해결하는 데는 쓸모가 없다고 생각한다. 이 책에서 지금까지 이야기해온 모든 개념을 거의 총체적으로 비판하는 셈이다. 하지만 국가를 총체적으로 부정하지는 않는다. 그녀의 주장은 페미니스트적 국가 이론을 추구하는 방향으로 설계되어 있다. 그러나 페미니스트 국가로 나아간다는 것은 홉스 이후 구상해왔던 국가의 형태에서 멀어진다는 뜻이다.

맥키넌은 그러한 국가의 개념에 대해 가장 유명한 정의를 남긴 베버가, 국가가 해결해야 할 문제를 오히려 지속시키고 있다고 분명하게 비판한다. 베버는 국가를 합법적 폭력의 독점을 성공적으로 주장하는 단체로 정의한다. 우리는 다른 폭력과 억압으로부터 우리를 보호하기 위해 합법적 폭력을 원하기 때문에 그러한 주장을 받아들인다.

그러나 맥키넌이 이야기하듯, 그런 국가에는 수많은 폭력이 고스란히 남아 있을 것이다. 특히 남성과 여성 사이에서 여성에 대한 남성의 폭력이 남아 있다. 폭력을 자행하도록 허용하는 유일한 조직은 국가다. 하지만 다른 폭력이 지속되도록 허용하는 사회는 국가가 허용하는 모든 폭력을 암묵적으로 정당화한다. 여성의 입장에서 현대 국가는 그 기본적인 기능을 수행하는 데 실패했다. 국가가 멈추지 않는 모든 폭력은 결국 합법화된다.

이는 단순히 베버와 홉스에 대한 비판만은 아니다. 맥키넌은 현대 정치, 현대성 자체가 그 예언자들이 주장해왔던 위대한 변혁이라는 생각을 본질적으로 부정한다. 그녀는 우리가 현대 정치를 정립했을 때 중세의 미신을 과거의 일로 치부했던 것이라고 믿는 사람들을 강하게 비판한다. 우리는 지저분하고 추악하고 폭력적인 세계에서 깨끗하고 기계적이며 효율적인 세계로 변혁하지 못했다. 그러한 변혁은 환상일 뿐이다. 전현대 세계를 현대 세계와 구분하는 19세기의 유명한 정의(빅토리아시대 변호사 헨리 메인Henry Maine의 주장)에 따르면, 현대성이 도래했을 때 우리는 신분의 세계에서 계약의 세계로 이동했다. 신분의 세계는 우리가 누구인지에 따라, 즉 우리가 이 사람 또는 저 사람의 아들이기 때문에(정말 운이 좋다면 이 남자의 딸 또는 저 남자의 아내이기 때문에) 바라는 것을 얻을 수 있는 세계다. 우리는 이러한 신분, 저러한 신분을 갖고 있고 이 신분이 우리에게 자격을 부여한다. 즉 이미 이러한 혜택을 받은 상태로 이 세계에 진입하는 것이다.

우리는 계약을 자유롭게 거래할 수 있다. 그렇기 때문에 이 사람 또는 저 사람이 어떤 것을 허용할지, 이 사람 또는 저 사람이 비용을 얼마나 쓸지를 시험함으로써 서로에 대한 자신의 관계를 파악한다는 것을 전제로 한 자유주의적 사상이다. 빅토리아시대의 이 정의에 따르면, 신분에서 계약으로 이동함에 따라 우리는 자유를 향해 나아갈 수 있다.

이것이 설득력 있는 역사가 되기에는 지나치게 단정하고 깔끔하다고 생각할 만한 이유는 마르크스주의자의 주장 외에도 수없이 많다. 맥키넌은 우리가 아직 벗어나지 못한 근본적인 형태의 신분을 잘못 이해하고 있다고 말한다. 『페미니스트 국가 이론을 향하여』에서는 현대 정치와 사회적 삶의 기저에 있는 성적 사회 계층화를 볼 수 있다면, 그 신분이 집요하게 지속된다는 사실을 깨닫게 될 것이라고 말한다.

　이러한 관점에서, 성별을 사회적 계층화를 위한 수단으로 이해해보자. 그러면 자유주의 체제에서, 추상적 인격의 비계층적 구성에 대한 열망으로 대체되었다고 생각한 중세 법의 기본적인 신분 범주가 실제로는 바뀌지 않은 채 그대로 남아 있다는 사실이 드러난다. 신분 범주로서 성별은 단순히 법적으로 존재하지 않는다고 가정했고 헌법 구조는 그 범주를 다루지 않았다. 그럼으로써 성별은 사실상 헌법 이전의 사회질서에 억압된 상태로 남아 있었다.

남성에게 여전히 신분이 있고 여성에게는 없다는 것이다. 중립성을 신분에 추가한다면 그 신분에 있는 사람들이 언제나 승리한다. 이 때문에 그들의 신분은 모든 '중립적 경기'의 결과를 결정한다.
　맥키넌은 폭력범죄뿐만 아니라 뿌리 깊은 경제적 불평등과 그 밖의 불평등을 바로잡으려는 여성의 열망까지 모든 분야에 이 분석을 적용한다. 여성이 남성과 동일한 권리를 더 쉽게 누릴 수 있어야 한다. 이를 위해 일상의 불균형과 불의를 바로잡기 위한 자유주의적 시도의 근본적인 특징 가운데 하나인 전통적인 성차별 금지법은 완전히 부적절한 접근법이라고 맥키넌은 생각했다. 법의 근본 원칙으로서 중립성이 갖고 있는 근본적인 문제 때문에 실패한 것이다.

성차별 금지법이 다루는 문제들에서, 남성은 인간의 암묵적인 기준이며 남성성은 평등에 대한 권리의 척도다. 대부분 이 법은 중립적이라고 해석한다. 남성에게 줄 수 없는 것을 여성에게는 거의 주지 않는 방식으로 성적 불평등을 유지하면서도 이를 해결하는 것처럼 보인다. 이렇게 법에 구체적으로 규정된 성별은 권력의 분할을 통해 계속 유지된다.

남성에게 신분이 있고 여성을 특별대우하지 않는다면, 중립적 법은 절대로 여성에게 남성과 동등한 자격을 부여하지 않을 것이다. 따라서 여성은 계속 패배하게 될 것이다. 그런 점에서 18세 이하와 12세 이하가 치르는 경기와 비슷하다. 12세 이하 선수들이 한 번이라도 승리하려면 규칙이 양쪽에 평등하고 공정하게 적용되지 않아야 한다. 어느 한쪽이 승리할 확률을 높이기 위해 도움을 받아야 한다면, 중립성의 원칙을 버려야 한다. 그리고 규칙과 경기 그 자체 이전에 존재하는 구조적 불의를 근본적으로 해소해야만 한다. 경기는 누가 이기고 질지 결정하지 않는다. 경기가 시작되기 전에 이미 누가 이기고 질지 알고 있었다.

12세 이하 팀이 한 번이라도 승리할 기회를 얻으려면 전적으로 중립성을 지키지 말아야 한다. 18세 이하 팀의 연승을 저지해야만 한다. 맥키넌은 정치가 어떻게 움직여야 하는가에 대한 홉스식 개념을 거부한다. 현대 대의제 국가를 만들어냈을 때 모든 것이 근본적으로 달라졌다는 생각은 확실히 거부한다. 그러나 이러한 주장의 이면에는 기본적으로 홉스식 전제가 있다. 맥키넌이 자연 상태와 국가 자체에 대한 언어를 기꺼이 사용하는 것은 우연이 아니다. 국가는 다른 형태의 폭력에 맞서 국가의 폭력을 사용하기 위해 존재한다. 그렇다면 항상 이렇게 질문한다. 다른 어떤 폭력에 대응하기 위해 국가를 이용해야만 하는가?

맥키넌은 현대 정치의 수없이 다양한 형태에 대한 경멸을 거의 숨기지 않았다. 그러나 국가의 기본 개념에 반대하는 것은 아니다. 맥키넌은 자유주의 국가로는 충분하지 않다고 생각했다. 자유주의 국가의 냉담한 공정성은 실제로 공정하지 않다. 혁명 이후에 시들어버리는 마르크스주의 국가는 국가가 해야 할 일을 하지도 않는다. 다른 어떤 것도 그 일을 대신 해주지 않을 것이기 때문에 우리는 여전히 힘과 압제에 대응하기 위해 힘과 압제를 이용해야 한다. 이런 생각은 폭력에 대응할 수 있는 유일한 방법은 폭력이라고 말했던 파농의 시각과 약간 비슷하다.

그러나 파농은 마르크스주의자였고, 궁극적으로 이전에 존재했던 사회적 환경을 초월하는 무언가로 국가를 변화시킬 폭력의 형태가 나타날 가능성을 믿었다. 그런 점에서 파농의 시각과는 전혀 다르기도 하다. 파농은 모든 골치 아픈 인간관계가 어떤 식으로든 화합할 수 있는 미래를 믿었다. 그러나 파농은 남성과 여성의 정치적 관계에 대해서는 거의 말하지 않았다. 남성의 성행위 능력에 대해서는 할 말이 너무 많았던 정신의학 사례 노트를 제외하고 말이다. 그의 폭력에 대한 관점을 통해 남성과 여성의 관계를 바로잡을 수 있다고 어느 정도 확신할 만한 내용을 파농은 거의 말하지 않았다.

포르노는 자유의 문제가 아니다

맥키넌은 정치 이론에서 쌓은 업적뿐만 아니라 다양한 실천적 페미니스트 운동으로도 유명하다. 그녀는 포르노에 반대하고 불법화하려는 운동을 통해 가장 널리 알려졌다. 포르노는 그녀의 더 광범위한 이론적 주장이 어떻게 작동하는지를 보여주는 하나의 예다. 맥키넌은 포르노가 여성에 대한 폭력이라고 생각했다. 이는 폭력을 묘사한 것이며, 이것이 진짜 폭력이 아니라 폭력의 표현일 뿐이라고 말하는 사람들에게 맥키넌은 폭력을 묘사하는 것이 바로 실제 폭력을 재현하는 것이라고 답한다. 포르노는 그 자체로 행위다. 그 표현에 폭력이 있다. 그러나 자유주의자들을 포함해 많은 사람들에게 포르노는 다루기 껄끄러운 정치적 주제일 수 있다.

특히 자유의지론을 주장하는 일부 자유주의자들에게 이 문제는 그렇게 어려운 주제가 아니다. 간단한 원칙의 문제로 다룰 수 있다. 이는 언론의 자유, 표현의 자유, 계약의 자유와 관련된 문제다. 일부 여성이 포르노 출연을 생계수단으로 받아들인다면, 어떻게 그들을 막을 수 있을까? 주로 남성이지만 일부 여성도 포함해 대부분의 사람들이 포르노를 소비하고 싶어 한다면 어떻게 그들을 막을 수 있을까?

포르노가 서로 동의한 성적 행위의 표현이라면, 사람들이 어떻게 행동하려고 하는지, 무엇을 소비하고 싶은지 자유롭게 선택할 수 있다면 이는 권리의 문제다. 그 제작 방식 때문에, 건전한 사회에서는 용납할 수 없는 것을 표현하기 때문에 외설적이라고 판단하면, 일부 포르노는 불법

캐서린 맥키넌, 『페미니스트 국가 이론을 향하여』, 1989

화하도록 노력할 수 있다. 그러나 자유주의 사회에서 대부분의 포르노는 자유의 문제로 간주되는 순간 허용될 것이다. 자유주의자들은 포르노를 용인할 가능성이 높다.

다른 수많은 사례들과 마찬가지로, 마르크스주의자들은 자본주의를 바로잡을 수 있다면 다른 문제들은 해결될 것이라고 생각한다. 포르노는 본질적으로 자본주의 사업이며 그 이면에 엄청난 자본을 축적해왔다. 혁명이 일어난 뒤에는 모든 사람이 이를 통해 이익을 추구하지 않고, 사람들이 자유롭게 자기가 원하는 사람을 사랑할 수 있으며 서로에게 존중받을 자격이 있다는 사실을 자유롭게 보여줄 것이다. 따라서 포르노는 필요 없을 것이다. 그들은 올바른 표현의 자유를 찾게 될 것이다.

이렇게 볼 때 포르노는 필요도 없고 일탈적 경향을 드러내기 때문에 마르크스주의 사회에서 허용되어서는 안 된다. 실제로 마르크스주의 사회, 다시 말해 예정된 마르크스주의 혁명을 거치고 나서 공산주의 체제를 제도화한 사회는 포르노에 대해 상당히 금욕주의적인 태도를 취한다. 따라서 자유주의 사회보다 포르노를 불법화할 가능성이 훨씬 높았다.

『페미니스트 국가 이론을 향하여』가 출간됐던 1989년 나는 잊지 못할 경험을 했다. 1989년의 루마니아는 내가 방문했던 나라들 가운데 단연코 최악이었다. 루마니아 사회는 극도로 억압적이고 매우 가난하며 비참했지만 사람들은 너무나 사랑스러웠다. 나는 사람들이 너무 친절하고 친구를 매우 쉽게 사귈 수 있었기 때문에 동유럽을 좋아했다. 이 나라들에 들어가는 것은 항상 쉽지는 않았지만, 일단 그곳에 가면 사람들은 개방적이고 기꺼이 손님을 집으로 초대해 환영해주었다.

  나는 또래와 나이 많은 사람이 섞여 있던 학생들 한 무리와 친구가 되었고, 그들 중 한 명의 집에서 열린 모임에 초대받았다. 반체제까지는 아니더라도 최소한 당시 체제에 신물이 난 사람들의 모임이었던 것은 분명했다. 그 모임에는 남성과 여성이 섞여 있었다. 음식을 대접받으며 대화를 나눴다. 좋은 시간을 보내다가 밤이 깊어갈 무렵, 모여 있던 남자들이 이제 여자들은 집에 가야 한다고 말했다. 그렇게 여자들은 자리를 떴지만 남자들은 우리(그때 나는 한 영국 남자와 동료로 함께 여행하고 있었다)에게 그날 저녁의 절정이 될 순서에 동참하라고 권했다.

  그들은 우리를 지하실로 데리고 가서 커튼을 친 다음 영상을 하나 틀었다. 하드코어 서독 포르노였다. 약간은 경건한 마음으로 그 영상을 다 함께 지켜봐야 했다. 내 인생에서 가장 환멸스러운 순간들 가운데 하나였다. 나는 지금도 그때의 충격과 그때 가졌던 의구심을 지금도 기억한다. 이것이 그들에게 자유를 의미할까? 사회적 부끄러움은 잊어버려라. 이것은 정치적 부끄러움이었다. 어떻게 생각해야 할지, 어떻게 반응해야 할지 도무지 알 수 없었다. 그래서 우리는 핑계를 대고 그 자리를 떠났다.

  포르노는 실제로 자유의 근본적인 문제들을 건드리는 것처럼 보이기 때문에 매우 어려운 정치적 문제로 보인다. 그러나 맥키넌은 국가가 폭력으로부터 우리를 보호하기 위해 존재한다는 사실을 기억한다면, 이는 어려운 문제가 아니라고 말한다. 우리는 포르노를 용인할 필요가 없다. 이는 소극적 자유의 문제가 아니다. 맥키넌은 포르노가 표현의 자유가

캐서린 맥키넌, 『페미니스트 국가 이론을 향하여』, 1989

아니라 인신매매에 더 가까우며, 포르노와 연관된 사람들은 거의 항상 어떤 식으로든 강요받았다고 생각한다. 그들은 훨씬 더 심층적인 구조적 불의, 불평등, 잠재적 폭력의 피해자들이다.

우리는 인신매매에 어떻게 대처해야 하는지 잘 알고 있다. 비록 정치 이론을 실천으로 옮기는 것은 어려울 수 있지만, 그 자체는 어려운 정치적 문제가 아니다. 우리는 인간이 자신의 의지에 반해서 강제로 옮겨지고 잡히고 고용되어 착취당하고 있다는 사실을 확인하면 어떻게 해야 하는지 잘 알고 있다. 그들을 해방해야 한다. 우리는 그들을 붙잡고 있는 사람들의 권리와 자유에 대해 고민하지 않는다. 피압제자들을 해방한다. 그렇기 때문에 우리는 포르노를 인신매매로 취급해 대처해야 한다.

선량한 자유주의 사회에서 인신매매를 어떻게 다루는지, 최소한 그 행위에 대해 어떤 조치를 취하려고 노력하는지 기억해보자. 우리는 가능한 한 모든 방법을 동원해 그 행위를 불법화한다. 그 행위를 금지하고 억압하며 이에 맞서 국가의 폭력을 사용한다. 맥키넌은 포르노도 똑같이 다뤄야 한다고 생각한다. 이것은 여전히 국가를 기반으로 한 주장이다. 하지만 지금까지 이 책에서 다룬 국가를 기반으로 한 모든 주장들은 충분하지 않다고 말한다. 국가가 무엇을 위해 존재하는지를 우리가 망각했기 때문이다. 국가는 우리를 위한 것이며, 이때 '우리'가 여성이라면 국가는 우리를 무방비 상태로 버려둔 것이다.

포르노에 대해서는, 더 광범위하게는 국가가 국가의 권력을 어떻게 사용해야 하는가라는 문제에 대해서는 매우 활발하게 논쟁이 벌어진다.

이 문제에 대해서는 페미니즘 내부뿐만 아니라 페미니즘 외부에서도 심각한 논쟁이 벌어지고 있다. 1989년 이후 세계에서 많은 부분이 변했으며 페미니즘도 많이 변화했다. 오늘날 포르노를 포함해 온갖 페미니스트 사안들에 대한 다양한 페미니즘이 있다.

지금도 포르노는 전적으로 금지해야만 한다는 생각을 달가워하지 않는 자유주의 페미니스트들도 많다. 맥키넌의 주장이 지나친 법률 존중주의라고 보는 사람들도 있다. 이는 국가를 기반으로 한 주장이기도 하지만 동시에 법률을 기반으로 한 주장이기도 하다. 맥키넌은 변호사이고, 그녀의 많은 글들에서는 상당히 기술적으로 법적 쟁점들을 다루고 있다. 그리고 법적인 정의의 개념을 넘어서려는 다양한 페미니즘이 있다. 그러한 페미니즘들은 문화와 역량, 정체성에 관한 문제들을 포함해 더 중요한 쟁점들에 대해 고민하려 한다.

그러나 1989년 이후 또 하나 달라진 것이 있다. 포르노가 변했다. 잘은 모르겠지만, 훨씬 더 널리 퍼졌다는 점만큼은 확실하다. 인터넷은 포르노를 선동하는 기계다. 이제 저녁식사 후에 누군가의 지하실에 모여 커튼을 칠 필요는 분명 없을 것이다. 한편으로는 지금도 마르크스주의 사회라 주장하고 있기 때문에 중국은 포르노를 제한하려고 노력하는 지구상 마지막 나라 가운데 하나다. 솔직히 그 시도는 실패하고 있다.

인터넷 시대에 포르노는 어디에나 있다. 포르노를 어떻게 금지할 수 있을지 상상조차 하기 어려울 정도다. 정보가 어디에나 있기 때문에 포르노는 모든 곳에 존재한다. 1989년의 내 경험은 겨우 한 세대 전이 아니라 훨씬 오래 전의 일처럼 느껴진다. 그때 루마니아에서 이러한 포르노 영상들을 보기 위해 어떤 기술을 사용했는지 기억할 수는 없지만, 인터넷을 이용하지 않았다는 것만은 확실하다. 1989년은 전현대 세계는 아니었지만 디지털 이전 세계였다. 오늘의 시점에서 디지털 이전 시대는 때로 전현대처럼 느껴질 수 있다.

그런 점에서 이러한 정치 분석에는 여전히 근본적인 질문이 풀리지 않고 남아 있다. 이는 현재의 국가에 대한 근본적인 질문이며, 이 책의 마지막 장에서 맥키넌이나 페미니즘 또는 포르노와 관련된 것이 아니라 더 광범위한 차원에서 다루려는 질문이다. 지금은 상호연결성의 세계, 어디에나 존재하는 정보의 세계, 무제한 접근의 세계, 소극적 자유를 넘어 마치 우리가 마시는 공기처럼 존재하는 인터넷의 시대, 사람들이 거의 알아차리지 못할 정도로 모든 곳에 포르노가 있는 시대다.

그렇다면 과연 국가에는 그 불의를 바로잡기 위해 무슨 일이든 할 수 있는 충분한 힘이 있을까? 우리가 국가를 만들었고, 우리가 할 수 있는 모든 강압적 권위를 국가에 부여했다고 말할 수 있다. 또 우리를 보호하기 위해 폭력을 행사할 수 있는 무시무시한 능력을 부여했다고 말할 수도 있다. 그러나 지금은 21세기다. 17세기는 말할 것도 없고 20세기도 아닌 21세기다. 우리는 이렇게 질문할 수 있다. 우리는 국가에 모든 권력을 주었다. 그러나 과연 그 정도로 충분한가?

제12장

후쿠야마와 역사

프렌시스 후쿠야마, 『역사의 종말: 역사의 종점에 선 최후의 인간』, 1992

민주주의가 '역사의 종착지'라면 이제 어디를 향해 가야 하는가?

프랜시스 후쿠야마 Francis Fukuyama (1952~)

시카고 하이드파크에서 태어났다. 미국 이민 일본인 1세대인 그의 할아버지는 1905년 러일전쟁 당시에 미국으로 건너왔으며 제2차 세계대전 동안 미국에 억류되었다. 후쿠야마는 코넬대학교에서 보수 정치철학자인 앨런 블룸 Allan Bloom에게 배웠다. 하버드대학교에서 정치과학으로 박사학위를 받았으며 이후 랜드연구소 RAND Corporation를 거쳐 미국 국무부의 정책기획실에서 일했다. 조지메이슨대학교, 존스홉킨스대학교, 스탠퍼드대학교 등에서 교수직을 역임했다.

후쿠야마의 저서로는 『우리의 포스트휴먼 미래 Our Posthuman Future』(2002), 『강한 국가의 조건 State Building』(2004) 등이 있다. 또한 인류의 기원 전 시대로부터 현재까지 정치질서의 역사를 담은 『정치질서의 기원 The Origins of Political Order』(2011)과 『정치질서와 정치 쇠퇴 Political Order and Political Decay』(2014)가 있다. 가장 최근에 출간한 저서는 『존중받지 못하는 자들을 위한 정치학 Identity: The Demand for Dignity and the Politics of Resentment』(2018)이다. 도널드 트럼프를 대통령으로 만든 흐름 등 최근의 포퓰리스트 운동의 기원을 탐색한 책이다.

『역사의 종말: 역사의 종점에 선 최후의 인간』은 냉전 종식 이후 자유민주주의가 인류 사회의 최종 정치체제로 자리 잡았다는 논쟁적인 주장을 담은 책이다. 여기서 말하는 '역사의 종말'은 사건이 끝난다는 뜻이 아니라, 더 이상 자유민주주의를 넘어서는 이념이나 체제가 등장하지 않을 것이라는 뜻이다. 후쿠야마는 역사란 단순한 사건의 흐름이 아니라 '이념을 둘러싼 투쟁'으로 보며, 이념의 경쟁에서 자유민주주의가 승리했다고 해석한다. 특히 경제적 번영과 정치적 자유를 조화시킨 자유민주주의가 인류의 욕망과 인정 욕구를 가장 잘 충족시키는 체제라고 주장한다.

    그러나 후쿠야마는 역사의 종말이 곧 완전한 평화나 이상 사회를 의미하지 않으며, 인간 내면의 '투쟁성과 의미 추구'가 여전히 갈등을 낳을 수 있음을 경고한다. 세계 질서와 인간 본성에 대한 깊은 통찰을 담고 있는 이 책은 "우리는 지금 어디쯤 와 있으며, 앞으로 어떤 사회를 만들 것인가?"라는 중요한 질문을 던진다.

프렌시스 후쿠야마, 『역사의 종말: 역사의 종점에 선 최후의 인간』, 1992

***

'역사의 종말'에 대한 오해

지금까지 나는 이 책에서 다룬 사상가들과 그들의 사상을 그가 남긴 유명한 문구와 연결해 살펴보려 최대한 노력해왔다. "험악하고 거칠며 짧은"(홉스), "부자가 집사를 고용한다"(콩스탕), '다수의 폭정'(토크빌), "전 세계 노동자여 단결하라!"(마르크스와 엥겔스), '노예의 길'(하이에크), '악의 평범성'(아렌트) 등이다. 상상해보면 해나 아렌트는 어디를 가든 이 문구가 따라붙는 것에 진저리를 냈을 것 같다. 지극히 식상하다고 생각했을 것이 분명하다.

그러나 마지막 장의 주인공인 오직 한 명의 저자만이 사실상 그 문구와 동일시되었으며, 지난 30년 동안 이를 극복하기 위해 고군분투했다. 그는 다른 무엇보다도 바로 그 문구로 알려져 있다. 어쩌면 대부분의 사람들이 그에 대해 알고 있는 유일한 정보가 그 문구일 것이다. 1989년 프랜시스 후쿠야마는 우리가 '역사의 종말'에 도달했다고 선언했고, 이 문구는 그 이후로 끈질기게 그를 따라다녔다. 1992년 그는 『역사의 종말 The End of History』이라는 제목의 책을 출간했다. '최후의 인간 the Last Man'이라는 부제를 붙여서 의미를 한정하기는 했다.

후쿠야마는 그 후에도 깜짝 놀랄 정도로 광범위한 주제들을 다룬 책들을 많이 썼다. 현대 세계에서 현대 국가가 어떻게 정치질서를 세우기도 하고 허물어버리기도 했는지에 대해 명확히 설명하는 두 권의 책도 포함된다. 그러나 그는 자신을 유명하게 만들어준 그 문구를 단 한 번도 극복하지 못했다. 나는 2020년 3월, 코로나로 인해 봉쇄되기 전에 열린 마지막 회의 중 하나였던, 뮌헨에서 열린 학술회의에서 그가 역사의 종말과 그 말이 어떻게 잘못 이해되어왔는지 설명하는 것을 온라인으로 본 적이 있다. 역사는 계속된다. 따라서 그가 진정으로 뜻한 것이 무엇인지 설명하려는 후쿠야마의 노력도 계속된다.

'역사의 종말'은 후쿠야마가 동일한 책을 쓰기 3년 전인 1989년에 발표한 소논문의 제목이었다. 1989년은 베를린장벽이 무너지며 사실상 냉전이 종식되었음을 알린 해이기도 했다. 1989년 말에는 서구 또는 자유민주주의가 승리했고, 누군가는 우리가 승리했다고 말할 것이 분명했다. 그런 점에서 후쿠야마는 단순히 그의 문구뿐만 아니라 냉전시대가 최절정에 달했을 때 일부에서 팽배했던 승리주의, 자만심과도 연결해 이야기된다. 서구가 승리하면서 1989년에 역사가 종말에 이르렀다고 주장했다고 생각하는 사람도 많다.

결과적으로 후쿠야마는 1989년에 붕괴된 마르크스주의 또는 공산주의를 포함해 다른 모든 형태의 현대 정치보다 자유민주주의적 현대 정치의 우세로 역사가 종결되었다는 사실을 축하한 사람 가운데 한 명으로 기억된다. 다시 말해 역사의 종말은 승자가 썼다. 후쿠야마는 또한 이 순간부터 자유민주주의의 앞날은 모두 순조로울 것이며, 이제 더 이상 이

프랜시스 후쿠야마, 『역사의 종말: 역사의 종점에 선 최후의 인간』, 1992

데올로기 전쟁을 치를 필요는 없다고 생각한 순진한 낙관주의자로 분류되는 경우도 많다. 실제로는 그런 방향으로 진행되지 않았지만 말이다. 그러나 「역사의 종말」을 쓴 이후 지금까지 후쿠야마가 끊임없이 주장해왔듯, 그는 실제로는 단 한 번도 이렇게 이야기한 적이 없다. 말이 되지 않기 때문에 그런 주장을 할 수 없었다.

무엇보다도 이 소논문은 1989년 여름, 그러니까 베를린장벽이 무너지기 한참 전에 발표되었기 때문에 냉전의 종식을 축하할 수 없었다. 당시 워싱턴의 국무부에서 하위직 공무원으로 근무하던 후쿠야마가 다른 모든 이들과 마찬가지로 베를린장벽이 무너질 것이라는 사실을 알고 있었을 가능성은 거의 없다.

「역사의 종말」은 많이 알려지지 않았던 중도우파 사상을 담은 미국의 잡지 《더 내셔널 인터레스트 The National Interest》에 처음 실렸다. 당시 이 잡지의 관계자 누구도 후쿠야마와 그의 논문이 곧 세계적인 명성을 얻게 될 것이라고 알아차리지 못했을 것이라 생각한다. 이 논문에서 이야기하는 것처럼 그는 아무런 예언도 하지 않았다. 실제로 그는 어떤 구체적인 사건에 대해 주장하지 않았다. 실제로 다음에 어떤 일이 벌어지는가와 상관없이 역사의 전반적인 흐름을 훨씬 더 광범위하게 언급했다.

역사와 자유민주주의적 현대 정치

이 소논문에는 한 가지 특이한 점이 있다. 즉 추측하는 부분에서는 후쿠야마가 주장하는 전체 논지를 혼란스럽게 만들 수 있는 일들에 대해 언급한다는 점이다. 후쿠야마는 몇 개월 후, 몇 년 후에 실제로 무슨 일이 벌어지는지와는 상관없이 자신의 주장은 의미가 있다고 말한다.

1989년 여름, 동유럽과 소비에트연방은 분명 심각한 어려움에 처해 있었다. 그러나 후쿠야마는 이 체제들이 붕괴하지 않아도, 또는 역쿠데타가 일어나고 구체제가 복권되더라도 자신의 주장은 여전히 타당할 것이라고 말한다. 그는 중동에서 앞으로 무슨 일이 벌어질 것인가에 관계없이 자신의 주장은 타당하다고 이야기한다. 아마도 어떤 형태로든 칼리프 체제가 세워지고, 서구에 대항하는 파트와fatwa(이슬람법에 따른 결정이나 명령— 옮긴이 주)가 선포되며 사람들이 그 대의를 위해 결집할 것이라고 추측한다. 실제로 알-카에다Al-Qaeda와 이라크·시리아이슬람국가Islamic State of Iraq and Syria, ISIS의 이름으로 그렇게 한 것처럼 말이다.

상관없다. 역사는 어쨌든 끝났다. 후쿠야마가 구체적으로 일어날 일에 대해 이야기하려는 것은 아니었다. 후쿠야마는 역사가 중단되었거나 멈췄기 때문이 아니라, 그의 표현에 따르면 더 이상 갈 곳이 없는 사상들에 도달했기 때문에 일반적으로 지배적인 정치 형태에 대해 이야기하고 있었다. 이 사상들에는 그럴 듯한 후계자가 없다. 자유민주주의적 현대 정치는 정치가 도달할 수 있는 최종적 형태다. 유일한 대안은 이미 실패한 사상과 제도들로 되돌아가는 것 뿐이었다.

프렌시스 후쿠야마, 『역사의 종말: 역사의 종점에 선 최후의 인간』, 1992

1989년에 자유민주주의 체제에서 어떤 사건이 발생했기 때문에 끝난 것이 아니다. 실제로 후쿠야마라면 1989년에 자유민주주의는 아무것도 변하지 않았기 때문에 그러한 주장은 터무니없다고 이야기할 것이었다. 소비에트연방 체제는 무너지기 시작했기 때문에 극적인 변화를 겪었다. 그러나 1989년의 자유민주주의는 1988년과 거의 달라지지 않았다. 솔직히 자유민주주의 역사에서 그 이전의 다양한 시점과 비교해도 별로 달라지지 않았다.

역사가 1989년에 끝났다면, 실제로는 그보다 훨씬 전에 역사가 끝났어야 했다. 왜냐하면 정치이데올로기의 최종 도달점을 나타내는 정치 형태는 냉전이 절정에 이르기 훨씬 전에 나타났기 때문이다. 이 시점은 심지어 냉전보다 앞선다. 후쿠야마는 역사의 종말은 그 기원이 19세기 초까지 거슬러 올라간다고 말한다. 그는 내가 이 책에서 다루지 않았고 새로 다루지도 않을 철학자인 헤겔과 이 기원을 동일하게 제시한다. 핵심은 19세기 초의 정치 개념이 20세기 말에도 여전히 지배적인 위치를 차지하고 있었고, 다른 모든 개념들은 사라졌다고 후쿠야마가 생각했다는 점이다.

이는 승리주의자의 관점으로 보기 어렵다. 남아 있는 것은 모두 현대적이며 자유주의적이고 민주적인 국가뿐이다. 이는 20세기의 끔찍한 트라우마가 다른 모든 사상들을 없애버린 후에도 온전하게 남아 있는 유일한 정치 형태다. 인간에게는 여전히 선택지가 많다. 우리 개인의 삶은 활짝 열려 있다. 우리의 자유가 이를 보장해준다. 그러나 어떻게 하면 정치가 더 잘 운영될 것인가에 대해 이보다 더 집합적으로 잘 이해할 수 있는 방법은 없을 것이다.

후쿠야마가 2020년 초 뮌헨에서 열린 강연에서 이야기한 것처럼, 그는 자신이 기본적으로 옳았다고 생각한다. 현재는 중국이 서구 모델의 대안이라고 볼 수도 있다. 하지만 후쿠야마는 중국이 이데올로기 영역에서 진정한 경쟁자라는 주장은 여전히 확신하지 못하고 있다. 중국식 현대 정치 형태는 민주주의가 아니다. 자본주의인 것은 확실하지만 대부분의 측면에서 자유주의도 아니다. 중국의 국가는 특히 자국민을 서구 국가들이 할 수 없는 방식으로 통제할 수 있다. 그렇다고 해서 이 체제가 더 나은 사상을 형성한다고 볼 수 있을까? 후쿠야마는 이에 의구심을 갖고 있다. 그가 옳을까? 책 말미에 이 문제에 대해 다시 이야기할 것이다.

'최후의 인간'과 민주주의의 미래

후쿠야마는 승리주의자도 예언자도 아니었다. 1989년 말 그는 아주 유명한 사람이었다. 세계에서 가장 유명한 지식인 가운데 한 명이었다. 1992년에 책을 출간했을 무렵, 그는 자신의 원래 이야기에서 헤겔을, 또 다른 19세기 독일 철학자인 니체로 교체한 상태였다. 후쿠야마가 '역사의 종말'에 부연 설명을 하기 위해 덧붙인 '최후의 인간'은 니체의 개념에서 따온 것이다.

후쿠야마는 대학에서 자신의 스승이었던 앨런 블룸의 조언을 받고 니체에게 관심을 가졌다. 앨런 블룸은 1987년 학술 서적으로는 깜짝 놀랄 정도의 베스트셀러였으며 심각하게 비판적인 책이었던 『미국 정신의 종말The Closing of the American Mind』의 저자였다. 니체를 받아들이면서 후쿠야마는 자신의 방식에서 벗어나 역사의 종말이 좋은 소식만은 아니라고 주장했다. 승리주의에 빠지지 않기 위해 최선을 다하고 있었다.

실제로 지금 읽어봐도 『역사의 종말: 역사의 종점에 선 최후의 인간』은 상당히 비판적인 책이다. 후쿠야마가 이미 자신이 얻은 명성을 다소 불편해하고 있었기 때문인지, 그가 앞으로 닥칠 비판을 예상하고 있었기 때문인지는 모르겠다. 하지만 이 책은 냉전의 종식과 서구의 승리를 축하하는 글이 아니다. 냉전은 거의 언급하지도 않는다. 『역사의 종말』은 지난 200년 동안 이어진 정치사상 역사에서 오랫동안 전해진 자유민주주의 정치의 승리에 관한 걱정거리들을 이야기한다. 이것은 역사의 끝에 잘못될 가능성이 있는 다양한 것들에 관한 이야기다.

제목의 '최후의 인간'은 마지막 인간을 말하는 것이 아니다. 이는 인류의 멸종에 대한 책이 아니다. 후쿠야마가 염두에 두고 있었던 것은 그런 '종말'이 아니다. '최후의 인간'은 근본적인 인간의 추진력, 움직임, 창의성, 우리 스스로를 재창조하는 능력을 상실한다면 우리에게 어떤 일이 벌어질 것인가에 대한 니체식 표현이다. 우리의 조건을 뛰어넘기 위해 더 이상 노력하지 않고 그저 기계처럼 움직이는 존재가 되어버린다면 우리는 끝난 것이다.

후쿠야마가 자유민주주의가 승리한 시대에 일어날 수 있다고 생각한 가장 큰 위험성은 아렌트가 두려워했던 방식, 즉 인간이 기계처럼 되는 것이 아니다. 후쿠야마는 우리 자신의 마음을 잃어버린 채 로봇 같은 존재가 되는 세계를 상상하지 않았다. 그가 우려했던 것은 그보다 좀 낮은 단계에 있었다. 그는 우리의 상상력이 부족해지고 다소 안이해지는 것을 우려했다. 또 우리의 정치가 따분하고 상상력이 없으며 안전하고 확실하며 번영하고 건강하며 훌륭하고 품위 있고 가치 있지만, 무엇보다도 지루해지는 것을 우려했다. 이런 점에서 최후의 인간은 활력이 다한 사람을 가리킨다.

이러한 주제는 토크빌의 생각과 비슷하기도 하다. 후쿠야마가 먼저 쓴 소논문에서는 다루지 않았지만 책으로 내면서 다루었던 철학자로 니체 외에 토크빌도 있었다. 그는 특히 토크빌이 민주주의가 지배적인 정치 형태가 되면서 우리에 대한 지배권에 도전하는 대신 우리가 그저 표류할 것이라고 우려했던 『미국의 민주주의』 2권에 담긴 사상들을 끌어낸다.

역사의 종말은 이 양가감정적 토크빌의 관점에서 신의 섭리다. 우리의 운명이다. 우리는 정해진 방향으로 흘러가는 강 위에 떠 있고, 이러한 우리 삶의 조류에 그저 몸을 맡기고 어디든 그 강이 실어다주는 곳으로 흘러가버릴 위험성이 있다. 풍요롭고 안전한 자유민주주의는 사실 정해진 방향으로 나아가는 것이 아니다. 그냥 일어나는 일이다. 우리가 역사를 만든다면, 역사가 우리의 모습을 만들도록 내버려둘 때 우리는 역사

프랜시스 후쿠야마, 『역사의 종말: 역사의 종점에 선 최후의 인간』, 1992

의 종말에 서게 된다. 이는 발생할 수 있는 최악의 상황은 아니다. 20세기가 열심히 노력해 증명한 것처럼 더 가혹한 운명은 수없이 많다. 무서운 파시즘이나 참담한 공산주의보다는 지루한 자유민주주의가 낫다. 후쿠야마는 민주주의가 전제정치로 끝날 수도 있다는 가능성에 대해서는 토크빌보다 낙관적으로 생각한다. 만약 그런 일이 벌어진다면 그 형태는 가장 유연할 것이다. 하이에크와 달리, 후쿠야마는 다수의 독재를 인간의 자유에 대한 가장 큰 위협이라고 생각하지 않는다. 후쿠야마는 민주주의가 노예의 길로 가지 않는다고 생각한다. 어디로도 나아가지 못한다는 것이 진짜 위험이다.

후쿠야마가 상상한 미래의 민주주의 모델

1992년에 책을 쓰면서 후쿠야마는 편안하지만 동시에 암울할 수도 있는 민주주의의 두 가지 미래 모델을 상상했다. 그중 하나는 일본이다. 그는 미래에 우리 모두가 약간 일본처럼 될 수도 있다고 생각한다. 20세기 전반 일본의 군사적 확장 같은 모든 어둡고 불길한 전망을 의미하는 것은 아니다. 20세기 후반 안정적이고 풍요로우며 성공적이고 평화로운 일본의 모습을 생각하고 있었다. 제2차 세계대전의 폐허에서 재건한 일본의 국가는 현대 자유민주주의 국가로 탄생해 현대적이고 기술적으로 정교한 사회를 이끌고 있다. 1989년 무렵에는 일본이 차기 초강대국이 될 것으로 보였다. 1980년대 후반에는 21세기가 일본의 시대가 될 것이라고 예상하는 많은 책들이 쏟아져 나왔다. 일본의 산업은 세계 일류였고, 일본의 기술은 다른 모든 국가들보다 앞서는 것처럼 보였으며, 일본 기업들은 미국 기업들을 사들이고 있었다.

1992년에는 일본이 지배하는 시대가 다가온다는 생각이 환상에 지나지 않을 수도 있다는 점이 이미 명백해졌다. 1989년 상승세를 보이고 있던 일본 주식시장(니케이지수가 최고점에 올랐을 때는 전 세계 주식 가치의 40퍼센트를 차지하기도 했다)이 갑자기 붕괴했다. 이 상황은 후쿠야마의 예상과 달랐다.

그러나 그가 말했듯, 미래를 예측하는 문제는 중요하지 않았다. 1992년 그는 여전히 전체적인 방향은 명확하다고 생각했다. 일본 거품경제의 붕괴는 일본 정치와 사회의 안정성, 안전성을 거의 파괴하지 않았다. 일본은 안전하고 꾸준하며 다소 불확실한 미래를 대표했다. 후쿠야마는 역사의 종말이 왔을 때 정치는 일본의 다도와 비슷한 형태로 전락할 것이라는 인상적인 비유로 이를 설명했다. 우아하고 품위 있고 예의 바르며 표면 아래에서 거의 아무 일도 일어나지 않는 상황을 뜻한다. 이것이 바로 기계적으로 움직이는 정치의 정의였다.

역사의 종말에 우리 공동체의 미래가 될 수 있는 또 하나의 예로 그가 제시한 것은 유럽연합이었다. 1990년대 초 마스트리흐트조약Maastricht Treaty에 따라 출범한 유럽연합 말이다. 이는 관료주의 집단으로 품위 있고 풍요로우며 근본적으로 위험을 회피하는 성향이 있고 다소 지루하다.

프렌시스 후쿠야마, 『역사의 종말: 역사의 종점에 선 최후의 인간』, 1992

유럽연합이 진짜 거대한 사상들을 창조해낼 것 같지는 않아 보였다. 심오한 정치적 변혁을 일으킬 가능성도 확실히 없어 보였다. 유럽연합은 우리가 이미 갖고 있는 것을 지키고, 조금 더 낫게 만들면서 현 상태를 유지하기 위한 수단이었다. 이는 점진적인 조직이었으며, 감흥이 없는 기술적인 언어 뒤에 야망을 감추고 있었다. 기본 철학은 '문제를 일으키지 마라', '사람들을 놀라게 하지 마라'였다.

그 후로 이제 30년 정도 지났고, 후쿠야마가 역사의 종말로 제시한 두 가지 예는 이미 시대에 뒤떨어졌다. 21세기는 일본의 세기가 되지 않을 것이다. 일본의 거품이 빠졌을 때, 대부분의 사람들은 일본이 되살아나는 것은 그저 시간문제일 뿐이라고 생각했다. 1980년대 후반, 일본은 미국을 제치고 세계를 지배하는 경제 대국으로 부상하는 것처럼 보였다. 또 어떤 시련도 이겨낼 자원이 있는 것처럼 보였다. 그러나 그런 일본은 회복하지 못했다. 일본은 이후 수십 년 동안 아무것도 하지 못했다. 이 시기가 바로 잃어버린 10년이다. 경제 성장이 거의 멈추고 디플레이션이 일본을 장악했다. 일본 사회와 정치가 1980년대에 이루었던 것들을 재해석하고 되살릴 방법을 찾기 위해 그저 쳇바퀴를 돌고 있는 것처럼 보였던 시간이었다. 더 이상 되살릴 불꽃은 없었다.

이 상황은 후쿠야마가 우려했던 문제를 상기시키지만 동시에 그가 상상했던 것과 다르다. 후쿠야마가 역사의 종말이라는 말로 의미했던 것은 이런 상황이 아니다. 일본은 특별히 정해진 목적지도 없이 신의 섭리에 따라 역사의 강을 흘러가는 사회처럼 느껴지지는 않는다. 일본은 갈대밭에 발이 묶여버린 사회 같다. 물줄기를 따라 흐르는 것이 아니라 꼼짝 못하고 묶여 있는 것이다.

유럽연합은 조금 다르다. 1990년대 초반 유럽의 프로젝트는 다소 지루하고 기술적이며 상상력이 부족한 것처럼 보였지만, 지금은 그렇지 않다. 그리고 그것은 브렉시트의 영향 때문만은 아니다. 그들은 연약하고 분열된 것처럼 보인다. 또한 자만심 때문에 스스로 피해자가 되어버린 것기도 하다. 이러한 연약함과 문제들은 대부분 1990년대 초반 관료주의 언어 뒤에서 출현한 유럽 단일 화폐라는 위대한 변혁적 프로젝트인 유로화에서 비롯된 것이었다. 유로존의 정치는 지루하지 않다. 대부분의 유럽 정치인들은 이보다 훨씬 따분하기를 바랄지도 모르겠다. 조용한 삶이라 하기에는 지나치게 많은 에너지와 활기가 넘친다. 매우 많은 문제들이 걸려 있고 매우 많은 일들이 잘못될 가능성이 있는 정치 형태로 보인다.

정치적, 경제적 프로젝트로서 유로가 실패할 운명이었다 해도, 이 상황이 후쿠야마가 1992년에 묘사했던 역사의 종말에 이른 것처럼 보이지는 않았을 것이다. 그렇다고 하기에는 너무 극적이고 너무 불확실했다. 일본과 유럽연합은 더 이상 안전하고 상대적으로 정적인 미래의 모델이 아니다. 그러나 후쿠야마가 처음 발표한 글에서 이야기한 것처럼, 그의 논문 전체에서 구체적 예시와 특정한 사건으로 증명하거나 부정할 수 있는 부분은 없었다. 심지어 유로가 실패해도 그는 특정 장소, 특정 제도에서 무슨 일이 발생할 것이라고 주장하지는 않았다. 이 때문에 그런

프렌시스 후쿠야마, 『역사의 종말: 역사의 종점에 선 최후의 인간』, 1992

일들로 그의 주장이 틀렸음을 입증할 수는 없다. 이는 하나의 사상 또는 사상의 결합체a package of ideas에 관한 것이다.

번영과 평화, 존중과 존엄

후쿠야마는 지금도 이러한 생각들은 개선할 수 없다고 생각한다. 그렇다면 역사의 종말에 남아 있는 이데올로기 결합체는 무엇이 될까? 후쿠야마는 자유민주주의에 두 가지 주요 장점이 있다고 생각했다. 그리고 이 두 가지 생각이 결합되어 있기 때문에 실패하지 않는다. 즉 자유민주주의 국가에서 그 두 가지는 함께 있다. 그 특별한 장점을 구성하는 것이 바로 이 중복성이다.

첫 번째 장점은 번영 또는 번영과 평화다. 이 둘은 동일한 목표의 두 가지 형태다. 안정적인 자유민주주의는 불운이 발생하지 않는 한, 사람들이 상대적으로 편안한 삶을 오랫동안 누릴 수 있다고 기대할 만한 환경을 조성한다. 그리고 불운이 발생해도 안전장치를 제공할 것이다. 제대로 확립된 민주주의 국가의 시민들은 자녀들이 자신들보다 더 나은 삶을 살 수 있을 것이며, 그렇지 못하더라도 누군가 자신들을 돌봐줄 것이라는 합리적 희망을 가질 수 있다. 적어도 1992년에는 그렇게 보였다. 자유민주주의는 현실적 결과물을 보여줄 수 있음을 입증했다. 이는 아마도 모든 국가의 근본적인 도전과제인 국민들이 더 나은 삶을 살 수 있게 하는 정치의 한 가지 방식이었다. 그러나 여기서 항상 모든 사람에게, 모든 수단과 방법을 동원해서가 아니라 대부분의 사람들에게, 대부분의 경우에 자유민주주의가 제공하는 '더 나은 삶'을 확실히 정의하고자 한다. 이를 국내총생산으로 정의할 필요는 없다. 어떤 숫자를 대입할 필요조차 없다. 후쿠야마가 1992년에 이야기하던 사회들, 예를 들어 유럽의 민주주의 국가들과 미국, 일본 등에서 이러한 정치는 장기적으로 더 좋은 성과를 만들어냈기 때문에 다른 대안들보다는 나은 형태인 것으로 보였다.

동시에 사람들에게 목소리를 부여함으로써 존엄성, 존중감을 주었다. 이것이 또 다른 중요한 장점이었다. 자유민주주의는 사람들을 더 잘 살게 해줄 뿐만 아니라 자기 의견을 표현할 수 있도록 허용했다. 후쿠야마는 이를 모든 정치사회에 내재하는 정치적 가치이자 근본적인 필요에 관한 것이라 생각했다. 자신의 목소리를 내고 싶어 하는 사람들의 열망을 발산할 수 있는 수단은 반드시 있어야 한다. 우리는 여전히 민주주의를 그토록 매력적인 것으로 만들어주는 핵심 요소 중의 하나인 선거를 통해 우리의 목소리를 낸다. 1인 1표는 나의 목소리와 다른 사람의 목소리가 동등한 가치를 갖는다는 뜻이다. 우리가 원하는 결과를 얻지 못해도 우리의 의견을 표현할 기회가 주어지지 않았다고 이야기할 수는 없다.

그러나 한 선거를 치르고 나서 다음 선거를 치르기 전까지, 불만을 제기할 수 있는 권리와 다른 방식으로 의견을 표현할 자유도 갖고 있다. 콩스탕은 이를 현대 자유주의 정치의 본질적 특징이라고 생각했다. 즉 현대 시민들은 성가신 존재가 될 수 있을 뿐만 아니라 성가신 존재가 되어

프렌시스 후쿠야마, 『역사의 종말: 역사의 종점에 선 최후의 인간』, 1992

야만 한다는 것이다. 진행되는 상황이 마음에 들지 않는다면, 침묵한 채 고통받을 필요가 없다. 많은 소음을 만들어냄으로써 그 고통을 줄일 수 있다.

이 때문에 자유민주주의를 그토록 깨부수기 어려웠다. 성과와 존중, 번영과 존엄, 혜택과 목소리 덕분이다. 그리고 이 자유민주주의 결합체가 그토록 강력한 이유는 이들이 서로를 강화하는 것으로 보이기 때문이다. 자유민주주의가 효과적으로 사람들을 더 잘 살게 해줄 수 있는 한 가지 이유는 바로 이 사람들이 자기 목소리를 갖고 있기 때문이다. 그들은 불만을 제기할 수 있다. 자신들이 무시당하거나 버려졌다고 느낄 때 통치자들에게 이를 알릴 수 있다. 정치인들이 예상하지 못한 문제들이 발생할 때, 자유민주주의는 결국 해결해야 할 사회적 불만을 다양한 방식으로 경고하는 데 효과적이다.

자유민주주의 국가에서 유권자들은 정치인들에게 무엇을 해야 하는지 이야기할 수 있으며, 정치인들에게는 이를 실현하기 위해 노력해야 하는 강력한 동기가 있다. 그렇게 하지 못한다면 이 정치인들은 다른 것을 약속하는 정치인들로 대체될 것이다. 하이에크는 이러한 체제는 실현할 수 없는 공약들의 경매장이 될 것이므로 얼마 지나지 않아 타락할 것이라고 생각했다.

그러나 후쿠야마는 혜택이 지속될 수 있다고 더 강하게 확신했다. 그는 지속가능한 제도와 합리적인 정보를 충분히 갖고 있는 대중, 일이 진행되는 방식에 대해 어느 정도 이해하고 있는 정치인들로 구성된 민주주의 국가에서는 계속해서 상황이 조금씩 개선될 것이라고 생각한다. 자유민주주의의 자기 수정 메커니즘이 자기 파괴적인 충동보다 더 커야만 한다. 그러한 방향으로 일이 진행되어야 한다. 이 때문에 역사의 종말이 왔을 때 이 사상이 유일하게 살아남았다.

그런데 21세기의 세 번째 10년에 접어드는 현재 상황이 그렇게 보이는가? 현재 당면한 사안들, 예를 들어 트럼프에서부터 '흑인의 생명도 소중하다Black Lives Matter' 운동에 이르기까지, 선거에서부터 시위에 이르기까지, 기후변화에서부터 코로나바이러스에 이르기까지 개별 사안들의 압박은 일단 제쳐두자. 그리고 자유민주주의 결합체 그 자체만 본다면, 이 사상이 여전히 잘 유지되고 있는지 합당한 의문을 제기할 수 있다. 이 의문은 더 나은 사상을 생각해낼 수 있는가라는 후쿠야마의 질문과는 다르다. 더 나은 사상이 등장하지 않는다 해도 자유민주주의가 해체될 것인가라는 질문은 여전히 중요한 차이를 만든다. 자유민주주의는 하나로 유지되기 때문에, 오직 그 이유 때문에 최선의 사상인 것이다. 이 사상이 분열되기 시작하고 있다면, 우리는 역사의 종말에 분명 도달하지 않았을 가능성이 있다.

자유민주주의가 직면한 과제들

오늘날 자유민주주의 결합체가 당면한 도전과제들은 무엇일까? 그중 하나는 현재의 중국식 국가 자본주의 형태다. 이는 자유주의적이지도 민주적이지도 않지만 물질적 성과를 이끌어내는 데 아주 효과적이다. 무엇보다도 끝없이 계속되는 빈곤의 굴레에서 수억 명의 사람들을 구했다. 후쿠야마는 이것이 20세기 마르크스주의 체제에서 제기한 도전과제와는 전혀 다른 과제를 자유민주주의에 제기한다는 사실을 인정한다. 중국식 모델의 결과와 존중은 다른 형태의 조합이다.

자유민주주의 모델에서 존중은 개인으로서 또는 소속되고 싶은 집단을 선택할 수 있는 개인으로서 얻는 것이다. 이것이 우리가 누구인가에 대한 이야기를 들을 수 있는 근본적인 자유다. 중국의 시민들은 이러한 자유의 대부분을 누리지 못한다. 중국식 현대 국가는 점점 더 민족주의 형태와 국가의 존엄성에 대한 집단적 주장을 통해, 개인을 위한 실질적인 성과를 관리하는 방식으로 존중을 전하려 한다.

이처럼 자유민주주의 형태가 장기적으로 결과를 이끌어내는 정부와 목소리를 내는 시민들을 결합한다면, 중국 체제에서 진행되는 상황은 이와 조금 다르다. 중국 체제에서는 국가의 존엄성과 물질적 풍요와 성장을 신속하게 달성할 수 있는 기술관료 정권의 능력을 결합한다. 단기 존중과 장기 결과가 장기 존중과 단기 결과로 대체되는 것이다. 이는 강력한 조합으로 입증되고 있지만, 이것이 후쿠야마가 상상한 역사의 종말을 구성하는 결합체는 아니다. 이는 여전히 중국식 대안의 초기 형태다. 후쿠야마는 20년 뒤에 이러한 형태의 정치가 계속해서 그 가치를 입증한다면, 1989년에 처음으로 제기했던 그의 주장이 근본적으로 불완전했다는 사실을 인정해야만 한다고 생각한다. 그러나 아직은 그런 상황이 아니다.

중국식 체제가 미래의 모델이라는 생각에 회의적인 한 가지 이유는, 국가의 자기 과시와 경제 성과의 관리 중심 실행 방식이 시간이 지나면서 어떻게 서로를 강화하는지 분명하지 않기 때문이다. 장기적으로 분명한 연결고리가 보이지 않는다. 민족주의는 대부분 경제 성과의 균열을 가리는 데 사용되며, 아직 중국은 그런 상태일 수 있다. 그러나 후쿠야마가 역사의 종말을 선언한 것이 시기상조였다고 생각하는 한 가지 이유는 자유민주주의가 그 가치를 증명해온 시간보다 더 장기적으로 이어질 수 있다는 움직임 때문이다. 중국식 정치 모델은 전현대 시기에 깊이 뿌리를 내리고 있다. 이는 수세기가 아니라 수천 년을 거슬러 올라갈 수 있는 문명의 개념에 기반하고 있다.

지난 350년 동안 서구의 지배가, 정말 장기적인 역사의 측면에서 보면 우발적인 사건일 가능성, 자유민주주의 국가의 시대가 그저 스쳐가는 단계일 가능성이 있다. 어쩌면 개인의 권리에 덜 주목하는 중국식 정치 조직화 방식이 기본값일지도 모른다. 중국은 현대 국가지만, 홉스가 『리바이어던』을 쓴 이후 진화해온 사상만을 기반으로 하지는 않는다. 플라톤과 아리스토텔레스 이전 세기에 살았던 공자의 사상 역시 중요하다. 현대 자유주의 국가의 우세는 어쩌면 더 광범위한 역사의 흐름에서 이례적인 시기일 수도 있다. 지난 300년이 법칙이 아니라 예외로 판명될 가능성이 있다면, 이것은 역사의 종말이 아니다.

프렌시스 후쿠야마, 『역사의 종말: 역사의 종점에 선 최후의 인간』, 1992

자유민주주의 결합체가 해체될 수도 있다고 생각하는 또 하나의 이유는 디지털 기술이 미치는 영향 때문이다. 후쿠야마가 처음으로 역사의 종말에 대해서 쓴 뒤 정보 영역에서, 기술을 통해 서로 소통하고 관계를 맺는 방식에서 모든 것이 달라졌다. 후쿠야마는 하이에크도 보지 못했던 것처럼 이러한 세상이 도래하는 것을 당시에는 볼 수 없었다.

디지털 기술은 사람들의 목소리, 즉 우리 자신을 표현할 능력과 우리의 목소리를 받아들이게 만들 능력을 크게 강화했다. 다른 무엇보다도 끝없이 불만을 제기할 수 있는 거대한 배출 수단이다. 또한 동일한 기술이 특정 정치문제들을 해결할 수 있으며, 이를 통해 눈에 보이는 물질적 혜택을 전달할 수 있는 능력을 강화했다. 이 기술은 소수의 사람들, 즉 기술 분야 억만장자들을 엄청나게, 터무니없이 부유하게 만들어주었다. 이는 민주주의에 도움이 되지 않을 가능성이 높다. 그러나 이 기술의 상당 부분을 무료로 이용할 수 있기 때문에 몇 가지 기본적인 상품들은 널리 배포되었다. 불리한 측면들도 많지만, 일반적으로 디지털혁명은 민주주의 방정식의 양변, 즉 더 많은 목소리와 더 많은 혜택을 주었다.

그럼에도 이러한 두 가지 흐름이 서로를 지원하는지가 명확하지 않다는 어려움이 있다. 이 두 흐름은 점점 더 상충되는 것처럼 보인다. 목소리가 결과를 강화하고 결과가 목소리를 강화할 때 민주주의는 가장 잘 작동한다. 디지털 기술의 문제해결 능력은 대부분 우리의 분노와 좌절을 표현할 수 있는 능력과는 거리가 멀다. 실제로 대부분의 사람들은 기술의 문제해결 능력에 대한 분노와 좌절을 표출하는 데 점점 더 자주 자신들의 목소리를 사용하고 있다. 이 능력의 상당 부분이 점점 더 소수의 사람들 손에 달려 있고 멀게 느껴지기 때문에, 이러한 해결책들은 많은 사람들의 일상적인 경험과 연결되지 않는다. 디지털 기술에는 존중의 강화와 결과가 포함되어야 한다고 주장하는 자유민주주의 결합체를 해체할 수 있는 잠재력이 있다. 효율적인 결과는 개인들이 무시당한다고 느끼도록 버려두는 경우가 너무 많다. 우리의 문제를 기계가 해결하게 하면 간디가 경고했던 여러 방식들로 비인간화될 가능성이 있다.

중국 문명의 긴 역사에서는 아주 늦은 것이지만, 국가 자본주의와 관련한 중국의 최근 실험에서는 상대적으로 초기인 것과 마찬가지로, 디지털 민주주의 정치 실험은 여전히 상대적으로 초기 단계다. 이것이 앞으로 나아갈 수 있는 다양한 방향은 많다. 인간을 기반으로 한 투입과 기계를 기반으로 한 해결책 사이의 간극이 계속 확장될 것이라고 기정사실처럼 결론 내리는 것은 결코 아니다.

기술적인 것이든 정치적인 것이든, 두 가지 모두든 그 간극을 메우는 다양한 수단들을 찾을 수 있다. 그럼에도 현재로서는 민주주의 제도에 이 간극을 메울 수 있는 능력이 없는 것으로 보인다. 후쿠야마가 『역사의 종말』을 쓴 이후 지금까지 주목할 한 가지 특징은 인간이 서로 관계를 맺는 방식은 많이 변화했지만 자유민주주의의 제도적 구조만큼은 거의 변하지 않았다는 점이다. 1989년에 후쿠야마는 자유민주주의가 변할 필요가 없다고 주장했다. 정치적 사건의 결과에 따라 역사의 종말이 결정되는 문제가 아니었기 때문이다. 그러나 그 이후 실패한 자유민주주의의

프렌시스 후쿠야마, 『역사의 종말: 역사의 종점에 선 최후의 인간』, 1992

변화는 다르다. 이는 지속가능한 강점이 아니라 깨지기 쉬운 강직함이 있다는 잠재적 증거다. 민주적 결과와 존중은 제도를 통해 이끌어내야 한다. 그러나 이 제도는 디지털혁명의 변혁 가능성에 적응하지 못했다. 강물은 계속 흘러가지만 자신들은 역사의 갈대밭에 발이 묶인 일본 사회 같다고 느낄 수 있다.

머물 것인가, 나아갈 것인가

후쿠야마는 이제 1992년보다 정치에 대해 훨씬 비관적이며, 특히 미국에 대해 훨씬 비관적이었다. 그는 미국의 민주주의 제도가 더 이상 제 기능을 하지 못할 수도 있다고 거듭 경고해왔다. 자유민주주의 사상에는 지금도 진정한 적수가 없다. 그러나 세계 최고의 자유민주주의 국가에서 그 사상이 실제로 작동하는 방식을 보면 그런 경고를 믿기 어렵다. 미국의 민주주의는 그 어느 때보다도 잡음이 많지만, 토크빌이 두려워했던 것처럼 이 또한 자신만이 방식으로 굳어져 있다. 그 제도들은 변화하지 않지만, 동시에 그들 주변과 외부에서 의미 있는 변화가 일어나는 것도 허용하지 않는다. 후쿠야마가 미국 정치를 묘사하는 데 사용한 한 단어는 '비토크라시vetocracy(후쿠야마가 미국의 양당 정치를 비판하며 만든 용어로, 상대 정파의 정책과 주장을 모조리 거부하는 극단적인 파당 정치— 옮긴이 주)'였다. 이런 상황에서는 왜 어떤 일이 일어나야만 하는지보다 왜 일어나면 안 되는지를 설명하는 것이 훨씬 더 쉽다. 그 견제와 균형은 막다른 골목이자 장애물이 되었다.

우리의 정치는 토크빌식 형태다. 시끌벅적하고 표면에서 활발하게 활동하며 판을 깨는 활동이 많다. 일본식 다도와는 전혀 다르게 변덕스럽고 당파적이며 양극화되어 있다. 또한 국가에 끔찍한 불의와 범죄를 저지른다며 서로 상대편을 비난하지만, 실제로 그런 일은 거의 일어나지 않고, 진정한 변화도 일어나지 않는다. 서로 상대편을 심각한 음모론자이며 정치가 어떻게 운영되어야 하는지에 대해 아무 생각도 하지 않는다고 비난한다. 그럼에도 정치는 아무것도 변하지 않는 상태로 계속해서 이루어진다. 만약 이것이 역사의 종말이라면 이러한 정치는 안정적이거나 지속가능하지 않은 것처럼 보인다. 어느 시점에는 무언가를 포기해야 한다. 소리만 요란하고 결과는 없는 정치를 유지할 수는 없다. 실질적인 결과가 있어야 한다. 그렇지 않으면 소음이 자유민주주의를 완전히 덮어버릴 것이다.

『역사의 종말』 마지막 부분에서 후쿠야마는 우리가 지금 어디에 서 있는지 생각해볼 수 있는 인상적인 이미지를 제시한다. 그는 역사의 종말이 인간 여정의 종말을 의미하는 것은 아니며, 어느 시점에 새로운 무언가가 등장하지 않을 수도 있다는 의미는 아니라고 주장한다. 그가 주장해온 것은 단 하나, 현대 정치는 지난 200년 동안 동일한 방향으로, 대체적으로 동일한 목적지를 향해 나아가고 있었다는 것이다. 그리고 그 목적지는 현대 자유민주주의 국가다.

후쿠야마는 이를 과거 미국의 서부시대에 저 먼 정착지를 향해 나아가던 마차의 행렬에 비유한다. 일부 마차들은 더 빨리 도착하고, 일부는 더 늦게 도착하며, 일부는 아직도 더 오랫동안 먼 길을 가야할 수도 있다. 그러나 우리 모두는 여전히 동일한 방향으로 움직이고 있다. 결국 "이성적으로 사고하는 사람이라면 누구나 단 하나의 여정과 단 하나의 목적지만 있다는 데 동의할 수밖에 없을 정도로 충분히 많은 마차가 마을에 도착할 것이다."

그런데 여기서 또 한 가지 질문이 생긴다. 그곳에 도착한 다음에는 어떻게 되는가? 그곳에 머물 것인가, 계속 나아갈 것인가? 이곳에 머물자고 결정할 수도 있고, 다시 무리를 이루어 새로운 곳을 찾아 길을 떠날 수도 있다. 목적지에 도착한 뒤, 다음에 어떤 일이 벌어질지 알 수 없다고 해도 여정을 계속해야 한다고 결정할 수 있다. 여정을 계속하지 않는다면, 앞으로 나아간다는 느낌이 없다면 인간의 삶은 의미를 잃어버리기 때문이다.

지금 당장은 정치를 하는 더 나은 방법을 생각해낼 수 없어도 그 방법을 찾아 앞으로 나아갈 용기가 있다면, 더 나은 길이 저 어딘가에 있을 가능성은 언제나 우리 곁에 있다. 후쿠야마가 이야기한 것처럼 "대부분의 마차가 같은 마을에 도착했다고 가정해보자. 마차에 탄 탑승객들이 새로운 환경을 잠깐 둘러보고 나서 적당하지 않다고 판단하고 새롭고 더 먼 여정을 떠나게 될지 그대로 머물지 최종 분석 결과는 어떨지 알 수 없다."

그러나 이 이미지에서 설득력이 떨어지는 부분이 있다. 이 비유는 목적지에 도착했다는 사실을 우리가 알 수 있을 것이라고 추정한다. 후쿠야마는 1992년쯤이면 우리가 그러한 사실을 알 수 있어야만 한다고 생각했다. 그러나 실제로는 이를 절대로 알 수 없다. 현대 정치에서 우리는 여전히 우리가 서 있는 곳에서 문제를 해결하려고 끊임없이 노력하고 있다. 휴식처를 찾았고, 잠깐 쉬었기 때문에 이제 다시 용기를 내서 새로운 시도를 해볼 수 있다는 느낌을 공유하지 않는다. 다음으로 넘어갈 시기는 결코 오지 않는다. 항상 기다려야 하는 시간이다.

현재 자유민주주의 정치의 지배적인 정서는 효과가 있다는 것을 잘 알고 있거나, 최소한 과거에 잘 작동했던 것처럼 이번에도 확실히 그럴 만한 것에 필사적으로 매달리는 심정이다. 그러나 우리는 잘못된 것을 완전히 바로잡지는 못한다. 임시로 고쳐보려고 끊임없이 노력할 뿐이다. 이 결합체를 하나로 유지하려고 노력한다. 또한 생각했던 것보다 이 결합체가 더 연약하고 꽤 쉽게 부서질 수 있다는 사실을 마음속 깊이 깨닫고 있기 때문에 새로운 것을 감히 시도하지 않는다. 이것을 새로운 목적지를 향해 나서기 위한 휴식처라고 생각하지 않는다. 아예 움직이는 것 자체가 내키지 않을 만큼 불안정한 위치에 더 가깝다고 생각한다.

우리는 정말 역사의 종말을 맞이했을까?

역사의 종말에 대해 다른 방식으로 생각해 볼 수도 있다. 심지어 후쿠야마의 『역사의 종말』보다 훨씬 더 많이 팔린 두 권의 책에서 뽑아낸 하나의 예를 들어보고자 한다.

유발 하라리의 『사피엔스Sapiens』와 그 후속작인 『호모 데우스Homo Deus』는 역사의 종말에 대해 다른 정의를 제시한다. 하라리는 역사가 인간 주체의 이야기라고 말한다. 이는 단순히 현대의 이야기가 아니다. 최소한 10만 년은 된 이야기다. 역사는 인간이 행하는 것, 인간이 세계를 만들어나가는 것이다.

하지만 이 긴 이야기 안에는 두 개의 다른 이야기가 더 존재한다. 첫 번째는 인간이 스스로 할 수 있는 능력에 의해 정의되던 아주 오랜 시기, 즉 전현대 인간 존재에 관한 긴 이야기다. 두 번째는 비교적 최근의 이야기로, 인간의 행위가 현대 국가와 현대 기업이라는 '인공적 집단'에 의해 강화된 시기다. 이는 10만 년의 역사에 비하면 고작 350년에 걸친 짧은 이야기다.

인간 주체에서 인간 주체와 인공적 주체로 분리되는 과정에서 인간의 조건을 변화시켰다. 그리고 20세기 말까지 서구의 시민들이 거주했던 이례적으로 풍요롭고 믿을 수 없을 정도로 평화로우며(역사적 기준에서) 놀랄 만큼 안전한 세계, 곧 후쿠야마의 세계이자 역사의 종말이 될 세계를 창조했다. 하라리는 조만간 또 다른 이동이 일어날 것이라고 우려한다. 인간 주체와 국가의 인공적 주체는 곧 인공지능 기계로 보충될 것이다. 일단 인공적 주체가 정교한 인공지능으로 형상화되면 인간 주체는 기계 서비스의 부차적 기능으로 격하될 것이다. 그렇게 되면 기계는 더 이상 우리를 강화해주지 않는다. 오히려 기계가 일을 하기 위해 필요한 데이터를 제공함으로써 우리가 기계를 강화한다면, 그때 역사는 종말에 이르게 될 것이라고 하라리는 말한다. 역사가 처음부터 인간 주체의 이야기가 아니라면 그것은 아무것도 아니기 때문이다. 그저 데이터 과학일 뿐이다.

　나는 하라리의 주장이 맞는다고 생각하지 않는다. 특히 이는 여전히 인간 주체가 우리의 미래를 결정할 국가와 기업의 인공적 주체와 어떻게 관계를 맺는가에 관한 문제다. 따라서 그런 측면에서 역사의 종말에 이른 것도 아니라고 생각한다. 이미 300년도 더 전에 우리를 통제하는 동시에 해방시키기 위해 만들기 시작했던 인공적 주체들을 통해 인공지능을 통제하는 방식에 대한 진짜 정치적 선택이 남아 있다. 이 과정에는 중국처럼 인공지능을 국가가 운영할 것인지, 미국처럼 점진적으로 기업이 더 많이 운영할 수 있도록 할 것인지, 유럽연합처럼 법률 존중주의 관료제가 운영할 것인지에 대한 진짜 선택의 문제가 포함된다. 이는 정치적 선택이자 역사적 선택이기도 하다. 중국의 노선을 따를 것인지 미국의 노선 또는 유럽연합의 노선을 따를 것인지 선택해야 한다. 이로 인해 미래는 완전히 달라질 것이다. 점점 더 강력해지는 이 생각하는 기계들을 통제할 힘을 누가 가질 것인지가 문제라면, 우리를 대신해 선택하는 국가와 어떻게 관계를 맺는가에 따라 결과가 달라진다. 이 때문에 역사 외부의 문제가 아니라 역사 내부의 문제다.

　내가 하라리의 시각에서든 후쿠야마의 시각에서든 역사의 종말에 이

프랜시스 후쿠야마, 『역사의 종말: 역사의 종점에 선 최후의 인간』, 1992

르지 않았다고 생각하는 한 가지 이유는, 우리가 지금도 홉스식 세계에 살고 있기 때문이다. 자신을 안전하게 지키기 위해 여전히 국가에 의존하며, 동시에 국가가 우리를 지배하지 못하도록 어떻게 막을까라는 근본적인 질문에 답하기 위해 계속 씨름하고 있다. 국가는 애플, 구글, 페이스북, 마이크로소프트, 테슬라, 알리바바, 바이두, 화웨이, 텐센트 같은 거대 기술 기업들과 공존하고 있다. 이 기업들은 심지어 국가가 갖지 못한 권력도 일부 갖고 있다.

생각하는 기계를 만드는 기업들을 어떻게 국가가 통제할 수 있을까? 생각하는 기계를 통제할 수 있는 누군가 또는 어떤 것이 있기는 할까? 이는 여전히 홉스식 질문이다. 이는 우리 자신을 위해 만들어낸 것들이 여전히 우리에게 복무하는지, 우리가 그것들을 위해 복무하는지에 관한 질문이기 때문이다. 이 질문들에는 항상 이중성이 있기 때문에 결코 단 하나의 답만을 가질 수 없다. 국가는 기계의 힘으로부터 우리를 보호한다. 국가는 기계의 힘 앞에 연약한 우리를 방치한다. 국가는 우리를 위해 복무하고 우리는 국가를 위해 복무한다. 두 가지가 동시에 작동한다. 이것이 홉스의 생각이었다. 이것이 현대의 조건이며 우리의 조건이다. 언제나 동시에 두 가지가 함께 이루어져야 한다. 둘 중 하나가 아니라 둘 다인 것이다.

나는 코로나 19 팬데믹 시기인 2020년 3월부터 4월까지 내가 속한 현대 국가 영국이 봉쇄한 나의 집에서 이 책의 기초가 된 강연들을 녹화했다. 이 봉쇄조치는 특별히 억압적인 방식으로 취해진 것이 아니다. 이로 인해 내가 국가를 더 무서워하지는 않았지만, 국가의 권력을 뼛속 깊이 깨닫게 되었다. 전 세계 어디에서나 사람들은 국가가 국민의 이해관계와 안보를 위해 복무한다고 주장한다. 일부 국가에서 실제로 그렇게 하고 있는 바로 그 순간에도 그들의 운명을 결정할 수 있는 국가의 힘과 능력을 잘 깨닫고 있다.

현대 국가는 팬데믹 기간 동안 국가가 없어서는 안 될 제도임을 스스로 입증했다. 홉스가 말한 그대로는 아니지만, 그가 상상했던 방식으로 만들어진 정치 단위들이 없었다면 이 시기를 어떻게 살아낼 수 있을까? 이 국가들은 이례적인 권력을 소유하고 있는 국가, 안전하기 위해 우리가 의존하는 국가, 두려워해야 하는 국가, 잘못된 선택을 해서 재앙을 초래할 수 있는 국가, 여전히 우리의 생사를 결정할 수 있는 권력을 가진 국가다.

자유민주주의 국가들도 이러한 권력을 갖고 있다. 그러나 이 국가들이 갖고 있는 것은 그게 전부가 아니다. 우리도 국가에 대해 힘을 갖고 있다. 정치 지도자들은 우리가 그들을 두려워하는 만큼이나 우리를 두려워한다. 언제나 두 가지가 동시에 있다.

현대 국가는 반드시 있어야 하지만 동시에 필연적인 것은 아니다. 우리는 이러한 제도가 분열된 세계를 상상할 수 있다. 이러한 제도가 실패할 수 있으며 이를 하나로 묶고 있던 결합체가 해체될 수 있는 세계에 살고 있음을 잘 알고 있다. 후쿠야마의 이미지가 맞지 않는다 해도, 우리가 아직 정치적 목적지에 도착해서 새로 집단을 이루고 다음 목적지로 이동

프렌시스 후쿠야마, 『역사의 종말: 역사의 종점에 선 최후의 인간』, 1992

할 때가 되었다고 결정하는 단계에 이르지 못했다고 해도, 좋든 싫든 이동해야만 하는 상황에 처할 가능성이 있다.

현대 세계에 반드시 필요한 제도인 현대 국가는 영원하지 않다. 국가 역시 언젠가는 반드시 사라질 것이다. 지금 이 순간, 국가는 없어서는 안 될 것 같지만 동시에 부서지기 쉬워 보인다. 국가가 없는 삶을 상상할 수 없지만, 그럼에도 머지않아 국가가 없어도 삶은 지속될 것이다.

그러나 현재 국가는 여전히 이중적이다. 인간적인 동시에 기계적이며 필수적인 동시에 불필요하다. 이는 양자택일의 제도가 아니다. 국가냐 아니면 우리냐의 문제가 아니다. 기계냐 인간이냐의 문제가 아니다. 국가인 동시에 우리이며, 기계인 동시에 인간이다. 우리는 여전히 인간과 같은 기계, 즉 궁극적으로 이중적 피조물인 현대 국가가 지배하는 정치 세계에 살고 있다. 우리는 국가와 우리 사이에서 최종 선택을 해야만 하는 시점에 아직 이르지 않았다.

아직은 그때가 아니다.

추가 자료

제1장_ 홉스와 국가관

• 추천 판본

Thomas Hobbes, *Leviathan*, ed. Richard Tuc, Cambridge University Press, 1996.

• 더 읽어볼 만한 자료

John Aubrey, 'Thomas Hobbes', in *Brief Lives*, Vintage Classics, 2016.
Richard Tuck, *Hobbes: A Very Short Introduction*, Oxford University Press, 2002.
Noel Malcolm, *Aspects of Hobbes*, Oxford University Press, 2004.
Samantha Frost, *Lessons of a Materialist Thinker: Hobbesian Reflections on Ethics and Politics*, Stanford, 2008.
David Runciman, 'The Sovereign', in *The Oxford Handbook of Hobbes*, Oxford University Press, 2016.

• 볼거리

Quentin Skinner, 'What is the State?' (lecture)
  https://vimeo.com/14979551
Sophie Smith, 'The Nature of Politics' (lecture)
  https://www.youtube.com/watch?v=si9iG-093aY

제2장_ 울스턴크래프트와 성정치학

• 추천 판본

Mary Wollstonecraft, *A Vindication of the Rights of Men and A Vindication of the Rights of Woman*, ed. Sylvana Tomaselli, Cambridge University Press, 1995.

• 더 읽어볼 만한 자료

Edmund Burke, *Revolutionary Writings*, ed. Iain Hampsher-Monk, Cambridge University Press, 2014.

Jane Austen, *Sense and Sensibility*, Penguin Classics, 2012.

Virginia Woolf, 'Mary Wollstonecraft', in *The Common Reader*, vol. 2, Vintage Books, 2003.

Sylvana Tomaselli, *Wollstonecraft: Philosophy, Passion and Politics*, Princeton University Press, 2020.

• 들을 거리

'In Our Time: Mary Wollstonecraft' (podcast)
https://www.bbc.co.uk/programmes/b00pg5dr

제3장_ 콩스탕과 자유

• 추천 판본

Benjamin Constant, *Political Writings*, ed. Biancamaria Fontana, Cambridge University Press, 1988.

• 더 읽어볼 만한 자료

Benjamin Constant, *Adolphe*, Penguin Classics, 1980.

Isaiah Berlin, 'Two Concepts of Liberty', in *Four Essays on Liberty*, Oxford University Press, 1969.

Biancamaria Fontana, *Benjamin Constant and the Post-Revolutionary Mind*, Yale University Press, 1991.

Helena Rosenblatt, ed., *The Cambridge Companion to Constant*, Cambridge University Press, 2009.

• 볼거리

Helena Rosenblatt, 'Benjamin Constant, Germaine de Staël, and the Foundations of Liberalism' (lecture)

https://www.youtube.com/watch?v=2uu_C6Rho9I

• 들을 거리

'In Our Time: Germaine de Stael' (podcast)

https://www.bbc.co.uk/programmes/b09drjm1

제4장_ 토크빌과 민주주의

• 추천 판본

Alexis de Tocqueville, *Democracy in America,* ed. Isaac Kramnick, Penguin Classics, 2003.

• 더 읽어볼 만한 자료

Sheldon Wolin, *Tocqueville: Between Two Worlds*, Princeton University Press, 2001.

Cheryl Welch, ed., *The Cambridge Companion to Tocqueville*, Cambridge University Press, 2006.

Hugh Brogan, *Alexis de Tocqueville*, Profile Books, 2006.

Jon Elster, *Alexis de Tocqueville: The First Social Scientist*, Cambridge University Press, 2009.

• 들을 거리

'In Our Time: Tocqueville's Democracy in America' (podcast)
   https://www.bbc.co.uk/programmes/b09vyw0x
'Talking Politics: the 15th and the 19th' (podcast)
   https://www.talkingpoliticspodcast.com/blog/2020/212-the-15th-and-the-19th

제5장_ 마르크스, 엥겔스와 혁명

• 추천 판본

Karl Marx and Friedrich Engels, *The Communist Manifesto*, ed. Gareth Stedman Jones, Penguin, 2014.

• 더 읽어볼 만한 자료

Jonathan Wolf, *Why Read Marx Today?*, Oxford University Press, 2003.
Tristram Hunt, *The Frock-Coated Communist: The Revolutionary Life of Friedrich Engels*, Penguin, 2010.
Gareth Stedman Jones, *Karl Marx: Greatness and Illusion*, Allen Lane, 2016.
Douglas Moggach and Gareth Stedman Jones, eds., *The 1848 Revolutions and European Political Thought*, Cambridge University Press, 2018.

• 들을 거리

'In Our Time: Marx' (podcast)
   https://www.bbc.co.uk/programmes/p003k9jg
John Lanchester, 'Marx at 193' (LRB/British Museum Lecture)
   https://soundcloud.com/britishmuseum/john-lanchester-marx-at-193

제6장_ 간디와 자치

• 추천 판본

Mohandas Gandhi, *'Hind Swaraj' and Other Writings*, ed. Anthony Parel, Cambridge University Press, 2009.

• 더 읽어볼 만한 자료

M. K. Gandhi, *An Autobiography*, Penguin, 2001.
Bhikhu Parekh, *Gandhi: A Very Short Introduction*, Oxford University Press, 2001.
E. M. Forster, *The Machine Stops*, Penguin Modern Classics, 2011.
Ramachandra Guha, *Gandhi before India*, Alfred Knopf, 2014.

• 들을 거리

'Talking Politics: Gandhi's Politics' (podcast)
  https://www.talkingpoliticspodcast.com/blog/2018/121-gandhis-politics

제7장_ 베버와 리더십

• 추천 판본

Max Weber, *Political Writings*, ed. Peter Lassmann, Cambridge University Press, 1994.

• 더 읽어볼 만한 자료

David Runciman, *The Politics of Good Intentions*, Princeton University Press, 2006.
Joachim Radkau, *Max Weber*, Polity Press, 2009.
Jan-Werner Muller, *Contesting Democracy: Political Ideas in Twentieth-Century Europe*, Yale University Press, 2013.
Nick Pearce, 'Politics as a vocation in a post-democratic age', *openDemocracy*,

2014.
https://www.opendemocracy.net/en/opendemocracyuk/politics-as-vocation-in-post-democratic-age/

• 들을 거리

'Talking Politics: The Problem with Political Leaders' (podcast)
　https://www.talkingpoliticspodcast.com/blog/2019/141-the-problem-with-political-leaders

제8장_ 하이에크와 시장

• 추천 판본

F. A. Hayek, *The Road to Serfdom*, Routledge Classics, 2001.

• 더 읽어볼 만한 자료

Andrew Gamble, *Hayek: The Iron Cage of Liberty*, Polity Press, 1996.
F. A. Hayek, *The Constitution of Liberty*, Routledge Classics, 2006.
Matt Ridley, *The Rational Optimist: How Prosperity Evolves*, Fourth Estate, 2011.
Daniel Stedman Jones, *Masters of the Universe: Hayek, Friedman and the Birth of Neo-Liberal Politics*, Princeton University Press, 2014.

• 들을 거리

'Keynes Vs.Hayek' (BBC radio)
　https://www.bbc.co.uk/programmes/b012wxyg

제9장_ 아렌트와 행동

• 추천 판본
Hannah Arendt, *The Human Condition*, Chicago University Press, 2018.

• 더 읽어볼 만한 자료
Dana Villa, ed., *The Cambridge Companion to Hannah Arendt*, Cambridge University Press, 2001.

Elizabeth Young-Bruehl, *Hannah Arendt: For the Love of the World*, Yale University Press, 2004.

Hannah Arendt, *Eichmann in Jerusalem: A Report on the Banality of Evil*, Penguin, 2006.

Paul Mason, *Clear, Bright Future: A Radical Defence of the Human Being*, Allen Lane, 2019.

• 볼거리
Hannah Arendt (film)
   Dir: Margaretha von Trotta (2012)

• 들을 거리
'In Our Time: Hannah Arendt' (podcast)
   https://www.bbc.co.uk/programmes/b08c2ljg

제10장_ 파농과 폭력

• 추천 판본
Frantz Fanon, *The Wretched of the Earth*, Penguin Modern Classics, 2001.

• 더 읽어볼 만한 자료

Hannah Arendt, *On Violence*, Harvest Books, 1970.
George Orwell, 'A Hanging' and 'Shooting an Elephant', in *Essays*, Penguin, 2002.
Alice Cherki, *Frantz Fanon: A Portrait*, Cornell University Press, 2006.
Frantz Fanon, *Black Skin, White Masks*, Grove Press, 2008.

• 볼거리

The Battle of Algiers (film)
  Dir: Gillo Pontecorvo (1966)

• 들을 거리

'Philosophy Talk: Frantz Fanon and the Violence of Colonialism' (podcast)
  https://www.philosophytalk.org/shows/frantz-fanon

제11장_ 맥키넌과 성적 억압

• 추천 판본

Catharine A. MacKinnon, *Toward a Feminist Theory of the State*, Harvard University Press, 1991.

• 더 읽어볼 만한 자료

Andrea Dworkin, *Pornography: Men Possessing Women*, Putnam, 1981
Ronald Dworkin, 'Women and Pornography', *New York Review of Books*, October 1992.
Catharine A. MacKinnon, *Butterfly Politics*, Harvard University Press, 2017.
Lori Watson, ed., 'Symposium on Catharine A. MacKinnon's Toward a Feminist Theory of the State', *Feminist Philosophy Quarterly* 3:2, 2017.
Catharine A. MacKinnon, 'Where #MeToo Came From and Where It's Going, *The Atlantic*, 2019.

https://www.theatlantic.com/ideas/archive/2019/03/catharine-mackinnon-what-metoo-has-changed/585313/

제12장_ 후쿠야마와 역사

• 추천 판본

Francis Fukuyama, *The End of History and the Last Man,* 20th anniversary edn, Penguin, 2012.

• 더 읽어볼 만한 자료

Allan Bloom, *The Closing of the American Mind*, Simon & Schuster, 1987.

Francis Fukuyama, *The Origins of Political Order: From Prehuman Times to the French Revolution*, Profile Books, 2011.

Francis Fukuyama, *Political Order and Decay: From the French Revolution to the Present*, Profile Books, 2014.

Louis Menand, 'Francis Fukuyama Postpones the End of History', *The New Yorker*, September 2018.

• 볼거리

'Democracy: Even the Best Ideas Can Fail', Intelligence Squared 2014 (video)
https://www.youtube.com/watch?v=55LNwkH61AM

'Francis Fukuyama on the End of History: Munich Security Conference 2020' (video)
https://www.youtube.com/watch?v=YM6p-15fjBg

• 들을 거리

'Talking Politics: Francis Fukuyama' (podcast)
https://play.acast.com/s/talkingpolitics/francisfukuyama

국가 권력에 관한 담대한 질문

초판 1쇄 인쇄 2025년 8월 18일
초판 1쇄 발행 2025년 8월 28일

지은이 데이비드 런시먼 **옮긴이** 강은지
펴낸이 김종길
펴낸 곳 글담출판사 **브랜드** 아날로그

기획편집 이경숙·김보라 **영업·홍보** 김지수
디자인 손소정 **관리** 이현정

출판등록 1998년 12월 30일 제2013-000314호
주소 (04029) 서울시 마포구 월드컵로8길 41 (서교동 483-9)
전화 (02) 998-7030 **팩스** (02) 998-7924
블로그 blog.naver.com/geuldam4u **이메일** geuldam4u@geuldam.com

ISBN 979-11-92706-38-2 (03300)

책값은 뒤표지에 있습니다.
잘못된 책은 바꾸어 드립니다.

만든 사람들
책임편집 김보라 **디자인** 손소정 **교정교열** 상상벼리

글담출판에서는 참신한 발상, 따뜻한 시선을 가진 원고를 기다리고 있습니다.
원고는 글담출판 블로그와 이메일을 이용해 보내주세요. 여러분의 소중한 경험과 지식을 나누세요.
블로그 blog.naver.com/geuldam4u **이메일** geuldam4u@geuldam.com